Dr. Ph. Joshua David Stone
und Rev. Janna Shelley Parker

Der Pfad des Aufstiegs
Ein Wegbegleiter

R. Lippert Verlag

Titel der englischen Originalausgabe:
"A Beginner's Guide to the Path of Ascension"
from the collected work: "The Easy-to-Read
Encyclopedia of the Spiritual Path".
Erschienen bei: Light Technology
Publishing Sedona, Arizona, USA

Übersetzung: Maurik und Volker van der Walle

Titelbild: Julian T. Luksch
Gestaltung: Renate und Rudolf Lippert

Deutsche Erstausgabe Juni 2000/ 2. Auflage Frühjahr 2006
    © COPYRIGHT
    by R. Lippert Verlag, Hartgass 9, D-88639 Wald
    Tel.: 07578-2229, Fax: 07578-933194
    www.lippert-verlag.de
    e-mail: webmaster@lippert-verlag.de

Printed in Germany
ISBN 3-933470-63-3

Dr. Ph. Joshua David Stone

und Rev. Janna Shelley Parker

Der Pfad des Aufstiegs

Ein Wegbegleiter

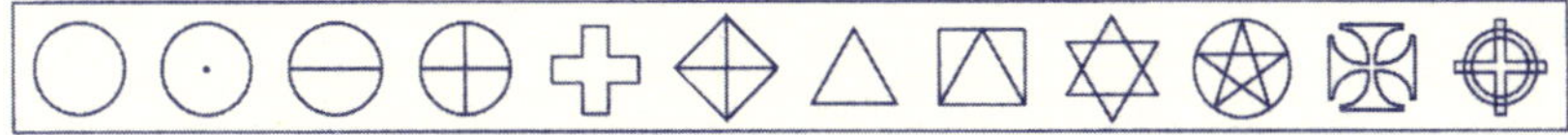

R. Lippert Verlag

Anmerkung

Dieses Buch wurde mit dem Pronomen "ich" geschrieben, obwohl es zwei Autoren gibt. Ich glaube, daß sich das Buch in dieser Weise bedeutend leichter liest.

Dr. Joshua David Stone

Besonderes Dankeschön

Mein Dank gilt einer großartigen spirituellen Schwester, Mary Rosales, für ihre eifrige und selbstlose Computerarbeit. Dies ermöglichte, in logistischer Hinsicht, dieses Buch in blitzartiger Geschwindigkeit zusammenzufügen.

Ich bedanke mich ebenfalls bei Michael Day für seine hervorragende Hilfe bei der Überarbeitung des Buches. Seine Freude, Liebe, Begeisterung, Fertigkeit und Hingabe an diese Arbeit schätze ich außerordentlich.

Inhalt

5 Die Frage des Karma 107

Einleitung

Um die wahre Bedeutung des "Aufstiegs", und um alles was dieser Begriff beinhaltet zu verstehen, sollte man zuerst damit beginnen, die Grundlage der menschlichen Natur zu verstehen. Die meisten Menschen ahnen, daß sie mehr als Fleisch und Blut, mehr als Emotionen, mehr als Verstand sind. Aber wenn man sich nicht bewußt in mystische und okkulte Studien vertieft, tappt man mit diesen unklaren Gefühlen im Dunkeln. Die Absicht dieses Buches ist deshalb, die einzelnen spirituellen Teile des Menschen zu erklären, damit der Leser die großartigen spirituellen Wahrheiten, die Teil eines jeden von uns sind, leichter versteht.

Dieses Buch informiert über die Beschaffenheit der Menschheit im Verhältnis zu den verschiedenen Reichen, die auf diesem geliebten Planeten koexistieren. Es offenbart die spirituellen Reiche und die Menschen, welche sich täglich gegenseitig beeinflussen, sowie die wunderbare und göttliche Bestimmung, die die Menschheit durch die Kräfte innerhalb der Evolution und des bewußten Fortschritts der Menschheit auf dem Pfad des Aufstiegs erwartet.

Über das Thema Aufstieg gibt es immer mehr Informationen. Um jedoch den größtmöglichen Nutzen aus diesen Informationen ziehen zu können, sollte man sich zuerst mit der grundlegenden göttlichen Beschaffenheit der Menschheit vertraut machen, wodurch eine solide Grundlage geschaffen wird, aus der man die Menschen als die spirituelle Wesen betrachten kann, die sie sind - eine Art Abschußrampe zur kosmischen Reise des Aufstiegs. Deshalb ist dieses Buch denjenigen gewidmet, die erstmals bewußt zu den Reichen erwachen, derer sie bereits unterbewußt oder überbewußt gewahr sind, die aber dennoch eines bewußten Verständnisses bedürfen. Dieses Buch ist ebenso den Vielen gewidmet, die schon weit auf ihrem Pfad des Aufstiegs vorangekommen sind, jedoch gerne einige fehlende Verständnis-schritte ergänzen würden. In

Wahrheit ist dieses Buch vor allem dem suchenden Geist und dem suchenden Herzen aller Menschen gewidmet, denjenigen, die wie Kinder auf ihre Lieblingsgeschichte zur Schlafenszeit gespannt sind und nie müde werden, das Erzählen und Wiedererzählen der kosmischen und göttlichen Bestimmung, die uns alle erwartet, zu hören.

Ich hoffe, daß jene, die neu erwachte Knospen am Baum der Spiritualität und des Aufstiegs sind, mit Hilfe dieses Buches leichter zur Reife ihres göttlichen Selbstes erblühen, indem sie in ihrem Geist die höhere Vision ihrer selbst willkommen heißen. Ich hoffe ebenso, daß jene, die stärker mit dem Einweihungs- und Aufstiegsprozeß vertraut sind und ein umfassenderes Verständnis für die wahre Natur ihres Wesen haben, sich die Zeit nehmen werden, dieses Buch auch mit Freunden zu teilen. Und es ist mein feuriger Wunsch, daß sogar die versiertesten Leser okkulter Studien hierin noch einen neuen Aspekt entdecken, durch den sie ihren spirituellen Prozeß betrachten und dabei einige der Grundverständnisse integrieren können, die sie möglicherweise vertuscht haben als sie ihre "Aufstiegssprünge" von der einen Entwicklungsphase zur nächsten gemacht haben.

Sicherlich ist dieses Buch nicht zuletzt der Spirituellen Hierarchie selbst gewidmet, ohne deren göttliche Führung wir alle fast im Dunkeln herumstolpern würden, nach einer Kerze suchend, die den Weg erhellt. All den Großartigen, die unsere Kerzen mit ihrer eigenen Flamme entzündet haben und die wie leuchtende Sonnen scheinen, um uns vorwärts in das Tageslicht unseres Verstehens zu bringen, spreche ich demütig meine Dankbarkeit und Danksagung aus, weil sie jedem von uns die Herrlichkeit enthüllen, die auch wir eines Tages sein werden.

1. Die Menschheit als spirituelle Wesen
(auf dem Pfad der Evolution und des Aufstiegs)
Unsere spirituellen Selbste

Zunächst einmal möchte ich damit beginnen, daß der Mensch nicht einfach eine Seele hat - sondern daß der Mensch die Seele ist, die mehrere Körper bewohnt (die verschiedenen Körper werden nachfolgend besprochen). Aus einer höheren Sicht (jenseits der Seele) ist der Mensch Geist, ein göttlicher Funke dessen, was wir Gott nennen. Und es ist dieser Geist, der sich als Seele manifestiert, die dann auf Erden inkarniert, um zu wachsen, sich zu entfalten, auszudehnen und letztendlich zum Geist oder zu Gott heimzukehren. Dabei bringt sie bei der Rückkehr ihre einzigartige Individualität und spirituellen Schätze mit, die sie durch ihren Prozeß der Reinkarnation in den materiellen Welten gesammelt hat.

Laßt uns folglich mit der Annahme fortfahren, daß der Mensch tatsächlich reinkarniert und jede Inkarnation zur Erfahrung und schließlichen Meisterung der verschiedenen Körper verwendet. Reinkarnation ist wirklich eine Tatsache, und der Prozeß der aufeinanderfolgenden Geburten ist unentwirrbar mit der Entwicklung des physischen/ätherischen Körpers, des psychischen/fühlenden Körpers oder des Emotional-/Astral-körpers und des Mentalkörpers verwoben. Der Einfachheit halber werde ich mich auf sie als die vier niederen Körper beziehen: der physische, ätherische, astrale und mentale Körper. Wir haben auch höhere spirituelle Körper, die ich später besprechen werde.

Der physische Körper

Der physische Körper ist der bekannteste der vier niederen Körper, weil er derjenige ist, den wir täglich sehen und dem das Auge zuerst begegnet. Ebenfalls bekannt sind die fünf Sinne, mit denen wir die äußere Welt wahrnehmen. Diese fünf Sinne - Sehvermögen, Gehörsinn, Geruchssinn, Geschmack und Tastsinn - bilden die unmittelbare Art, in der wir mit der Welt in Wechselbeziehung stehen. Aber gleichermaßen ist die Tatsache offensichtlich, daß diese Sinne nicht von unserer Gedanken- oder Gefühlswelt getrennt werden können, weil wir alle das komplette Vierkörpersystem zum Verarbeiten der Welt um uns herum verwenden (auch wenn wir uns dessen nicht bewußt sein mögen).

Der Ätherkörper

Bevor wir mit dem Astralkörper, der die Körperform der fühlenden Welt ist, beginnen, lenke ich die Aufmerksamkeit auf den Ätherkörper, der ein subtileres Ebenbild des physischen Körpers ist. Der Ätherkörper durchdringt (wie alle Körper) den physischen Körper völlig und kann mit einer Blaupause des physischen Körpers verglichen werden. Viele Heiler verwenden die Bilder dieses Körpers, um die Schwierigkeiten innerhalb des physischen Körpers zu diagnostizieren.

Es ist diese Form, die am häufigsten gesehen wird, wenn sie den physischen Körper unmittelbar nach dem Tod verläßt. Durch die Verbindung zu diesem Körper fühlt ein Amputierter das, was man nach der Entfernung eines Gliedes "Phantomschmerz" nennt. In diesem Fall wird die Realität der perfekten Blaupause dieses Gliedes gefühlt und der Schmerz des Verlustes mental auf das ätherische Doppel jenes Gliedes übertragen, das sich selbst plötzlich ohne physischen Verbindungspunkt sieht. Das ätherische Glied selbst fühlt natürlich keinen Schmerz. Der Ätherkörper verbindet sich auch auf subtile Weise mittels feiner Energieverbindungen mit den Ätherkörpern der anderen Menschen und mit der Welt als Ganzes. Vieles der Aura, aber keineswegs alles, kann durch medial veranlagte Personen, die imstande sind, die Ausstrahlungen der ätherischen Form wahrzunehmen, gesehen werden.

Der Astralkörper

Der Astralkörper schließt die Welt der Sinne und Emotionen eines jeden Individuums ein. Er durchdringt ebenfalls völlig den physischen und ätherischen Körper. Die Erde als Ganzes betrachtend, könnte jemand der dazu in der Lage ist, den Astralkörper der Erde selbst sehen. Er schließt das volle Spektrum der Gefühle und Emotionen ein, schwankend zwischen animalischer Gier und Gewalt, und den erhabensten Ausstrahlungen der Hingabe, Liebe und Glückseligkeit. Während der ganzen Evolution der Menschheit hindurch gab es Personen, die hellsichtig so begabt waren, daß sie tatsächlich wahrnehmen konnten, wie diese Gefühle buchstäblich Form und Farbe annahmen. Auf einer praktischen Ebene engagiert die Polizei manchmal, wenn ihre Ermittlungen stocken, medial veranlagte Personen - begabte Menschen, die dazu fähig sind, oft recht genaue Eindrücke von einem Kleidungsstück oder Gegenstand zu bekommen, der die astrale Prägung des Opfers oder des Täters eines Verbrechens trägt. Dieses Verfahren ist als Psychometrie bekannt.

Viele sind mit der Erfahrung vertraut, in ein Zimmer hineinzugehen und eine warme Umarmung oder eine kalte, sogar böswillige Gegenwart zu fühlen. Extrem negative Gefühle können ihre Spur hinterlassen und tun dies auch, und die meisten von uns sind bis zu einem gewissen Grad hierfür empfänglich. Gleichfalls füllen die friedvollen Ausstrahlungen einer Kirche, oder eines anderen Ortes der spirituellen Hingabe, unsere Herzen - manchmal in dem Maße, daß das einfache Betreten eines Ortes uns so tief berührt, daß unsere Augen sich plötzlich mit Tränen füllen.

Der Mentalkörper

Das gleiche gilt für den Mentalkörper und die Gedanken-atmosphäre von uns selbst als Individuum und von unserer gesamten Welt. Dieser Körper durchdringt den physischen-, Äther- und Astralkörper und ist von höherer Schwingung als die anderen. Dennoch vereinigen sich diese Körper im Vierkörpersystem des Menschen um ein bindendes Ganzes zu bilden. Der Gedanke ist ein sehr mächtiger Aspekt unseres Selbstes und kann durch stete und konzentrierte Ausrichtung helfen, das, was auf der physischen Ebene außer Reichweite erscheint, zu manifestieren. "Gedanken sind Dinge", sagte Edgar Cayce, und er hätte es nicht treffender ausdrücken können. Bestimmte Hellsichtige sahen Bilder von Gedanken in der selben Art und Weise, wie die Bilder von Gefühlen. Was wir denken hat eine bestimmte Form, Größe und Gestalt; und wir tragen unsere Gedanken in der gleichen Weise um uns herum wie unsere Kleider, wobei die Gedanken jedoch von einer beständigeren Substanz sind.

Alle Dinge beginnen in Gedanken. Alles kommt zuerst aus dem Geist hervor und danach folgt die Handlung, nimmt es Festigkeit und Manifestation auf der physischen Ebene an. Ohne Gedanken würde die Menschheit sich nicht vom Tierreich unterscheiden, denn es ist genau die Substanz des Geistes die den Menschen kennzeichnet. Medial veranlagte Personen werden, wie bereits erwähnt, oft engagiert, um sich auf die Gedankenwelt eines Falles einzustellen, der sich herkömmlichen Untersuchungs-maßnahmen entzieht. Da Gedanken eine Substanz an sich sind, können häufig Dinge gesehen werden, die für normale Augen nicht sichtbar sind. Menschen, die darin geübt sind, mentale Auras zu lesen, können leicht in die mentale Welt anderer sehen. Sie sollten jedoch diese Gabe niemals für selbstsüchtige Zwecke mißbrauchen oder in Privatleben eindringen. Tiefer betrachtet können wir erkennen, wie wir alle empfindlich auf die Gedanken um uns herum reagieren. Wenn wir in eine Umgebung kommen, die dunkle Gedanken enthält, fangen wir diese Bilder häufig auf, so wie eine Grammophonnadel Klänge überträgt, die vor langer Zeit aufgezeichnet wurden - und wir werden entweder von ihnen abgestoßen oder manchmal angezogen. Die Macht der Gedanken ist tatsächlich enorm, wenn sie stark mit dem Astral- und Mentalkörper verbunden sind; und es sind die starken mentalen und astralen Ausstrahlungen, die viele von uns für Massenhysterie, Aufruhr und so weiter anfällig machen.

Übersicht

Aus diesen Gründen erfordert der Pfad des Aufstiegs, daß wir Meister unseres Vierkörpersystems sind, um als Mitschöpfer Gottes zu handeln, statt als Opfer auf diejenigen zu reagieren, die weniger als wir selbst entwickelt sind. In gewisser Hinsicht kann gesagt werden, daß der Pfad des Aufstiegs das Erhöhen oder Aufsteigen der Energien dieser vier Körper in ihre höheren Aspekte bedeutet, die Licht und Liebe sind und deshalb das Göttliche reflektieren. Diese kurze Übersicht der vier niederen Körper gibt lediglich einen oberflächlichen Eindruck der Weite, die wir tiefer erkunden werden. Sie bietet uns jedoch eine Richtschnur, die wir brauchen, um voranzukommen.

Die Hauptpunkte, an die man sich erinnern sollte sind; daß ein Mann/eine Frau nicht einfach eine Seele hat, sondern eine Seele und letztendlich der Geist ist, der das Vierkörpersystem während der Reinkarnationen auf den Ebenen der Materie bewohnt. Wir treten in den Inkarnationsprozeß mit diesen kaum ausgebildeten Körpern ein, und entwickeln diese Körper durch den ständigen Kreislauf von Geburt und Tod; sowohl wir persönlich, als auch der Planet als Ganzes. Die Menschheit ist jetzt an einem Punkt angelangt, an dem die Entwicklung des Planeten weit genug fortgeschritten ist, so daß viele Seelen damit beginnen, die Frequenzen dieser Körper zu erhöhen; zum einen, durch die Evolutionskräfte selbst und zum anderen, aufgrund der Anstrengungen des Einzelnen im Prozeß der Selbstmeisterung. Dies hat viele durch mehrere Einweihungen oder Ausdehnungen in göttlichere Frequenzen von Licht und Liebe hineingeführt. Die Transformation, die stattfindet, wird Aufstieg genannt, indem diejenigen, die auf niederen Frequenzen wirken, jetzt erhöht werden, damit ihre Seele/Geist zur Frequenz Gottes aufsteigt. All dieses wird ausführlich besprochen werden. Zunächst jedoch gebe ich Dir diesen einfachen Grundriß des Vierkörpersystems. Die Menschheit nutzt das Vierkörpersystem, um Wachstum, Entwicklung, Selbstmeisterung und Fortschritt, wie auch den Aufstieg zurück zu Gott auf dem Pfad der Einweihung zu vollziehen.

Mehr über unsere spirituellen Selbste - die höheren Körper

Nun kommen wir zum umfassenderen Bild der höheren Körper, die ebenfalls in ihrer Weise arbeiten und sich entwickeln. Ich werde nicht auf alle Einzelheiten eingehen, sondern eher einen einfachen Überblick der Aspekte unseres Selbstes, die unsere Seele, Überseele und Monade ausmachen, geben.

Der monadische Körper

Jeder von uns ist grundsätzlich Geist oder Monade. Dies ist unser Gott-Selbst, aus dem wir ursprünglich als Seelen entspringen. Eine einfache Art, dies zu betrachten, wird in den Worten Jesus Christus im Neuen Testament gefunden: "Niemand wird zum Vater gehen, ohne zuerst vom Vater gekommen zu sein." Diese spezielle Aussage war lange als Mysterium verschleiert, besagt jedoch eine okkulte Tatsache. Jesus sagt, daß wir alle aus dem Geist, oder der Monade, hervorkommen - jener Teil unseres Selbstes, der immer mit dem Einen, oder Gott, eins ist. Und es ist tatsächlich unsere göttliche Bestimmung, um Mitschöpfer Gottes zu werden, zu dem spirituellen Zustand zurückzukehren, aus dem wir ursprünglich hervorkamen. Der Geist, oder die Monade (wie ich ihn weiterhin nennen werde), hat sein Zuhause auf der monadischen Ebene des Seins. Die monadische Ebene ist eine der höchsten Seinsebenen, die mit einer sehr viel höheren Schwingungsrate die anderen Ebenen (wie die physische, astrale, mentale) durchdringt und/oder einschließt. Sie ist eine der höchsten Ebenen des Körpers in der wir leben, uns bewegen und unser Sein haben. Die Frequenz des monadischen Teils unseres Selbstes ist so hoch, daß er zuerst ein Vehikel oder Körper schaffen muß, um in die niederen Welten eintreten zu können.

Der Seelenkörper

Der Körper, der mit der Monade am meisten verwandt ist, wird in der okkulten Literatur die Überseele genannt, auch bekannt als das Höhere Selbst. Im Sinne dieser Erörterung ist dies die höhere Seelenfamilie zu der wir gehören. Unsere individuellen Seelen entspringen dieser Überseele oder Seelenfamilie, und daher haben wir die individuelle Persönlichkeit, die Leben für Leben auf den physischen, ätherischen, astralen und mentalen Welten inkarniert und reinkarniert, um den Seelenkörper mit den göttlichen Merkmalen von Liebe, Licht, Zärtlichkeit, Friedfertigkeit, Dienst, Hingabe und so weiter zu entwickeln und aufzubauen.

Das Zuhause der Überseele ist auf der buddhischen Ebene, dies ist eine Ebene wie die zuvor erwähnten vier niederen Ebenen, und befindet sich zwischen der monadischen und der physischen Ebene. Okkulte Schriften beziehen sich oft auf die buddhische Ebene als Kausal-Ebene, denn sie ist tatsächlich die Ebene von der die Ursache oder der Zweck unserer Inkarnationen stammt. Schließlich kommt die individualisierte Seele durch den Prozeß der Reinkarnation über enorme Zeitspannen hinweg in direkten Kontakt mit der Monade, die auch die mächtige ICH BIN - Gegenwart genannt wird. Ich erwähne diese Ausdrücke, weil sie die mystische und okkulte Literatur durchdringen. Ich habe meine eigenen bevorzugten Ausdrücke, aber werde zusätzlich die vielen Varianten darstellen, so daß Du Dich an die Art, wie sie benutzt werden, gewöhnst.

Die Reinkarnation der Körper

Zusammengefaßt ist es unser Gott-Selbst, unsere mächtige ICH BIN - Gegenwart oder unsere Monade, aus der wir kommen. Dieser göttliche Aspekt unseres Wesens erschafft dann die Überseele, oder das Höhere Selbst, das die Grundseelenfamilie ist, zu der unsere individuellen Seelen gehören. Unsere individuellen Seelen sind der Teil unserer Selbste, der dem Prozeß der Reinkarnation durch den Kreislauf von Geburt und Tod folgt, um sich zu entwickeln und schließlich zu unseren Gott-Selbsten, oder unseren Monaden (unsere mächtige ICH BIN - Gegenwart), zurückzukehren. Wir tun dies durch den natürlichen Lauf der Evolution. Wenn wir einmal die Verantwortung für unser Wachstum und für die Entwicklung des Göttlichen in uns selbst übernehmen, sind wir, die Seele, auf dem Pfad der Einweihung, der uns zum fortdauernden bewußten Wachstum auf unseren Pfad des Aufstiegs führt.

Dies bedeutet, daß die vier niederen Körper unter die Führung der oben erwähnten höheren Aspekte (oder Körper) unserer Selbste gebracht werden, was von größter Bedeutung ist. Die Menschheit ist nicht ein zufälliges Ereignis, wie manch ein Wissenschaftler uns glauben läßt. Im Gegenteil, wir müssen lernen, den alten Rat: "Wisset, ihr seid Götter" zu befolgen und als Tatsache anzunehmen, und mit der Fülle unseres Wesens erkennen, daß wir Söhne und Töchter des Höchsten sind. Um den Aufstieg zu verstehen, sollten wir zuerst erkennen, daß wir tatsächlich nach dem Ebenbild Gottes geschaffen sind, oder wie die alten Schriften des Ostens uns in der Bhagavad Gita erzählen: "Atman (Seele) ist Brahmin (Gott) und das bist Du." Wir bilden einen wesentlichen Bestandteil von Gott, unaufhörlich eins mit dem Einen, und wir sind hier, um sowohl im Bewußtsein wie auch im Ausdruck unserer göttlichen Natur zu wachsen. Für mich war Reinkarnation immer etwas, das auf Tatsachen beruht. Wie auch immer, ich bin mir dessen bewußt, daß dies für den Abendländer eher als Phantasie wie als Tatsache erscheint. In der östlichen Tradition ist der Prozeß der Reinkarnation ein allgemeiner Glaube. Viele von uns sind sich dessen bewußt, daß heutzutage das Prüfen fortdauert, um festzustellen, welches Kind als Dalai Lama wiedergeboren ist. Die Tatsache der Reinkarnation steht nicht zur Debatte, lediglich das Finden der einen Seele, die jene spezifische Reinkarnation ist. Dies ist in der Hindu- und östlichen Tradition so offen beschrieben und akzeptiert, daß individuelle Beispiele nur dazu dienen würden, die Sache weitschweifig zu machen. Es ist interessant zu bemerken, daß Reinkarnation ein Grundglaube in der jüdischen und christlichen Tradition war und durch einen bestimmten Papst auf dem Verordnungsweg vor relativ kurzer Zeit weggelassen wurde.

Beispiele können durch das ganze Neue Testament hindurch gefunden werden, das noch immer vieles aus dem jüdischen Grundglaubenssystem enthält. Menschen fragten sich zum Beispiel, ob Johannes der Täufer die Reinkarnation von Elias war. Für diejenigen, die sich bemühen, dieses Buch der Bücher erneut zu lesen oder manche der New Age-Übersetzungen davon zu studieren, werden Verweise auf Reinkarnation in reichem Maße zu finden sein. Reinkarnation ist ein wesentlicher Teil beim Verstehen des Aufstiegsprozeßes und der Einweihung. Wenn es nicht bereits Teil Deines Glaubenssystems oder inneren Wissens ist, bitte ich darum, daß Du während Deiner weiteren Erforschung mit einer akzeptierenden Haltung diesem Prozeß gegenüber mit dem Lesen fortfährst, da es für Dein weiteres Verständnis bezüglich des Aufstiegs grundlegend ist. So wie mit allen Dingen, behalte einen offenen Geist und erinnere Dich daran: "Es gibt mehr Dinge zwischen Himmel und Erde als in Deiner Philosophie erträumt wird."

Die spirituellen Reiche oder Ebenen

Ich habe so einfach wie möglich über die verschiedenen Körper, in denen wir als Seele und Geist (oder Monade) leben, berichtet. Ich habe auch die Reiche oder Ebenen in denen diese Körper gefunden werden können erwähnt. Die Ebenen und Reiche an sich verdienen jedoch eine Erörterung. Das Reich der Materie, das grundlegende physische Reich, in dem die Menschheit täglich auf der Erde lebt - die Ebene, in der der physische Körper physischen Kontakt hat - ist das Reich das oft Realität genannt wird. Offenbar ist diese physische Ebene nur eine von verschiedenen Realitätsebenen, wie viele von Euch, die dieses Buch lesen, gemerkt haben werden. Dennoch ist dies die Ebene, die oft als die Realität selbst betrachtet wird. Da wir mit diesem Reich vertraut sind, brauchen wir es nicht weiter zu erforschen, außer im Lichte der anderen Reiche und dabei in Betracht ziehen, wie die Darstellung und Energien dieser anderen Reiche auf die Dichte des Physischen einwirkt.

Das ätherische Reich

Das ätherische Reich durchdringt ebenso wie der Ätherkörper vollständig das physische Reich, und wirkt wie eine Art Blaupause für das physische Reich. Das ätherische Reich hat einen doppelten Zweck und eine doppelte Manifestation. Während es tatsächlich in einer höheren Frequenz und in einer vollkommeneren Form die Widerspiegelung der physischen Welt ist, überträgt und absorbiert es ebenso verschiedene psychische Energien, die vom physischen zum ätherischen Reich oder vom ätherischen zum physischen Reich ausströmen. Damit meine ich, daß die Aura einer Person dieses Reich durchdringen wird, sogar wenn es die Person an sich umgibt. Es wird die Schwingungen oder das Energiefeld der Person mit sich tragen und spiegelt entweder eine angenehme oder unangenehme Aura wider, abhängig davon, was dieses bestimmte Individuum denkt und fühlt. Dies nimmt eine entsprechende Form auf der ätherischen Ebene an und da es die physische Ebene durchdringt, hat es eine entsprechende Auswirkung auf all jene, die mit dieser bestimmten Person in Berührung kommen.

Während die höheren ätherischen Reiche neben den physischen bestehen und sie durchdringen, fungieren sie auch als ein Reich oder eine Ebene an sich. Auf dieser Ebene könnten viele Aufgestiegene Meister herabkommen (wenn sie einmal vom Kreislauf von Geburt und Tod befreit sind) und ein Zuhause und Unterrichtszentrum gründen, um mit den Schülern, die in den physischen Reichen inkarniert sind, zu arbeiten. Sie tun dies, da sie auf diese Art der Menschheit näher sein können, und uns durch diese hohen Lichtschwingungen, die so nahe an der physischen Ebene liegen, nur eine Stufe über die sogenannten Realität emporheben können.

Dieses Reich beherbergt auch viele Devas, ätherische Wesen, die sich um das Pflanzenreich kümmern und von denen im Volksmund als Elfen, Gnome und Waldgeister die Rede ist. Dieses Reich, das wir später vollständiger erforschen werden, besteht aus Materie, die nur etwas feiner als die der Menschheit ist und deshalb nur denjenigen mit innerer okkulter Schau sichtbar ist. Ich kann Dir versichern, daß dieses Reich und diese Wesen sehr real und für Kinder oft sichtbar sind, die, in ihrer Reinheit, nicht durch irgendwelche Vorurteile dem physischen Reich gegenüber blockiert sind. Da die Sicht der Menschheit sich mehr und mehr ausdehnt, gibt es immer mehr Berichte von Menschen, die diese wunderbaren Geschöpfe sehen und mit ihnen kommunizieren können. Einer der Schlüssel zu ihrer Welt liegt im Öffnen der Herzenstür, was die Liebe in reichem Maße strömen läßt, denn durch die Liebe offenbart sich uns dieses Reich. Wenn die Menschheit die liebende Wesensart in sich entwickelt, wird dieses Reich in größerem Maße mit uns zusammenarbeiten. Wenn man sich selbst oder jemand anderen heilen möchte, lohnt sich ihre wiederholte Anrufung mit der Bitte, um eine perfekte Blaupause, die den physischen Körper beeinflussen wird. So wie die Leiden der Menschheit innerhalb des ätherischen Reiches gesehen werden können, so kann auch das perfekte Bild und die perfekte Vision hervorgerufen werden, um sich in physischer Form zu manifestieren. Es ist wesentlich, sich daran zu erinnern, daß die verschiedenen Reiche nach oben hin miteinander in hierarchischer Weise verbunden sind, so wie sie auch vollkommen untereinander verbunden sind und einander durchdringen.

Ein sehr wichtiger Punkt bezüglich des ätherischen Reiches muß noch erwähnt werden. Vieles der menschlichen Evolution ist durch die Entwicklung der Chakren dargestellt, die ätherischen Gegenstücke zu bestimmten physischen Organen und Drüsen. Das Chakrasystem findet man in fast der gesamten okkulten Literatur, aber vieles von dem was geschrieben wurde, berührt kaum die Oberfläche dieses komplizierten Systems, das sich durch die verschiedenen Reiche des Seins hindurch zurück bis zur Gottheit selbst ausdehnt. Ein Überblick der sieben Basischakren und der wichtigen Zentren lohnt sich daher:

*** Der Seelenstern:**

> ein heller Stern, ungefähr 15 Zentimeter oberhalb des Kopfes; eine Ausdehnung der Überseele.

*** Die Krone des Kopfes:**

> das 7. Chakra, bei vollständiger Entwicklung auch als tausend-blättriger Lotus bekannt. Dieses Chakra kann ebenfalls als Aura gesehen werden, die um das Haupt von Christus, der Jungfrau Maria und den Heiligen, die in ihrem Gottselbst aufgegangen sind, gezeichnet wird.

*** Das Zentrum des Kopfes:**

> das 6. Chakra oder das Dritte Auge; mit der inneren Schau verbunden.

*** Der Hals:**

> das 5. Chakra; mit der Schilddrüse, Kreativität, Kommunikation und mit dem Willen Gottes verbunden.

*** Das Herz:**

> das 4. Chakra; mit dem Ausdruck bedingungsloser Liebe verbunden.

*** Der Solarplexus:**

das 3. Chakra; mit den Emotionen verbunden.

*** Der Sakralplexus:**

das 2. Chakra; mit den Geschlechtsorganen verbunden.

*** Das Steißbein:**

das 1. Chakra; mit der triebmäßigen Natur und dem Überleben verbunden.

*** Die Knie.**

*** Die Fußsohlen.**

*** Der Erdenstern:**

ungefähr 30 Zentimeter unter dem Boden, direkt unter den Füßen; er dient dazu, den Himmel mit der Erde zu verbinden.

Das astrale Reich

Das astrale Reich ist eine Welt für sich, die in Unterabteilungen aufgeteilt ist. Es gibt dort niedere astrale Welten, die von weniger entwickelten Seelen bevölkert sind, und es gibt auch verschiedene Stufen, auf denen die weiter entwickelten Seelen zwischen ihren Lebenszyklen verweilen. Bei den Seelen jedoch, die man in den astralen Regionen vorfindet, braucht die Silberschnur, die die Seele mit dem physischen Körper verbindet, nicht abgetrennt zu werden, wie es im Moment des sogenannten Todes der Fall ist. Denn diese Regionen werden nachts während der Stunden des Schlafes besucht. Deshalb könnte man genau genommen sagen, daß die astrale Welt sowohl mit inkarnierten (aber schlafenden) Wesen, wie nicht inkarnierten Wesen (diejenigen Menschen, die durch die Todespforte gegangen sind) bevölkert ist. Das astrale Reich ist dem physischen Reich sehr ähnlich, außer daß die Dinge dort einen größeren Glanz haben und die Sicht von einer wahrheitsgetreueren und klareren Art ist. Auf der Erde wählt man beispielsweise die Kleidung aus, die man trägt. Auf der astralen Ebene formt man die Kleidung aus der Beschaffenheit des eigenen Wesens, und sie kann nichts anderes als das innere Wesen der Person widerspiegeln. Die vielen Schleier, mit denen wir uns auf der physischen Ebene abmühen, um uns selbst zu verstecken - sowohl vor uns selbst wie auch voreinander - sind entfernt. Und so stehen wir spirituell unverhüllt da und zeigen wer wir sind.

In ähnlicher Weise sind die Gemeinschaften, zu denen wir uns hingezogen fühlen, das unmittelbare Ergebnis der spirituellen Entfaltung der göttlichen Qualitäten in uns. Diejenigen, die einen gewissen Grad der Meisterschaft über die niederen animalischen Wünsche und Leidenschaften entwickelt haben, die eine Aufgeschlossenheit für Kunst und friedvolle und liebende Harmonie entwickelt haben, werden zu einer Gemeinschaft gleichgestimmter Seelen hingezogen werden. Und die Häuser in denen sie leben werden in ähnlicher Weise diese Beschaffenheit widerspiegeln, ebenso wie ihre gesamte physische Erscheinung.

Es gibt Tempel großen Wissens auf den astralen Ebenen und viele Seelen besuchen nachts, obwohl sie noch verkörpert sind, diese Universitäten. Während andere, die ihren Körper verlassen haben, sehr viel Zeit den Studien der höheren Wahrheiten an diesen herrlichen Orten widmen. Viele Aufgestiegene Meister wählen diese höhere Sphäre der astralen Ebenen, um Unterricht zu geben und denjenigen, die auf diesen Ebenen leben, größere Einsichten zu vermitteln. In ähnlicher Weise wählen viele Schüler und Eingeweihte dieses Reich zum Dienen, vor allem, um Seelen, die erst vor kurzer Zeit ihren physischen Körper verlassen haben zu helfen, den Übergang zu ihrem entsprechenden Ort innerhalb der astralen Ebenen zu finden, und um sie mit Ruheorten, innerer Heilung (falls notwendig) und Führung zu versehen.

Schließlich wird das astrale Reich völlig zu einem Reich des Dienens werden. Im Verlauf der Einweihung in immer höhere Ebenen von Licht und Liebe findet die Läuterung und Beseitigung von psychisch und psychologisch fehlerhaftem Denken statt. Dies wird dann durch die richtige Kontrolle der Emotionen ersetzt, während man sich in immer höhere Sphären bewegt. In manchen Fällen ist der einzige Grund, weshalb man sich selbst auf der astralen Ebene vorfindet der, daß man denjenigen hilft, die noch mit den dortigen Lektionen beschäftigt sind.

Es ist interessant zu erwähnen, daß das, was von solch großer und strahlender Schönheit erscheint (wie es verglichen mit der physischen Ebene, auf der astralen Ebene tatsächlich der Fall ist), später als eine Beschränkung für die Seele gesehen wird, die dabei ist, Selbstmeisterung und verfeinerte Qualitäten des Aufstiegs zu entwickeln. So wie Ebene für Ebene gemeistert und unter die Kontrolle des Höheren Selbstes und der Monade gebracht wird, so wird die Substanz aus der jene Ebenen und Körper in diesem Prozeß bestehen ebenso emporgehoben und aufsteigen. Schließlich existieren bestimmte Körper, wie die physischen/ätherischen und astralen, die wir gerade besprochen haben, lediglich als Kontakt-punkte auf jener speziellen Ebene, um die dienende Arbeit zu erleichtern. Jedes Ziel wird durch ein höheres Ziel in einem immer fortwährenden Aufstiegsprozeß ersetzt. Daher geschieht dies letztendlich auf der astralen Ebene in gleicher Weise wie auf der Erdenebene. Die individuelle Seele hat die eigenen Schwingungsfrequenzen in einem solch hohen Maß geläutert und erhöht, daß diese Seele jene Welt nicht länger zur eigenen Entwicklung benötigt, jedoch dort ausschließlich aus dem Wunsch des Dienens heraus wirkt.

Das mentale Reich

Es gibt viele Ähnlichkeiten zwischen den höheren astralen Reichen und dem mentalen Reich. Beide Ebenen enthalten unterschiedliche Frequenzen, damit sich die Seelen auf den verschiedenen Stufen der

Entwicklung durch die Unterebenen dieser Reiche hinaufarbeiten können, bis sie sich, nachdem sie die Lektionen gelernt haben und die Meisterung bestimmter Ebenen vollzogen ist, auf den höheren Niveaus jener Ebene befinden. Dies ist ein Prozeß, der uns auf der Erde nicht unbekannt ist. Beispielsweise beginnt ein Schüler seine Schulung in den unteren Klassen, besucht die mittlere Schule, geht zur Universität und endet schließlich mit seiner Doktorarbeit und so weiter.

Auf den mentalen Ebenen könnte Cayce's Ausssage: "Gedanken sind Dinge" nicht zutreffender sein, denn die Substanz dieser Reiche besteht aus sehr verfeinerter Gedankensubstanz, sie ist äußerst leicht zu beeinflussen und reagiert auf die Absicht, mit der wir sie gestalten. Die Materie des mentalen Reiches reagiert sofort auf unsere Gedanken. Dies ist ein ganz anderer Prozeß, als sich etwas im Geiste vorzustellen, es dann langsam zu erbauen und auf der physischen Ebene zu manifestieren. Wie dem auch sei, alle Dinge fangen mit einer Idee an und in dieser Hinsicht ist die mentale Ebene nur eine Widerspiegelung dessen, was auf der Erde stattfindet, wenn auch in solch einer beschleunigten Geschwindigkeit, daß es fast sofort geschieht. Auf diesen Ebenen formulieren die großen Seelen, die großen Denker und die großen Meister, Ideen und arbeiten daran, diese denjenigen zu bringen, die auf der Erde dafür empfänglich sind. Wenn es eine neue Erfindung gibt, ist die Idee dafür nicht vom Himmel gefallen, sondern wurde durch Gedanken und Inspiration denjenigen vermittelt, die am empfänglichsten dafür waren.

Auf diese Art arbeitet der göttliche, entwickelte Meisterwissenschaftler mit dem Geist und mit dem Gehirn des Wissenschaftlers auf Erden. Dies geschieht deshalb, weil diejenigen, die wissenschaftlich veranlagt sind, einen empfänglichen Zustand für zusätzliche Informationen in ihren Gehirnzellen haben und deren Geist oder "persönliche Datenbanken" ausreichend mit Informationen gefüllt sind, um die vermittelte Weisheit zu verwenden. Daher arbeitet der Wissenschaftler der inneren Ebene mit jemandem, der so vorbereitet ist, statt jemanden zu wählen, der in diesem Spezialbereich ein unbeschriebenes Blatt ist.

Dies ist für jeden Aspekt gültig mit dem die Menschheit arbeitet. Die göttlichen Künstler, jene Meister, die in dieser Richtung entwickelt sind und der Menschheit die nächste Vision vermitteln möchten, werden einen Künstler auswählen, der in dem speziellen Bereich arbeitet, die ihre Vision erfordert (Poesie, Literatur, Malerei, Musik, Theater, Tanz). In dieser Weise wird die Vision am leichtesten durchgebracht und auf der Erde manifestiert. Der Versuch einen Chemiker mit der nächsten Phase des Tanzens zu inspirieren, wäre eine vergebliche Bemühung, denn es gäbe nichts in seinen Gehirnzellen, das entweder damit resonieren oder darauf reagieren würde. Wohingegen die Kontaktaufnahme mit einem empfänglichen Tänzer oder Choreographen alles zur Erwiderung in sich trägt, sowohl im Verstehen der Idee als auch in der Fähigkeit dies zu ermöglichen und zu manifestieren. Man kann somit sehen, wie der schöpferische Prozeß eine Zusammenarbeit zwischen bestimmten Eingeweihten und Meistern (die aus den mentalen Ebenen heraus arbeiten) ist, und jenen Seelen, die sich in der physischen Inkarnation befinden.

Mir wurde von den Meistern mitgeteilt, daß eine Seele, wenn sie ausreichend fortgeschritten ist, während der Schlafstunden auf den inneren mentalen Ebenen und zur gleichen Zeit auf den physischen Ebenen während der wachen Stunden arbeiten kann, um die nächste Phase eines Projektes zu manifestieren. Wenn eine Seele einem Projekt sehr gewidmet ist, könnte es sein, daß sie zwischen ihren Inkarnationen mit den Meistern daran arbeitet. Dann inkarniert sie, um mit demselben Projekt fortzufahren bis es zur Vervollständigung gebracht ist. So arbeiten häufig eine Reihe von Eingeweihten, die die Verantwortung hinsichtlich eines bestimmten Projektes auf sich nehmen. Aber es ereignen sich auch Fälle, in denen einer bestimmten Seele erlaubt wird, ein spezielles Projekt zur Vollendung zu führen.

Das buddhische Reich

Die nächste Ebene über dem mentalen Reich ist die buddhische Ebene, die in der okkulten Literatur auch als die kausale Ebene bekannt ist. Dies ist das Reich, in dem das Höhere Selbst, oder die Überseele, ihre wahre Heimat hat. Wenn die individuelle Seele sich in jene Sphäre zurückzieht, ist sie in der Lage, als reines Bewußtsein und in voller Aufmerksamkeit zu existieren. Ein Grund dafür, daß der Begriff "kausale Welt", um diese Ebene zu beschreiben, verwendet wird ist der, daß es tatsächlich ein Reich der Verursachung ist. Auf dieser Ebene kann die Seele die Ursachen sehen, die sie in Bewegung gebracht hat, und die Schritte, die zur Beseitigung jedes negativen Karmas unternommen werden müssen, das ihre Entwicklung oder ihren Aufstiegsprozeß zurückhält. Die Seele kann sich ebenfalls die Welt der Ursachen der Menschheit als Ganzes anschauen und sehen, wo sie von größtem Dienste sein kann.

Da wir alle miteinander verbunden sind, wird klar, daß der Menschheit mit einer dienenden Haltung zu helfen, die beste Art ist, den eigenen Aufstieg, die Befreiung oder den Entwicklungsprozeß zu fördern. Von diesem herrlichen Reich aus kann die Seele erkennen, daß alles tatsächlich miteinander verbunden ist und daß es keine Art und Weise des Fortschritts gibt, wenn man selbstsüchtig ist. Man lernt auf der buddhischen Ebene, daß man dem Ganzen dient wenn man dem Selbst dient, und indem man das Selbst fördert, hilft man der Förderung und dem Aufstieg des Ganzen. Es ist dieses Wissen, welches die Menschheit auf dem Pfad des Aufstiegs vorwärtstreiben wird.

Nach dem Tod werden diejenigen, die ein Leben im Dienste an Gott und der Menschheit geführt haben, die liebevolle und hingebungs- volle Wesen sind, schnell durch die ätherischen, astralen und mentalen Reiche hindurchgehen und ihren Platz im Reiche des Höheren Selbstes einnehmen. Dort werden sie den "Frieden, der jedes Verständnis übersteigt" erfahren, die Glückseligkeit, die vorher unvorstellbar ist - höchste Freude, höchste Liebe und höchstes Mitgefühl. Es gibt nichts, außer dieser göttlichen Qualität, was dort existieren kann. Denn alles, was der Eingeweihte in den vier niederen Welten erlangt hat und von einer guten, schönen und wahren Natur ist, wird ihn dort begleiten, und alles andere wird vor den Pforten dieses strahlenden Reiches zurückgelassen werden. Durch die Befreiung vom Kreislauf von Geburt und Tod in den niederen Welten, wird die Essenz der Seele gemeinsam mit der Seele in dieses herrliche Reich genommen, und jene Essenz wird nur die göttlichsten Qualitäten enthalten. Alle geringeren Qualitäten werden karmisch verarbeitet und zu einem Punkt des Ausgleichs gebracht und sind im Leben des Eingeweihten nicht mehr aktiv. Dieses Leben wird von nun an das höhere Leben sein und die Seele wird als das Höhere Selbst wirken, das nur danach trachtet, der Menschheit zu dienen.

Die atmische Ebene

Wenn die Seele einmal mit der oben genannten Stufe verbunden ist, bewegt sie sich zur atmischen Sphäre empor, in der sogar die Einschränkungen des Seelenkörpers überwunden werden und die Verbindung mit dem monadischen Selbst, oder der mächtigen ICH BIN - Gegenwart, hergestellt ist. Die Seele, die ihren Weg durch die vier niederen Körper und Welten hindurch zu ihrem eigenen Reich zurückgegangen ist, und somit eine direkte Verbindung mit ihrem essentiellen Selbst (der Monade) hat, befindet sich jetzt an einem Ort der perfekten Einheit. Dennoch behält die Seele ihre Individualität und existiert selbst nur ein Reich unterhalb der monadischen Ebene. Auf der atmischen Ebene ist die Seele mit der Monade verbunden, die wiederum mit ihrer monadischen Gruppenfamilie verbunden ist, unter dem Einfluß der Monade arbeitet, bis sie ihren Weg zurück zur monadischen Ebene erarbeitet hat. Dort schließt sie sich ihrer monadischen Familie an, um aus der vollkommenen Einheit des Seins heraus zu arbeiten.

Es ist schwer sich einen Ort des vollkommenen und vollständigen Seins vorzustellen, dennoch ist dies das monadische Leben. Es ist ein Ort, an dem man nichts außer Einheit erfährt, jedoch ohne Verlust der Individualität. Verstehe bitte, daß jemand der aus dieser Ebene heraus wirkt, in einer Art des Gruppenbewußtseins funktioniert, das nicht erklärt werden kann, aber tatsächlich durch alle erfahren wird, weil wir unseren Weg zurück zur monadischen Quelle gehen. Die Art der Schöpfung ist in dieser Hinsicht enthüllt, ebenso die Antworten auf alle Fragen. Dort gibt es völlige Freiheit und völlige Glückseligkeit. Es mag einige Leser überraschen, daß die Seele selbst eine größere Entwicklung erwartet, eine die sie sogar jenseits des letzten Reiches bringen wird, das wir in diesem Buch betrachten werden. Bitte wisse, daß es an diesem Ort keine Dringlichkeit, keine Sorge, kein ruheloses Unbehagen gibt, sondern nur einen Zustand des Seins, wissend, daß es noch ausgedehntere Reiche zu entdecken gibt.

Die Logoic-Ebene

Das letzte Reich, daß ich in diesem Buch besprechen werde, ist die Logoic-Ebene, die tatsächlich die vollständige Verwirklichung der Monade, oder mächtige ICH BIN - Gegenwart, ist. Weil die Beschaffenheit des Kosmos so ausgedehnt ist, weise ich zur tieferen Erklärung und Erforschung der kosmischen Ebenen auf mein Buch "Das Komplette Aufstiegshandbuch" hin. Der Prozeß des Aufstiegs der Menschheit durch die sieben Existenzebenen hindurch, soweit er uns und unseren Aufstieg direkt betrifft, wird in diesem Buch gründlich erklärt. Die Logoic-Ebene ist die Ebene der totalen Einheit - der ICH BIN - Gegenwart. Wenn wir Grenzenlosigkeit besprechen, können Worte einschränkend sein. Dennoch sollten sie ausreichen, denn Worte sind die Leiter, die wir besteigen, um unser Verständnis zu erweitern.

Auf der Logoic-Ebene werden wir mit der Absicht Gottes in Berührung gebracht und sind in vollständiger Einheit mit jener göttlichen Absicht und jenem göttlichen Ziel. Wir wissen, daß wir das "ICH BIN der ICH BIN" sind und haben die Form ganz und gar hinter uns gelassen. Wir sind das geworden, was wir gesucht haben und wir sind die Liebe/Weisheit selbst. Unser Wille ist der Wille zum Guten geworden, welcher der Wille Gottes ist. Wir sind vollständig im Ganzen der Dinge aufgegangen, dennoch behalten wir ebenfalls und für immer unsere Individualität. Hier haben wir unsere kühnsten Vorstellungen überstiegen, denn sogar die Seele selbst hat sich mit ihrer planetaren Quelle verschmolzen. Von nun an leben wir in vollständiger Einheit mit Gott, und unser Wille und unser Ziel richten sich völlig auf den Willen und das Ziel des Ganzen aus. Dennoch herrscht das göttliche Paradox unaufhörlich - obwohl wir gänzlich mit dem Einen verschmelzen, bleiben wir doch selbst erhalten.

Schlußbemerkung

Wir sind spirituelle Wesen, die in einer Vielfalt von spirituellen Reichen leben und durch sie hindurchgehen. Außerdem sind wir unsterbliche Kinder Gottes, und eine göttliche und herrliche Bestimmung erwartet uns alle. Der Prozeß des Aufstiegs liegt in der Erfahrung, Reinigung und Meisterschaft aller Ebenen. Bei der Meisterung jedes nachfolgenden Reiches werden verschiedene Beschränkungen erfahren. Innerhalb jedes Reiches entwickeln wir uns auch weiter und deshalb verfeinern sich die Energien der Körper in jedem Reich in zunehmendem Maße, schwingen auf höheren Frequenzen und steigen folglich auf. In Wirklichkeit gibt es keinen Tod, sondern nur das Hinübergehen in höhere Sphären des Lernens, um dann zu den niederen oder dichteren Sphären zurückzukehren, bis die Lektionen gelernt und gemeistert sind.

Ich habe hier einen kurzen Überblick über unser spirituelles Selbst und seine Entwicklung durch die Ebenen unserer entsprechenden Sphären der göttlichen Grenzenlosigkeit gegeben. Es gibt in Wahrheit eine Entwicklung, die jenseits dieser Sphären stattfindet. Aber dies ist die Evolution der Seele, nachdem sie durch den Prozeß der Einweihung gegangen ist und vollständig zurück zu ihrer monadischen Quelle aufgestiegen ist. Dieses Thema habe ich in anderen Büchern ausführlicher erörtert und es ist nicht meine Absicht, hier weiter darauf einzugehen. In diesem Buch befasse ich mich ausschließlich mit dem Prozeß des Aufstiegs wie er uns betrifft.

2. Die Spirituelle Hierarchie

Die Meister der Hierarchie

Ich kann mir nicht helfen, aber ich fühle mit den Anfängern auf dem Pfad des Aufstiegs, wenn sie die Worte "Hierarchie" und "Aufgestiegene Wesen" hören, die in einer scheinbar lässigen Konversation herumgestreut werden. Ich kann mir die Frustration vorstellen, die jemand fühlen muß, wenn er um freundliche Führung bittet, und einem dann gesagt wird, diesen oder jenen "Meister" anzurufen, der diese oder jene Position in "der Hierarchie" innehat. Einige der Namen dieser großartigen gütigen Wesen klingen, als würden sie aus dem letzten Science Fiction-Roman stammen. Ich bin sicher daß, wenn man um die Hilfe eines Wesens bittet, dessen Name in demselben galaktischen Quadranten wie der von Spock von „Star Trek" nicht fehl am Platze wäre, man in einen Zustand äußerster und verständlicher Verwirrung gerät. Der Zweck dieses Buches ist, diese Verwirrung zu beseitigen und den Glanz der Spirituellen Hierarchie der Meister als reale Wirklichkeit darzustellen. Ich bitte lediglich darum, daß der Leser mit einem offenen Geist und einem offenen Herzen mit dem Lesen fortfährt, so daß seine Intuition vollständig das enthüllen kann, was nur durch Erklärungen erschlossen werden kann.

Eine einfache Analogie ist die des Studenten, der mit dem Lernen im Kindergartenalter anfängt, die Lektionen der nachfolgenden Schulklassen lernt, die Hochschule absolviert, einen akademischen Titel erwirbt und dann zur Schule zurückkehrt, in der er ursprünglich die Basis gelernt hat und dort die Rolle des Lehrers annimmt. So ungefähr ist es bei denjenigen, welche die Hierarchie ausmachen, und umso mehr bei jenen großartigen Wesen, die Du möglicherweise als die Weltlehrer der Religionen kennst. Diese Lehrer kehren zur Schule der Erde zurück um den spirituell jüngeren Seelen die Weisheit zu vermitteln, die sie beim

Durchqueren der Seinsebenen gesammelt haben - ein Prozeß den einige von uns gerade beginnen. Es gibt natürlich manche bemerkenswerte Weise, Propheten, Heilige und hochentwickelte Wesen, die leibhaftig auf der Erde gelebt haben. Die Beispiele, die mir dabei in den Sinn kommen, sind Christus (in okkulter Literatur oft als Lord Maitreya erwähnt), Buddha, Jungfrau Maria, Moses, Kwan Yin und Isis. Es gibt auch die großen Yogis, Mystiker und die Okkultisten aus neuerer Zeit, wie Yogananda, der die Selbstverwirklichungsgesellschaft gegründet hat; Sai Baba, gegenwärtig das spirituell höchst entwickelte Wesen auf unserem Planeten, Madame Blavatsky und C.W. Leadbeater, der einige der fortschrittlichsten okkulten Schriften in der jüngeren Geschichte geschrieben hat, wie auch Alice A. Bailey, die durch eine telepathische Verbindung okkulte Informationen, die durch Meister Djwhal Khul gegeben wurden, gechannelt hat. Ich muß die großartigen spirituellen Führer wie Gandhi und Martin Luther King erwähnen, die ganze Nationen zum Frieden und zur universellen Bruderschaft geführt haben und oft für ihr Engagement mit dem Leben bezahlt haben. Sogar Abraham Lincoln, obwohl er im strengsten Sinne kein spiritueller Führer war, war ein hoch entwickeltes Wesen, das eine Nation zum Frieden geführt hat und den höchsten Preis für seinen standhaften Mut bezahlte.

Wenn ich sage, daß bestimmte Seelen channeln oder Informationen durch eine telepathische Verbindung zwischen ihnen und einem der Meister bringen, meine ich damit, daß diese fortgeschrittenen Seelen, die den Kreislauf von Geburt und Tod vollendet haben, auf den inneren Ebenen verbleiben und von jenem Wohnsitz aus die Führung, die sie vermitteln möchten, auf den Geist einer Seele auf Erden übertragen, um der Entwicklung der Menschheit zu helfen. Einige der Menschen mit denen sie arbeiten sind selbst Meister, die freiwillig zum Dienen zurückgekehrt sind. Ihre spezielle Form des Dienens liegt in ihrer Fähigkeit, Eindrücke von dem Meister zu empfangen, der sich auf einer anderen Ebene aufhält und deshalb eine klarere Sicht auf die wahre Natur der Wirklichkeit oder Zugang zu großartigeren Perspektiven der Liebe und Weisheit hat. Oft arbeitet ein nicht verkörperter Meister mit einem Schüler oder Eingeweihten zusammen, der bewußt dabei ist, seine vier niederen Körper zu meistern, um sie unter den Einfluß der höheren Aspekte des Selbstes zu bringen. Diese Menschen sind auf dem Pfad des Aufstiegs und verwenden alle Erfahrungen in ihrem Leben zum Wachstum und um ihre Verbindung mit ihrem Höheren Selbst und ihrer mächtigen ICH BIN - Gegenwart oder Monade zu vertiefen. Die Meister, die dem Pfad des Aufstiegs gefolgt sind und sich selbst schließlich als das Höhere Selbst erkannt haben, stammen aus allen Religionen und allen spirituellen Wegen und bilden zusammen die Hierarchie. Es könnte hilfreich sein zu erwähnen, daß die Meister wählen können, auf irgendeiner dieser Ebenen zu inkarnieren, um ihre Art des Dienens bestmöglichst auszuführen, obwohl sie von den physischen, ätherischen, astralen und mentalen Welten befreit sind. So wie Christus, Moses oder Buddha auf der Welt inkarnierten, so inkarnieren ebenfalls eine Reihe Meister in den ätherischen, astralen oder mentalen Reichen, um dort zu wirken und den Seelen in diesen Reichen zu dienen.

Es ist wichtig ebenfalls zu erkennen, daß der Planet als Ganzes sich in einem Zustand der Entwicklung oder des Aufstiegsprozesses befindet. Meisterlehrer aus einer Epoche haben sich seitdem selbst entwickelt und der ganze Aufstiegsprozeß hat sich in der relativ jüngeren Geschichte beschleunigt. Demzufolge ist die Menschheit in Massen dabei, Höhen zu erreichen, die bisher nur von wenigen erreicht wurden. Damit die Hierarchie der Meister ihr volles Potential zur Geltung bringen können, versuchen sie hinter den Schleiern des Mysteriums, wo sie in der Vergangenheit gewirkt haben, hervorzutreten. Es gibt bestimmte Grundprinzipien, die man verstehen muß, um mit ihnen zu arbeiten, dem göttlichen Plan zu dienen und zu helfen, den eigenen Aufstiegsprozeß zu fördern. Die Hierarchie funktioniert wie eine Spirituelle Regierung. Sie ist keine Regierung, wie die eines Landes auf der Erde; sie bleibt den höchsten Idealen treu, die alle Regierungsformen inspirieren. Sie wirkt in einer hierarchischen Struktur und jeder, der eine geringere Einsicht hat, wird freudig die größeren Einsichten jener Wesen suchen. Es gibt keinerlei Wettbewerb, nur ein gemeinsames Ziel, dem Ganzen aus Stätten der stetig wachsenden Einigkeit und Einheit heraus zu dienen. Dies geschieht frei und von der Anziehungskraft und den

Geboten der vier niederen Reichen befreit. So bilden diese Wesen eine göttliche Struktur, wobei jedes das beiträgt, was ihm am meisten entspricht und in dem von ihm ausgesuchten Bereich und geeigneten Ort arbeitet. Sie wirken aus einem Zustand höchster Glückseligkeit, Entzücken, Freude, Liebe und Weisheit - einem Zustand, den wir in unseren gesegnetesten Momenten nur als Schatten der Wirklichkeit, in der sie leben, erkennen.

Lieber Leser, der Prozeß des Aufstiegs wurde in dieser Zeit so beschleunigt, daß viele, die dieses Material lesen, bereits Eingeweihte und Schüler einer hohen Ebene sind, die nur durch ihre Unwissenheit über die spirituelle Terminologie und den Prozeß gehindert werden - etwas womit sie in Wahrheit auf den inneren Ebenen sehr vertraut sind. Daher wird dieses Buch vielen Lesern zunächst dazu dienen, ihre eigene Entwicklung zu beschleunigen und eine Tür der Weisheit zu öffnen, die mehr über sie selbst enthüllen wird. Die Meister selbst sind als Gesamtheit unserer Welt näher gekommen als je zuvor. Dies geschieht weil eine große Zahl von uns dabei ist, die verschiedenen Einweihungen zu Lebzeiten abzuschließen, den Pfad des Aufstiegs voranzuschreiten und dann selbst den Reihen der Meister beizutreten. Wir haben alle viel zu lernen, aber da viele von uns dabei sind, sich in einer Geschwindigkeit zu entwickeln, die nie zuvor auf diesem Planeten gesehen wurde, bringen die Aufgestiegenen Meister uns in immer größerer Ausrichtung auf ihr Ziel, damit wir die notwendigen Lektionen von ihnen lernen können.

Jüngere Meister

Es ist äußerst wichtig zu erkennen, daß viele Seelen jetzt den Reihen der Meister der Spirituellen Hierarchie beigetreten sind. Eine Gruppe hat sich von dem vierten, oder rein menschlichen Reich, in das fünfte, oder spirituelle Reich, bewegt. Es gibt tatsächlich Meister unter uns. Manche, die bereits länger ihre Meisterschaft erlangt haben, sind geschickter in

Teleportation, Bilokation, Levitation, Heilungswunder und so weiter. Andere von uns sind Meister, aber neu in dieser Stellung, deshalb wirken sie unter der Anleitung eines entwickelteren Meisters, der physisch inkarniert sein kann oder auch nicht. Einige Meister bleiben auf anderen Ebenen, besitzen jedoch die Fähigkeit, die erforderlichen Atome anzuziehen, um ein physisches, ätherisches, astrales oder mentales Bild von sich selbst zu formen, so daß sie mit ihren Schülern kommunizieren können.

Nachfolgend sind einige Beispiele dieses Meistertyps aufgeführt. Manche ihrer Namen mögen Dir sonderbar erscheinen, wenn Du jedoch mit ihnen meditierst, werden sie vertraut in Dir klingen: Saint Germain, Kuthumi, Djwhal Khul, Erzengel Michael, Jungfrau Maria und Jesus. Der höchste Meister in physischer Verkörperung, Sai Baba, der in einem kleinen Dorf in Indien lebt, kann entweder im physisch/ätherischen, astralen oder mentalen Körper gesehen werden. Ein inkarniertes Wesen mit diesem Grad an Meisterschaft kennt keine Grenzen, auch nicht auf der physischen Ebene. Seit seiner Geburt zum Gott-Selbst erwacht, wird Sai Baba treffend als Avatar oder gottverwirklichtes Wesen seit Geburt bezeichnet.

Der neu befreite Meister hat entweder die sechste oder die sechste und siebte Einweihung bestanden und hat damit das Ziel all seiner Leben in genau diesem Leben erreicht. Dies sind die jüngeren Meister, manchmal Kindergartenmeister genannt, insbesondere wenn sie den sechsten Grad der Einweihung erreicht haben, aber den siebten Grad, um ein vollständiger Meister zu werden, noch abschließen müssen. Die Meister dieser Kategorie werden sorgfältig von fortgeschritteneren Aufgestiegenen Meistern überwacht, die täglich mit ihnen arbeiten, damit wir fortfahren mögen, die Liebe, das Licht, die Kraft und die psychologische Klarheit zum Wohle der ganzen Menschheit und der Erde als Ganzes auszudehnen.

Ich werde diesen Prozeß der Einweihung tiefgreifender in einem Kapitel darlegen, das sich ausschließlich damit befaßt. Im Moment genügt es zu sagen, daß viele die dies lesen, ein gutes Stück auf dem Weg zur Meisterschaft sind, aber einfach nicht mit der Terminologie, die verwendet wird um den Prozeß den sie durchlaufen auszudrücken, vertraut sind. Einige sehr hoch entwickelte Seelen werden zu dieser Zeit in der Welt geboren. Einige von ihnen brauchen nur einen geringen Grad der Offenheit, um zu dem Ort hingezogen zu werden, an dem die Lehren der Meister in ihren bewußten Verstand gebracht werden. Es wird gesagt: "Wenn der Schüler bereit ist, erscheint der Meister." Was diese Aussage jedoch nicht enthält, ist die Tatsache, daß der Schüler manchmal gar nicht weiß, daß ihn der Meister erwartet, außer durch ein schwaches anhaltendes Gefühl in ihm, daß es etwas "mehr" im Leben gibt. Nun, geliebte Leser, es gibt tatsächlich viel mehr im Leben, und dieses "mehr" klopft an Eure Tür durch Eure eigene Bereitschaft, um dieses scheinbar neue Gebiet des spirituellen und okkulten Verständnisses zu erkunden.

Bedenkt dabei, daß täglich neue Mitglieder durch die Pforten der sechsten und siebten Einweihung hindurchgehen. Genauer gesagt, wird es mehrere Massenaufstiegswellen geben, bei denen einer großen Anzahl Menschen die Gelegenheit gegeben wird, die Befreiung im Zeitraum von 1995 bis zu den ersten Jahren des neuen Jahrtausends zu erreichen. Wie Jesus Christus sagte: "Wenn Du nicht an mich glaubst, dann glaube an die Werke, die ich tue." Also sage ich Dir hinsichtlich dieser Seelen, die dabei sind in diesem Leben aufzusteigen, daß Du sie erkennen sollst, daß sie einander erkennen sollen, daß sie uns erkennen durch die Arbeit, die wir tun und nicht durch irgendwelche äußeren Behauptungen. Alle, die Mitglieder der Hierarchie der Meister sind, sind zum Dienen hier. Indem wir dienen, werden wir dieses große Privileg erreichen und durch dienstbare Taten werden wir einander erkennen wer wir wirklich sind.

Die Ordnung der Hierarchie

Nun folgt eine kurze Beschreibung der hierarchischen Struktur. An der Spitze unseres Sonnensystems, das die sieben oben erwähnten Ebenen einschließt, steht jenes kosmische Wesen, das das Amt des Solaren Logos bekleidet. Auf ihn wird oft als Helios verwiesen, manchmal gemeinsam als Helios und Vesta. An der Spitze des planetaren Systems steht der Planetare Logos. Bis vor kurzer Zeit wurde dieses hohe Amt von einem Wesen bekleidet, das als Sanat Kumara bekannt ist. Diese Stelle ist jetzt von dem übernommen worden, der der Buddha war und bleiben wird. Unter ihnen gibt es drei bedeutende Abteilungsleiter: Der Manu (Allah Gobi), der Maha Chohan und der Christus. Das Amt des Planetaren Christus wird von Lord Maitreya bekleidet, der in einer früheren Inkarnation auch Krishna war. Unterhalb von ihnen, und trotzdem auf riesigen Höhen, sind die Meister, oder Chohans, der sieben Strahlen. Dies sind sieben Arten der Energien oder Strahlen, die sich in unserem Sonnensystem und auf unserem Planeten ausdrücken. Der zweite Strahl, derjenige der Liebe/Weisheit, ist der Strahl oder die Grundenergie des Sonnensystems selbst. Die folgende Liste enthält die Strahlen und die Meister, oder Chohans, die sie anführen.

STRAHL	CHOHAN	ENERGIE
Erster Strahl	El Morya	Macht / Wille
Zweiter Strahl	Kuthumi *	Liebe / Weisheit
Dritter Strahl	Serapis Bey	Aktive Intelligenz
Vierter Strahl	Paul der Venezianer	Harmonie durch Konflikt
Fünfter Strahl	Hilarion	Wissenschaft und konkreter Verstand
Sechster Strahl	Jesus **	Hingabe
Siebter Strahl	Saint Germain	Zeremonielle Magie und Rituale

* (Meister Djwhal Khul hat viel von seiner Arbeit übernommen, weil Meister Kuthumi sich darauf vorbereitet, das Amt des Christus zu übernehmen.)

** (Jesus ist auf der inneren Ebene bekannt als Sananda; er war das Wesen, das vor 2000 Jahren von Christus/Lord Maitreya überschattet wurde).

Neben ihnen arbeiten andere Meister, deren Fachbereiche ein wenig anders sind. Gemäß ihrer Entwicklung in eingestuften Rängen arbeiten auch viele hochentwickelte Devas (Wesen deren Pfad der Entwicklung sich auf der Engellinie befindet). Von all diesen göttlichen Wesen wird uns Hilfe in unserem Wachstumsprozeß und in jedem Aspekt unseres Lebens angeboten. Es gibt sogar Gruppen von Meistern, die die Kunst des Heilens mit Energieströmen beherrschen. Diese Wesen, so wie auch alle Meister und Engel, warten nur auf unsere Anrufung, damit sie uns zu Diensten sein können.

Es ist wichtig zu verstehen, daß diese Meister auf den göttlichen Ebenen des Seins ihr eigenes Leben führen, ihre Beschäftigungs- bereiche und ihre eigenen Entwicklungssziele haben. Ein Teil von dem was sie tun ist dennoch eine aktive Beteiligung an der Evolution der Menschheit, sowie auch an der Evolution der Erde als Ganzes. Manche mögen mehr auf die Arbeit mit dem Tierreich ausgerichtet sein, während andere speziell mit der Kunst oder der Heilkunde arbeiten. Im Grunde ist es egal welche Bedürfnisse wir haben; die Hierarchie der Wesen erwartet unseren Ruf, um in liebevollem Dienst hervorzutreten und uns in jeder möglichen Hinsicht zu helfen. Sie sind hier, um uns bei unserem Wachstum und unserer Entwicklung behilflich zu sein und ich kann die großartigen Vorteile nicht genug betonen, die da sind, um von uns empfangen zu werden, wenn wir nur darum bitten. Das Einzige was sie nicht tun können ist, in unseren freien Willen einzugreifen. Und deshalb sollten sie gerufen und herbeigebeten werden, um aktiv werden zu können und um uns zu helfen.

Wenn Du hierüber im Zweifel bist, warum fängst Du nicht an, einen Meister, mit dem Du vertraut bist, wie der geliebte Jesus, Mutter Maria, Moses oder Buddha, anzurufen. Achte darauf, welche Gnade sich sofort in Dir ausbreitet und Dich erfüllt. Du könntest damit üben, indem Du während einer kurzen Zeit über die Energie eines speziellen Meisters, den Du zuvor angerufen hast, meditierst. Laß Dich zum Beispiel durch die Liebe und Hingabe von Jesus erfüllen oder erlaube dem Frieden des Buddha durch Dich zu fließen. Mit der Zeit wirst Du bestimmte Meister und ihre Energien ganz nah erkennen, und ihre Namen werden von Deiner Zunge rollen, wie eine einst vertraute Sprache, die Du glaubtest vergessen zu haben. Über diese sehr geliebten Wesen kann ich, um meine persönlichen Erfahrungen besser auszudrücken, nur sagen "Prüfe mich jetzt, hierdurch, sagte der Herr... Ich werde Dich mit Segnungen füllen, so daß es nicht genügend Raum gibt, sie zu empfangen."

3. Der Pfad der Einweihung
Aufstieg und Einweihung

Der Prozeß des Aufstiegs und der Einweihung sind unentwirrbar miteinander verwoben. Um die Bedeutung des Aufstiegs völlig zu verstehen, müssen wir zuerst den Prozeß der Einweihung verstehen. Zunächst ist die breitere Perspektive dessen, was sich im Leben der individuellen Seele ereignet, während sie durch die vier niederen Welten und aufwärts in die spirituellen Welten reist, wo die Selbstverwirklichung eintritt.

Wenn die Seele ihren Reinkarnationsprozeß anfängt, ist sie aus der Sicht des Höheren Selbstes oder der Überseele sehr jung. Die Heimat des Höheren Selbstes befindet sich im buddhischen, oder vierten Reich, und während der frühen Erfahrungsphasen der reinkarnierenden Seele, bleibt das Höhere Selbst vom Anfangsprozeß der Baby-Seele gesondert, die gerade dabei ist, in den physischen Welten Erfahrungen zu sammeln. Die Seele ist in diesem frühen Stadium kaum aus den animalischen oder triebhaften Phasen ihrer Entwicklung heraus. Durch den Kreislauf von Geburt und Tod entwickelt die Seele nach und nach Bewußtsein, ein angemessenes Verständnis für richtig und falsch, und ihr Kontakt mit der physischen Welt wird mehr in ihrer sich langsam entwickelnden astralen, emotionalen und mentalen Natur integriert.

Während dieser frühen Stadien ist der emotionale oder astrale Körper an sich kaum entwickelt. Er reagiert eher als das er handelt, und die Emotionen sind von einer elementaren und extremen Art. Hellsichtig gesehen würden sie als Blitze von zackigem Rot gesehen werden, auf Wut oder Leidenschaft deutend, und/oder dunkles braun-grau und andere dunkle Farben, die auf eine Unbestimmtheit der Gefühle deuten, während sie gleichzeitig Habgier, Begierde und den elementaren

Überlebenstrieb zeigen. Über die Zeit hinweg, durch Inkarnation und Reinkarnation hindurch, wird der astrale/fühlende Körper sich verfeinern und die Wertschätzung der Schönheit, Liebe (zuerst bei der Familie, dann der Gemeinschaft, dem Land und schließlich dem Leben selbst), wird die astrale Aura färben.

In ähnlicher Weise ist der Mentalkörper in den Anfangsphasen des Inkarnationsprozesses der Seele kaum aktiv. Die anfängliche Denkfähigkeit des Menschen ist nicht weit von der des Tieres entfernt. Sicherlich gibt es hier einige Denkfähigkeit. Sie ist jedoch auf der meist elementaren Ebene. Alle Gedanken werden auf einen primären Gedanken gerichtet - wie überlebe ich - und es ist dieser Gedanke, um den der Geist allmählich seine Denkfähigkeit errichtet. Langsam findet die junge Seele heraus, wie man eine Schutzhütte baut, Nahrung erlangt und das Zuhause beschützt. Aus diesem ungünstigen Anfang lernt der Geist allmählich zu denken. Schließlich entwickelt sich der Denkprozeß zu dem was heutzutage als die Norm von der Mehrheit der Menschheit betrachtet wird.

Während dieses langsamen Entwicklungsprozesses ist das Höhere Selbst, oder die Überseele, und in größerem Maße die Monade, oder mächtige ICH BIN - Gegenwart, in den abstrakten Leben in den höheren Reichen beschäftigt und gestattet dem Teil von sich selbst, der sich durch den Kreislauf von Geburt und Tod entwickelt, seinen eigenen Weg zu finden. Nur wenn die Seele einen bestimmten Entwicklungsgrad erreicht hat, fangen das Höhere Selbst und die Monade an, ein aktives Interesse an dieser Seele zu bekommen. Während diesen späteren Stadien richtet sich die reinkarnierte Seele auf ihr Höheres Selbst aus, und indem sie die höhere Anwesenheit spürt, fängt sie an, zu beten und um Unterstützung von diesem höheren Aspekt des Selbstes zu bitten. Dann fängt die Seele wahrhaftig an, sich mit dem Ziel des Höheren Selbstes zu vereinen und übernimmt die Verantwortung für ihre Entwicklung. Die Seele wird dann offiziell als auf dem Probepfad betrachtet. Und somit hat das Stadium, in dem die Seele den Pfad des Schülertums und der Einweihung betritt, begonnen.

Der Probepfad

Die Seele, die sich jetzt auf dem Probepfad befindet, richtet ihre Aufmerksamkeit auf die Welt und den Einfluß des Höheren Selbstes, oder der Überseele. Seinerseits fängt das Höhere Selbst vage an, seine Aufmerksamkeit auf den Teil seines Selbstes zu richten, der durch den Inkarnationslauf der vier niederen Welten geht. Obwohl die Seele noch nicht offiziell auf dem Pfad der Einweihung ist, befindet sie sich am wahrhaftigen Beginn jenes Pfades. Und so zieht die Seele, oder die Person, auch die Aufmerksamkeit des Meisters, oder der Gruppe von Meistern auf sich, mit der sie durch bestimmte kosmische Gesetze der Anziehung verbunden ist. Es ist so, daß die Seele/Person jetzt unter dem wachsamen Auge von sowohl dem Meister als auch vom Höheren Selbst steht und von da an fährt der Prozeß der Reinkarnation unter den führenden Kräften des Göttlichen fort. Es muß jedoch erwähnt werden, daß sich die Person in diesem frühen Stadium, das als Probezeit bekannt ist, in der Regel dieser Verbindung nicht bewußt ist. In dieser Periode geht es darum, daß der Meister dem Neuling einen größeren Anreiz an Licht und göttlichen Eindrücken vermittelt, worüber sich die Person ebenfalls nicht bewußt ist. Es ist die Periode des Abwartens, damit sich zeigt, was die Person mit solch einem Anreiz machen wird.

Da der Neuling unbewußt seiner Verbindung zum Höheren Selbst und zum Meister arbeitet, wird es ihm überlassen, aus seinen eigenen Quellen zu wählen wie er reagiert. Diese Periode wird dann von der eigenen Wahl der Person, was sie aus dem Einfluß der göttlichen Anregung macht und in welcher Geschwindigkeit sie sich entwickeln will, beherrscht. Der Fortschritt wird von der Entwicklung der höheren Prinzipien bestimmt, wenn sie in dem Leben des Neulings aktiver werden. Ein Meister kann dies durch die aurischen Ausstrahlungen jener Person sehen.

Der angenommene Schüler

Diese Phase der Einweihung auf dem Pfad des Aufstiegs kennzeichnet den wirklichen Anfang der Arbeit zwischen Schüler und Meister. Jetzt hat der Meister, wenn auch locker, seine eigene Aura mit der des Schülers vermischt. Diese Vermischung erlaubt dem Meister auf verschiedene Weise direkter mit dem Schüler zu arbeiten. Dennoch befindet sie sich an der Peripherie der Aura des Meisters, weil der Schüler noch immer dazu neigt, Emotionen zu erfahren, die der Meister sich vom Leibe halten möchte. Aber die Verbindung und die Vermischung ist ausreichend hergestellt, damit der Einweihungs-/Aufstiegsprozeß des Schülers beginnen kann. Der Schüler erhält so eine ziemlich direkte Beachtung und der Meister ist vor den immer noch schnell wechselnden Gemütsverfassungen und störenden Gedankentendenzen geschützt.

Die inkarnierte Seele muß sich jetzt selbst in der Welt des Dienens etablieren. Sie muß damit beginnen, die Qualitäten der Liebe, des Lichtes, des Mitgefühls und der göttlichen Absicht innerhalb ihres Wirkungskreises zu manifestieren. Diese Qualitäten werden wachsen und sich vertiefen, während sie auf dem Pfad der Einweihung und des Aufstiegs fortschreitet. Wenn man einmal ein angenommener Schüler geworden ist, muß der Entwicklung dieser höheren Qualitäten Beachtung geschenkt werden.

Eine Technik, die dieses schnell bewirkt, ist die Meditation. Es gibt verschiedene Meditationen, wobei manche wirksamer sind als andere und einfach besser den Bedürfnissen und dem Temperament eines bestimmten Schülers entsprechen. Ungeachtet der Technik soll das Ziel dasselbe sein - sich darauf auszurichten, den emotionalen, mentalen und auch physischen Körper zur Ruhe zu bringen. Dies ist notwendig, damit das Höhere Selbst den Schüler in einem empfänglichen Zustand der Bereitschaft vorfindet, wodurch es bestimmte Eindrücke aus dem höheren Reich mitteilen kann. Der Meister muß den Schüler ebenfalls in einem ruhigen und zentrierten Zustand der Bereitschaft vorfinden, um die höheren Lehren, Stimulierungen und Aktivierungen zu vermitteln, die die Seele/Person entwickeln und zu großartigen Höhen inspirieren wird. In den verschiedenen Phasen meines Pfades habe ich eine Vielfalt von Meditationstechniken geübt. Zwei meiner Lieblingstechniken sind die, die von der Self Realization Fellowship durch Yogananda und seinen nachfolgenden Meisterlehrern gelehrt wurden, und die von Meister Kuthumi durch Earlyne und Robert Chaney weitergegeben und von Astara gelehrt wurden. Ich habe auch meine eigenen Meditationen und Aktivierungen entwickelt, die in meinem Buch „Das Komplette Aufstiegshandbuch" enthalten sind. Die Meditationen befassen sich in erster Linie mit dem Ausbalancieren der vier niederen Körper, sowie der Anrufung der Meister. Dies dient dazu, die Verbindung zum Höheren Selbst und zur Monade zu intensivieren. Meditation muß keine komplizierte Prozedur mit schwierigen Atemtechniken sein, sondern kann einfach eine Zentrierung und Ausbalancierung des Vierkörpersystems sein. Zur selben Zeit rufen wir die höheren Aspekte des Selbstes und die Meister an, um so schnell und sicher die göttlichen Qualitäten innerhalb der vier niederen Körper freizusetzen. Auf diese Art und Weise werden wir mit dem Höheren Selbst, der Monade und den Meistern immer stärker verbunden und vereint.

Durch Meditation, Dienen, Liebe, Mitgefühl, Licht und den Willen zum Guten machen wir als Schüler Fortschritte. Wenn wir standhaft in dieser Weise fortfahren, werden wir, ehe wir es wissen, durch die verschiedenen Einweihungen hindurchgehen und bewußt an unserem Aufstiegspfad arbeiten. Tatsächlich sind die Einweihung und der Aufstieg lediglich zwei Seiten derselben Münze. Wir gehen in einer systematischen Reihenfolge durch die Einweihungen, indem wir nacheinander und zur gleichen Zeit die vier Körper meistern und von unserem Höheren Selbst und der Monade in immer größerem Maße durchdrungen werden. Dies aktiviert die Lichtverbindungen, die wir zu den einzelnen Meistern haben, so daß wir zu unserer richtigen Arbeit finden und unseren Pfad des Dienens in angemessener Weise aufnehmen können. Während dies geschieht, wachsen das Licht und die Liebe in uns, zusammen mit der Reinigung und der Säuberung unseres psychischen und psychologischen Selbstes. Auf diese Weise werden wir angenommene Eingeweihte und beginnen wahrhaftig damit, unsere Arbeit auf dem Pfad des Aufstiegs ernsthaft zu beschleunigen. Die Pfade der Einweihung und des Aufstiegs sind in Wirklichkeit ein und derselbe Pfad und Prozeß, werden jedoch oft durch verschiedene Interpretationsweisen beschrieben und ausgedrückt. Von einem Eingeweihten wird zum Beispiel gesagt, daß er diesen und jenen Lichtquotienten auf seinem Pfad des Aufstiegs erreicht hat und sich deshalb in diesem und jenem Stadium der Einweihung befindet. Was tatsächlich geschieht ist, daß dieselbe Sache aus zwei verschiedenen Aspekten heraus betrachtet wird. Daher ist sowohl der Pfad der Einweihung als auch der des Aufstiegs tatsächlich derselbe. Der eine kann nicht ohne den anderen existieren.

Es ist essentiell zu wissen, daß der Einweihungsgrad einer Person enthüllt, wie weit sie auf dem Pfad des Aufstiegs vorangekommen ist. So daß sie selbst größere Einsicht in dieses Stadium bekommen kann. (Um herauszufinden auf welcher Einweihungsstufe Du Dich befindest, kannst Du mich zwecks eines gechannelten Readings von den Meistern anrufen [Telefonnummer im Anhang]).

Die erste Einweihung

Die erste Einweihung ist wahrhaftig der offizielle Schritt der Seele auf den Pfad des Aufstiegs. Alles was geschehen ist, bis man den Probepfad betritt, wird jetzt vollständig in Kraft gesetzt. Die Selbstmeisterschaft zu erlangen, ist jetzt ein wesentlicher Teil des Lebenszieles der Person geworden. Das erste Hilfsmittel der Meisterschaft ist zweifach. Es umfaßt die Meisterung der elementaren niederen physischen Tendenzen, indem eine Diät eingehalten wird, um den Körper von Giften so frei wie möglich zu halten und reines Wasser zu verwenden und um damit das innere wie auch das äußere Vehikel zu reinigen. Durch die nachfolgenden Einweihungen hindurch wird dieser Prozeß immerfort verfeinert, aber das endgültige Eintreten der physischen Meisterschaft über die niederen Aspekte und ein bestimmtes Maß an Körperreinigung findet während der ersten Einweihung statt. Dieser Aspekt der physischen Meisterschaft wird mit den Anfangsstadien der Meisterschaft des Astralkörpers einhergehen. Ein weiterer Name für die Einweihung ist die Geburt - die Geburt der Liebe in ihrer reinsten Form. Indem diese höhere Liebeskraft wirksam wird, findet die Verwandlung von Begierde in Liebe statt, da der Anwärter aus dem Herzzentrum heraus wirkt. Durch dieses Ineinandergreifen der Ziele in der ersten Einweihung kann man sehen, wie die Körper und die Reiche (physische und emotionale) einander durchdringen und überschneiden.

Während dieser Einweihung beginnt die Person - als Seele - sich bewußt als Seele zu verstehen. Dies geschieht jedoch nicht durch den bewußten Verstand. Auf den inneren Ebenen und während bestimmter Meditationsperioden spürt er, daß sein Leben einfach mehr ist als das eine Leben in das er gegenwärtig verwickelt ist. Er spürt, daß er mehr als lediglich Fleisch und Blut, mehr als die Summe dieses einen Erdenlebens ist - eine inkarnierte Seele, verbunden mit einem größeren Ziel.

Die zweite Einweihung

Die zweite Einweihung befaßt sich ausführlich mit der Kontrolle des Astral-/Emotionalkörpers. Während dieser Periode widmet der Anwärter viel Zeit und Energie der Meisterung des Begierden- selbstes, damit das höhere Verlangen der Seele die niederen, unkontrollierten Begierden der Persönlichkeit ersetzen. Die Bestrebungen des Anwärters des zweiten Grades reichen zu denen der Überseele hinauf und er wird inspiriert. Selbstsüchtige Begierden werden von dem Wunsch zu dienen ersetzt; selbstsüchtige Liebe weicht bis zu einem bestimmten Grad der bedingungslosen Liebe. Dies ist die perfekte Gelegenheit - die er wirklich ergreifen sollte - um mit dem psychologischen Teil seines Selbstes zu arbeiten. Dies führt zu einer eingehenderen psychologischen Arbeit, die während der dritten Einweihung, oder Seelenverschmelzung, weiter verfeinert wird. Es ist der Punkt, an dem die emotionale und psychische

Reinigung beginnen muß. Zur Meisterung des Emotional-/Begierdenkörpers ist dies der perfekte Ausgangspunkt, um unsere Motivationen, unsere Stärken und Schwächen bezüglich unserer Gefühlswelt zu betrachten. Wo gestehen wir uns am leichtesten gewalttätige Emotionen jeder Art ein und wie können wir diese negativen Tendenzen verwandeln? Eine sichere Antwort liegt in unserer Bereitschaft, danach zu fragen und es deshalb aus der unterbewußten Herrschaft hervorzubringen, so daß wir es meistern können. Weil wir psychologische Klarheit und Reinigung benötigen, um wahrhaftig und letztendlich unser endgültiges Ziel des Aufstieges zu erreichen, ist es am besten damit zu beginnen, den Emotionalkörper zu kontrollieren und mit jeder Zerrissenheit und Turbulenz die in unser Bewußtsein tritt zu arbeiten.

Erneut spielt Meditation hier eine Schlüsselrolle. Indem der Emotionalkörper beruhigt wird und dann ruhig und klar wie ein reiner und friedvoller Teich wird, unerschüttert von den Winden der Verwirrung, erschaffen wir den Raum für das emotionale Selbst, um in jener Weise zu leben. Durch solche Meditation und Visualisierung erlauben wir den Emotionen zur Ruhe zu kommen und in reinem und völligem Frieden zu verweilen. Auf diese Weise bringen wir die Natur der Begierde in einen Zustand ruhiger und friedvoller Gelassenheit, die dann auch nach der Phase der tiefen Meditation fortgesetzt wird. Dies erfordert unsere stete Wachsamkeit, die Meisterung der Gemütsschwankungen der Begierde, die im Leben des Eingeweihten zweiten Grades kommen und gehen, fortzusetzen. Aber dies trifft auf uns alle in unterschiedlichem Maße zu, sogar in den späteren Stadien unseres Einweihungs- und Aufstiegsprozesses. Um durch die Pforten und Tore der zweiten Einweihung hindurchzugehen, muß man diese Meisterschaft bis zu einem bestimmten Grad erlangen. Je mehr Arbeit man in den Anfangsstadien leistet, desto leichter wird es später sein.

Da sich jeder Anwärter auf dieser Stufe seines Höheren Selbstes ein wenig bewußt wird, erkennt er auch, daß er mit einer Seelenfamilie oder Seelengruppe arbeitet und nicht nur als eine individualisierte Seele wirkt.

Dies ist jedoch nur ein kurzer Einblick in das, was die dritte Einweihung verdeutlichen wird. Es entsteht ein ausgedehntes Gefühl der Einheit und ein edler Wunsch, Fortschritte zu machen - nicht alleine nur für das Selbst, sondern für das größere Ganze, zu dem man sich zugehörig fühlt. Das endgültige Ziel der zweiten Einweihung ist, die persönlichen Ziele und Wünsche mit denen des Ganzen, mit dem der Anwärter sich eins fühlt, zu verschmelzen. Um dies jedoch wirklich zu erreichen, muß der Anwärter fleißig arbeiten, um alle Trümmer beiseite zu räumen, die als persönliche emotionale Blockaden dieses Prozesses dienten. Dies wird durch bedingungslose Liebe, Dienen und die tägliche Korrektur der inneren Haltung (Gedanken verursachen unsere Gefühle), sowie die Beruhigung des Emotionalkörpers erreicht. Letztendlich erreicht man dies durch die Bereitschaft, mit der notwendigen psychologischen Arbeit fortzufahren, die erforderlich ist, um den Emotionalkörper von falschem Glauben zu befreien.

Die vielen Arbeitshilfen zur psychologischen Heilung beinhalten: Affirmationen, Tagebuch führen, positives Visualisieren und die Kommunikation mit dem inneren Kind. Dies sind nur einige Beispiele, auf die ich hinweisen möchte, damit Du sofort damit beginnen kannst, auf diesem Gebiet zu arbeiten. Ich würde auch empfehlen, mein Buch "Seelenpsychologie" zu lesen. Ich betone dies so ausdrücklich, weil manche Menschen oft nur den bloßen Anforderungen dieser Einweihung entsprechen, und dann fortfahren, nur um andauernd mit denselben Themen wieder konfrontiert zu werden, während sie die Aufstiegsleiter hinaufgehen. Es wird gesagt, daß dem Weisen ein Wort genügt. Laßt uns diese Aussage fortsetzen, indem Selbstmeisterung über das Verlangen und die emotionale Natur nicht ernst genug genommen werden kann. Um so sicher und leicht wie möglich durch die höheren Einweihungen hindurchzugehen, sollte man sich nicht mit der Erfüllung minimaler Anforderungen bei der Kontrolle über den Emotionalkörper zufriedengeben. Erspare Dir die Schwierigkeiten später die tiefgreifenderen Lektionen lernen zu müssen, indem Du bereits bei der zweiten Einweihung auf dem Pfad des Aufstiegs ein möglichst vollständiges Programm ausführst und somit alle Schwachpunkte dieses

Aspektes klärst und heilst. Die Anfangsstadien des inneren Friedens sind ein Zeichen dafür, daß Du dabei bist, dieses Ziel zu erreichen. Wie dem auch sei, fürchte Dich nicht vor der Verwirrung, die die Transformation vom negativen zum spirituellen Ego begleitet, denn es ist viel Anpassung erforderlich. Vertraue mir, jedes Unbehagen, das Du am Anfang spürst, ist es wert, da der höchste Gewinn den Du erhältst, das Manna vom Himmel sein wird.

Die dritte Einweihung

Ein anderer Name für die dritte Einweihung ist die Seelenverschmelzung, denn durch diese Einweihung wird der Anwärter direkt mit dem Höheren Selbst, oder der Überseele, verbunden. Sowohl das Höhere Selbst, wie auch die Meister beginnen in direkter Weise mit der inkarnierten Seele, mit Dir, der Du jetzt dieses Buch liest, zu arbeiten. Die Beziehung zwischen dem höheren Aspekt des Selbstes und den Meistern tritt jetzt vollständig in Kraft und die Verschmelzung des Anwärters mit der Überseele wird jetzt wirksam. Da der Anwärter nun mit der Überseele verschmolzen ist, wird er sich darüber bewußt, daß er zu einer Seelenfamilie gehört, und durch Meditation kann er diese Tatsache intuitiv erfassen. Deshalb wird die Arbeit dieses Anwärters mehr als je zuvor auf das Gruppenziel ausgerichtet.

Bei dieser Einweihung muß die Meisterung der Gedanken ein zentraler Brennpunkt sein. Die Gedankenformen müssen klar und eindeutig definiert werden, und ihr Zweck muß zweifach sein. Erstens, müssen sie auf die Kontrolle der mentalen Welt und des Mentalkörpers des Anwärters gerichtet sein, und dies wird den Prozeß der Selbstreinigung vertiefen. Zweitens, müssen die Gedanken auf die Erfüllung des Planes, der sich mit dem Gruppendienst befaßt, gerichtet sein, sowohl für die unmittelbare Seelenfamilie als auch für die gesamte Weltfamilie, von der die Seele, die Seelenfamilie und die Monade, oder mächtige ICH BIN - Gegenwart, alle ein Teil sind. Ich schließe die Monade an diesem Punkt mit ein, weil die Monade bei dieser Einweihung beginnt, einen direkten Einfluß auf die Überseele zu nehmen, und daher auch auf die inkarnierte Seele. Bedenke, daß wir jetzt von denen reden, die mit ihrer Überseele verschmolzen und seelenerfüllte Persönlichkeiten sind. Und dennoch gibt es noch viel Arbeit zu tun. Trotzdem haben sie einen klaren Fortschritt auf ihrem Pfad des Aufstiegs erreicht und sie zeigen Anzeichen von jenen, welche die Seelenverschmelzung verwirklicht haben - bedingungslose Liebe und ein leidenschaftlicher Wunsch der Menschheit zu dienen.

Der Großteil der Arbeit während der dritten Einweihung richtet sich vor allem auf die Gedankenkontrolle. In diesem Stadium muß der Anwärter lernen, seine eigene Gedankenwelt zu meistern, anstatt Opfer von gewohnheitsmäßigen Gedanken oder Gedankenformen des Massenbewußtseins zu sein. Um ehrlich zu sein, die volle Meisterung dieses Bereiches dehnt sich über die nachfolgenden Einweihungen aus, jedoch ein bestimmter Grad der Meisterung muß erreicht werden, um die dritte Einweihung zu durchschreiten. Dies ist eine der wichtigsten Lektionen, die man lernen kann. Wie Sai Baba in "Voice of the Avatar" sagt "... vom Geiste wird gesagt, er sei das Instrument sowohl für die Bindung als auch für die Befreiung."

Die meisten unter uns erkennen nicht, wie hypnotisiert sie von der Sichtweise der Welt sind. Sie akzeptieren die Dinge als Tatsachen, nur weil Nachrichtenmagazine, Lehrer und andere sie so darstellen. Dies ist nicht die Wahrheit, so wie Gott sie uns zeigen möchte, sondern dies sind eher die Kräfte der Geschäftswelt, der Politik, der Medien und der vereinten Gedankenformen der irdischen kontrollierenden Kräfte. Unser eigenes Bewußtsein ist mit bestimmten schädlichen Gedankenprozessen gefüllt, die an uns weitergegeben wurden, seit wir diese Welt betreten haben. Sie wurden durch äußere Einflüsse in unser Bewußtsein eingetrichtert, auch von unseren Eltern, die selber Opfer von Massengedanken waren. Dann wurden diese Gedanken durch Erfahrungen in der Welt weiter geformt und gestaltet - sie dienten alle dazu, unser fehlerhaftes Denken zu bestätigen. Deshalb habe ich überall in meinen Büchern verschiedene Techniken aufgeführt, um den Gedankenprozeß in einer positiven, spirituellen und gesunden Weise neu zu programmieren. Das Wichtigste, was man tun kann ist, so wirksam wie möglich im Bereich der Gedankenwelt zu arbeiten. Es wird nicht erwartet, daß die endgültige Meisterschaft der gesamten eigenen Gedankenwelt während dieser Einweihung erreicht wird. Der Entschluß, die reinsten, gesündesten und spirituellsten Gedanken zu erschaffen, muß jedoch in diesem Stadium gefaßt und beibehalten werden. Zusammen mit dieser Absicht sollte die Handlung kommen - eine Gedankenhandlung, die ich mit folgendem Beispiel veranschaulichen werde.

Stelle Dir vor, Du fährst mit dem Auto und jemand schneidet Dich. Die sofortige Gedankenreaktion der meisten Menschen würde eine Art von Fluch und/oder eine Geste niederer Natur sein. Was mit dieser Art der Gedanken geschieht ist, daß sie tatsächlich Gestalt, Farbe und Form annehmen. Diese Gedanken werden dann zu der Person, die Dich geschnitten hat, geschickt. Und, schnell wie ein Gedanke, hast Du sie übersinnlich angegriffen!

Dies ist ein kleines Beispiel dafür, wie die meisten Menschen ihren Tag verbringen, unwissend der negativen Gedanken, die sie unbewußt in die Welt hinauswerfen. Und wenn die Person in dem anderen Wagen eine sensitive Natur hat, wird sie übersinnlich Deine Gedanken aufnehmen und je nach der individuellen Natur, wird sie sich dadurch verletzt fühlen oder mit einem starken negativen Gedanken reagieren, den sie Dir zurückwirft! Diese Art des Denkens dient nur dazu, unsere Atmosphäre mit übersinnlichem Unrat zu füllen, auf den wir sehr wohl verzichten könnten. Wer weiß, ob die Person, die Dich geschnitten hat, zu einer schlimmen Familienangelegenheit nach Hause eilt, und spirituelle, liebevolle und unterstützende Gedanken benötigt. Wie die Situation auch sein mag, warum nicht wie ein Eingeweihter wirken (so wie es die Meister tun) und die Welt segnen, anstatt sie zu verfluchen. Es gibt eine einfache Technik, die viele Menschen, mich selbst inbegriffen, verwenden, um den Fluß negativer Gedanken zu entschärfen. Ich nenne sie die Segen-anstatt-Fluch-Technik. Jedesmal wenn Du Dich selbst in einer solchen Lage befindest und Dein erster Impuls: "Oh negatives Wort, negatives Wort, negatives Wort" zu denken oder zu sagen ist, kehre schnell um und denke oder sage stattdessen: "Oh, ich segne Dich." Dies könnte sich anfänglich etwas ungewohnt und merkwürdig anfühlen, aber ich versichere Dir, daß es Wunder wirkt. Sogar im Falle eines gestoßenen Zehes, wenn du kräftige Flüche denkst, rufst oder murmelst, versuch etwas wie "Danke für die Lektion, danke für die Lektion, danke für die Lektion" zu wiederholen bis der Schmerz abnimmt. Dies hört sich vielleicht ein bißchen komisch an, aber es ändert die mentale Atmosphäre um Dich herum enorm.

Diese Art des Denkens wirkt auch wie ein Schutzschild gegen die negativen Gedankenformen anderer Menschen. Wenn Du Dich auf das Licht und die Liebe und das Positive, das verfügbar ist, ausrichtest, wird die negative Energie anderer Menschen von Dir abperlen, wie das Wasser vom Federkleid einer Ente. Indem Du dies täglich praktizierst, wirst Du wahrhaftig an der Seite der Meister arbeiten und die mentale Welt in der wir leben säubern und reinigen. In der selben Weise wirst Du geschickter bei der Kontrolle Deiner eigenen Gedanken sein und bei der Erhöhung der Schwingung des Planeten helfen, indem Du diese einfache Veränderung der Denkgewohnheit annimmst.

Sei Dir jedoch sicher, daß Du nicht in die Falle der Gedankenverdrängung fällst. Dieser Prozeß der Einweihung bezieht sich auf Wachstum und Transzendenz und nicht auf Verdrängung. Verwende also die Instrumente, die ich empfohlen habe, oder irgendwelche die Dir hilfreich erscheinen, um Deine Gedankenwelt durch Heilung zu reinigen und nichts zu verdrängen. Das Führen eines Tagebuches ist auch ein wunderbares Beispiel um zu erkennen, was in den Tiefen Deines inneren Selbstes vor sich geht. An einem bestimmten Punkt brauchst Du vielleicht eine Kombination von spiritueller und psychologischer Beratung. Alles auf dem spirituellen Pfad sollte ausgewogen sein; oder wie Buddha sagte: "Gehe den goldenen Mittelweg." Mache die Arbeit, aber tue sie ehrlich, ohne etwas wegzustecken. Arbeite Dich durch die Blockaden des Mental- und Emotionalkörpers und der Welt hindurch, anstatt zu versuchen, sie zu vermeiden oder zu leugnen. Auf diese Weise wirst sowohl Du, als auch der Planet als Ganzes, in die Liebe und das Licht Deines wahren Wesens schnell, sicher und rein aufsteigen.

Verstehe, daß es zwei Formen der Leugnung gibt. Gesunde Leugnung ist der positive Prozeß, in dem Du negativen, egozentrischen Gedanken den Zugang in Deinen bewußten Verstand verweigerst. Ungesunde Leugnung ist das Leugnen der Realität oder der Wahrheit dessen, was wirklich in Dir vorgeht. Dies könnte auch die Form der Leugnung von positiven und spirituellen Gedanken annehmen. Zum Beispiel könntest Du einen Streit mit Deinem Ehepartner bekommen und der Gedanke, Dich zu entschuldigen oder vielleicht zu vergeben, kommt Dir in den Sinn. Der negative Ego-Aspekt in Deinem Geist rät Dir, an Ärger und falschem Stolz festzuhalten. In diesem Beispiel könntest Du den Impuls und den Gedanken leugnen, anstatt die Führung des Höheren Selbstes zu befolgen. Die gesunde Form der Leugnung wäre, den Drang zu leugnen, an Ärger und falschem Stolz festzuhalten. In einem Beispiel der ungesunden Leugnung wird einer Person durch einen Freund erzählt, daß er zu egoistisch sei. Die Person könnte die Wahrheit von diesem Feedback sowohl sich selbst als auch ihrem Freund gegenüber leugnen, aber auf einer unterbewußten Ebene ist dies genau das was geschieht. Darum kommen wir zu dem Sprichwort, "Erkenne Dich selbst." Es ist Dir überlassen sorgfältig darauf zu achten, eine echte Wahrnehmung der Wirklichkeit Deiner selbst und anderen gegenüber zu entwickeln. Wir sehen nicht nur mit unseren Augen, sondern auch mit unserem Geist und Glaubenssystem. Die Gedanken schaffen unsere Wirklichkeit. Deshalb ist es so wichtig, in der dritten Einweihung und jenseits dieser, Herrschaft über den Geist zu entwickeln.

In der traditionellen Psychologie ist die Verdrängung die negative Anwendung der Leugnung. Die Abschaffung ist die gesunde Anwendung der Leugnung. Bedenke also, daß es für die Entwicklung des inneren Friedens wesentlich ist, negatives, egoistisches Denken davon abzuhalten, in den bewußten Verstand einzudringen, indem Du ihm bewußt die Gelegenheit dazu nimmst. Gleichsam ist es wichtig durch positive Gedanken, Affirmationen und Visualisierungen sowohl den bewußten als auch den unbewußten Geist neu zu programmieren, damit er eine Gewohnheit des richtigen Denkens entwickelt, die dann zu positiven Gefühlen, Emotionen, Handlungen und zur Manifestation führt.

Die vierte Einweihung

Die vierte Einweihung wird die Kreuzigung genannt. Denn der gesamte äußere Halt und die gesamte Unterstützung werden genommen oder hören auf, die gewohnte Zufriedenheit zu vermitteln, die sie vor dieser speziellen Einweihung gaben. Es bleibt einem nichts anderes übrig, als sich allein auf die Beziehung zum Selbst, zu Gott und zu den Meistern zu verlassen. Diese Einweihung wird von einer Phase des Opfers und des Loslassens begleitet. Jeder Aspekt der Angst oder des Verlustes während dieser Phase dauert nur so lange bis der Einzuweihende lernt, das Leben wahrhaftig als eine Reihe von Lektionen zu betrachten, und alles durch das Objektiv des Höheren Selbstes und der Monade zu sehen. Was als Verlust wahrgenommen werden könnte, ist tatsächlich nur der negative Ego-Aspekt des Selbstes, der an Dingen festhält, die der spirituelle Geist als etwas betrachtet, was der Anwärter nicht wirklich braucht. Also ist in Wahrheit nichts verloren, außer das Verlangen des niederen Selbstes, welches in das Verlangen des Höheren Selbstes transformiert wird. Auf der höheren Ebene - insbesondere dem buddhischen, kausalen oder vierten Reich - ist der Körper, oder die Form, die die Seele von ihrem vollen und ganzen Ausdruck abgehalten hat, sozusagen verbrannt. Auf diese Weise entspricht die innere Ebene der äußeren Ebene, die die Kreuzigung genannt wird. Im Kern ist der Teil unseres Selbstes, der das Wachstum der Seele in den physischen, ätherischen, astralen und mentalen Reichen genährt und alle spirituellen Ausdrücke und Erfahrungen jenes Selbstes getragen hat, auf symbolischer Ebene ein Ei. Tatsächlich wird die Form des kausalen oder buddhischen Vehikels oft mit einem Ei verglichen, also fahre ich lediglich mit der Analogie fort.

In der vierten Einweihung sucht all das Gute, das Schöne und das Wahre, das in dem Ei enthalten ist, selbst einen größeren Ausdruck. Auf der buddhischen Ebene bricht die Überseele durch die Schale, die sie eingeschlossen hatte, hindurch, ähnlich wie ein Küken, das zur Zeit des Ausschlüpfens aus der Schale hervorbricht. An diesem Punkt ist der Einzuweihende mit der Seele verschmolzen und der Seelenkörper wird nicht länger benötigt. Der Einzuweihende wird zur Überseele/Höherem Selbst oder zur Ausdehnung der Monade. Die Kommunikation erfolgt dann durch das, was die Antakarana oder Regenbogenbrücke genannt wird. Im Wesentlichen hat der Einzuweihende einen Wechsel an Lehrern. Die Monade / der Geist / die mächtige ICH BIN - Gegenwart wird zum neuen Lehrer und ersetzt das Höhere Selbst, das jetzt völlig mit dem Einzuweihenden verschmolzen ist.

Die Feinheiten auf dieser Ebene sind ein bißchen schwieriger in die Sprache zu übersetzen als auf der Ebene der vier niederen Körper. Aber es genügt zu sagen, daß die Seele bei dieser Einweihung ungehindert in der Lage ist, in direkten Kontakt mit der Monade selbst zu treten, ohne den Seelenkörper, der vor dieser Phase als Vermittler diente. Der Prozeß des Aufstiegs, der Einweihung, des Lernens und des Wachstums ist noch nicht abgeschlossen. Aus einem höheren Aspekt der Monade betrachtet, ist dies ein unendlicher Prozeß. Bei den großen Einweihungen jedoch, von der ersten bis zur siebten, die wir in diesem Buch behandeln, ist die vierte Einweihung von außerordentlicher Bedeutung. Im Wesentlichen ist es nur die Seelenumhüllung die ganz verbrannt ist. Und die gesamte Tugendhaftigkeit, die während der vergangenen Leben innerhalb des Eis oder der Umhüllung angesammelt wurde, ist jetzt auf mystische Weise in die Monade emporgehoben. Dies fügt dem wahren Zuhause des eigenen Wesens einen weiteren Glanz hinzu. Jetzt ist der Anwärter eher Geist als Überseele - die Überseele war der vermittelnde Lehrer durch die Jahrhunderte hindurch, bis der Einzuweihende diese Einweihung verwirklichen konnte. An diesem Punkt ist die Einsicht sprunghaft gestiegen und das Interesse gilt nun wahrhaftig der Anhebung der Welt, da die Seele sich selbst als Einheit mit allem was ist versteht. Alle Bemühungen sind jetzt darauf gerichtet, die letzten Überreste des persönlichen Karmas abzuarbeiten, während man gleichzeitig klar erkennt, wie wichtig es ist, der Welt zu helfen, indem man daran arbeitet, das Karma des Planeten als Ganzes zu regulieren und auszugleichen. Der Einzuweihende wird nicht länger als die Seele im Gefängnis betrachtet, sondern als die Seele selbst. Der Einzuweihende des vierten Grades sieht die Welt aus dem günstigen Ausgangspunkt der Seele, das heißt, von oben herab. Da er nun weiß, daß er selbst dieses Höhere ist, dient die Verbindung zum Höheren Selbst dazu, dort um Hilfe zu bitten und Führung und Leitung von der monadischen Ebene zu erhalten. Obwohl als Einweihung der Kreuzigung bekannt, ist sie im Grunde die Einweihung der Freiheit. Der Eingeweihte des vierten Grades ist jetzt die Seele, die eine größere Vereinigung mit dem Geist bzw. der Monade, oder der mächtigen ICH BIN - Gegenwart, sucht.

Die fünfte Einweihung

Die fünfte Einweihung ist bekannt als die Monadenverschmelzung. Die dritte Einweihung ist bekannt als die Seelenverschmelzung, denn die inkarnierte Seele beginnt hierbei, sich völlig mit der Überseele zu identifizieren. Auf dieser höheren Stufe, beginnt der spirituelle Anwärter, der weiß daß er das Höhere Selbst ist, mit dem Prozeß der Verschmelzung mit der Monade, oder der mächtigen ICH BIN - Gegenwart selbst auf Erden. Ein weiterer Name für diese Einweihung ist die Offenbarung und sie geschieht auf der atmischen oder fünften Ebene. An diesem Punkt entsteht eine Verbindung zwischen der individualisierten spirituellen Person/Seele und der Monade. Die empfangenen Eindrücke kommen direkt von der monadischen Ebene und den Meistern. Der Wille zu dienen ist von allergrößter Bedeutung, da die Sicht des Anwärters des fünften Grades sowohl die vielen Ebenen des Menschen als auch die des spirituellen Reiches einschließt. Da die höhere Sicht immer die niederere umfaßt, wird sich der Einzuweihende sowohl der Rolle des Tier-, Pflanzen- und Mineralreiches in der Entwicklung der Erde, wie auch der Engellinie bewußt.

Was hier von esoterischem Interesse sein könnte ist, daß die Hierarchie manchmal die Große Weiße Loge oder die Große Weiße Bruderschaft genannt wird. Die Meister werden häufig so genannt, wenn von ihnen als Gruppe gesprochen wird. Das Wort "weiß" hat in diesem Fall nichts mit der Rasse zu tun; es steht eher für den Aspekt des Seins, der alle Farben in sich trägt und außerdem für die Reinheit. Der höhere Aspekt der Großen Weißen Bruderschaft ist bekannt als die Sirianische Bruderschaft oder Loge, in der ein Eingeweihter bei der fünften Einweihung aufgenommen wird. Dort erwarten ihn neue Offenbarungen. Eine Lieblingspassage aus Djwhal Khul´s Channeling in "Die Strahlen und die Einweihungen" von Alice Bailey lautet: "...jede Einweihung die vollbracht ist, enthüllt immer höhere Einweihungen, die gemeistert werden sollen, und nie kommt der Punkt wo der Aspirant (mag er ein durchschnittlicher Mensch, ein Eingeweihter, ein Meister, ein Chohan oder ein Buddha sein) in einem statischen Zustand bleiben kann, und für zukünftigen Fortschritt unfähig ist."

Als ich dies zum ersten Mal gelesen habe, machte es einen solchen Eindruck auf mich, daß ich immer wieder darüber nachdenken mußte. Dieser kleine Abschnitt enthüllt so viel, weil er einen klaren Einblick gibt, wie riesig der Einweihungs- und Aufstiegsprozeß ist, und er bestätigt ebenso, daß wir als menschliche Wesen, Seelen und Monaden eine kosmische Bestimmung innerhalb jener großen Unermeßlichkeit des Seins haben. Der Eingeweihte des fünften Grades ist also an diesem Punkt des Seins mit seiner Monade verbunden und bewegt sich in ungeahnte Sphären hinein. Dies, meine geliebten Leser, ist unsere göttliche Bestimmung - diese Höhen zu erreichen und den Aufstieg fortzusetzen. Es muß verstanden werden, daß Aufstieg in Wahrheit Abstieg bedeutet. Damit meine ich, daß man beim Aufstiegsprozeß die Erde nicht verläßt, sondern eher die Überseele und dann die Monade, oder mächtige ICH BIN - Gegenwart, in das Vierkörpersystem auf der Erde verankert. Also ist der Aufstieg im Grunde der Abstieg der Überseele und des Geistes in die Welten der Materie. Im Wesentlichen ist das aufgestiegene Wesen Gott, auf der Erde manifestiert. Denn dies ist Gottes wahrer göttlicher Plan - den Himmel auf Erden zu erschaffen. Und von diesem sind wir, meine geliebten Leser, alle ein Teil.

Die sechste Einweihung

Die sechste Einweihung ist das Erreichen des Aufstiegs. Dies ist ein Prozeß, der mit der sechsten Einweihung beginnt und mit Vollendung der siebten Einweihung aufhört. Aus einer erweiterten Perspektive betrachtet, beginnt der Prozeß des Aufstiegs mit dem Anfang des Probepfades und führt in riesige und fast unergründliche kosmische Reiche fort. Es ist jedoch essentiell zu erwähnen, daß man bei der sechsten Einweihung als ein Kindergarten-Aufgestiegener-Meister und bei der siebten Einweihung als ein vollständiger Aufgestiegener Meister betrachtet wird.

Die sechste Einweihung vollzieht sich auf der monadischen oder sechsten Einweihungsebene. Dies ist eine Gelegenheit von großer Tragweite - der Punkt an dem der Eingeweihte und die Monade direkt verschmelzen. Der Einzuweihende ist sich absolut bewußt, daß er das ICH BIN der ICH BIN, die mächtige ICH BIN - Gegenwart, das was wir Gott nennen ist und ebenso alles was ist. Man sieht wie durch ein Objektiv totaler Harmonie und vollständiger Einheit, und erfährt dadurch Freude, bedingungslose göttliche Liebe und den Frieden der das Verstehen übersteigt. Eine Aussage von Paramahansa Yogananda, obwohl nicht spezifisch auf die sechste Einweihung bezogen, ist hier recht zutreffend. Er sagte, und ich umschreibe es hier, daß man Tag für Tag fortschreitet, an sich selbst arbeitet, Yoga praktiziert, studiert, meditiert und so weiter. Und dann stellt man plötzlich fest, daß man selbst "Meister" genannt wird. Dies empfinde ich ebenso bei dieser Einweihung. Du arbeitest hart daran, um die vier niederen Körper zu reinigen, Dich selbst mit der Überseele und der Monade in Übereinstimmung zu bringen, und dann eines Tages stellst Du fest, daß sich all dies bezahlt gemacht hat und Du bist zu dem geworden, wonach Du gesucht hast. Es ist ausgeschlossen, daß man die sechste Einweihung erreichen kann ohne die notwendige Arbeit auf jeder Ebene seines Wesens zu machen. Das Licht und ebenso die Liebe muß angerufen werden. Das Licht und die bedingungslose Liebe, sind zwei ineinander verwobene Teile eines Ganzen und der Einzuweihende muß lernen, wie man diese beiden göttlichen Qualitäten in seinem eigenen Wesen umarmt, verkörpert und manifestiert.

Je größer das Licht und die Liebe ist, umso höher gelangt man auf dem Pfad des Aufstiegs. Um jedoch ein reiner Kanal und Ausdruck der mächtigen ICH BIN - Gegenwart zu sein, muß man allen Unrat innerhalb des niederen Vehikels ausräumen. Auch nach Erreichen dieser großartigen Einweihung muß man diese Teile von sich selbst noch aufmerksam überwachen, um klar und zentriert für den Dienst zu bleiben, zu dem man von der Monade inspiriert wurde. Deshalb ermutige ich zur Reinigung des psychologischen Selbstes in frühen Stadien, damit das Gefäß der vier niederen Körper in einem Zustand der Bereitschaft zum Dienen bleibt. Frei von psychologischen Trümmern des niederen Selbstes und unter der Herrschaft des Höheren Selbstes.

Viele Einzuweihende würden gerne die Arbeit mit dem Vierkörpersystem umgehen, aber letztendlich kann man dies nicht. Es gibt keinen anderen Weg als gerade hindurch zu gehen. Wenn wir danach streben, vollständig entwickelte Meister zu werden, sollten wir umso früher mit der Arbeit an unserem Wesen, den negativen Ego-Blockaden usw. beginnen, und je früher wir dies tun, desto leichter werden wir durch die verschiedenen Ebenen hindurch bis zur monadischen Ebene des Aufstiegs gelangen. Wir alle werden diese Arbeit schaffen und jene Ebenen erreichen und sie durchschreiten, denn sogar ein Eingeweihter der sechsten und siebten Ebene (innerhalb der vier niederen Welten) hat jene Körper mit denen er zu ringen hat. Für diejenigen unter uns, die schon dabei sind, ihr negatives Ego zu klären, wird ihre Mission zum Dienen umso leichter sein. Wir werden mit der monadischen Ebene verbunden bleiben und ohne Hinderung die Gesamtheit der Freude, des Friedens und der bedingungslosen Liebe, die solch eine Verbindung mit sich bringt, erfahren.

Auf der monadischen Ebene, auf der der Einzuweihende letztendlich mit dem Einen eins und mit dem Ganzen verschmolzen ist, behält er seine Individualität. Es scheint eine Sorge zu sein, ob wir unsere getrennten Identitäten verlieren, wenn wir mit dem Ganzen verschmolzen sind oder nicht. Ich erwähnte dies bereits, aber formuliere es neu aus diesem Bezug heraus. Die individuelle Seele, die all das, was die Individualität ist oder war, mit einschließt, wird weiterexistieren. Das negative Ego ist aufgelöst, die niederen Energien sind vertrieben, aber die spirituellen Qualitäten, die wir kultiviert haben, verbleiben bei uns, um das Ganze zu bereichern.

Niemand braucht Angst zu haben, sich selbst im Prozeß des Aufstiegs zu verlieren. Im Gegenteil, was dabei geschieht ist, daß jede Person/Seele schließlich sich selbst findet. Um Djwhal Khul erneut durch Alice Bailey aus "Ponder on This" zu zitieren: "...der Eingeweihte ist ein bewußter Aspekt dessen, von dem er einen wesentlichen Teil formt." Dies, meine geliebten Leser, ist die Herrlichkeit des Aufstiegs für den Eingeweihten des sechsten Grades. Die Herrlichkeit von der ich spreche, findet ihren Höhepunkt im Erhalten und Vollenden der siebten Einweihung, die wir jetzt erkunden werden.

Die siebte Einweihung

Die siebte Einweihung kennzeichnet den vollständigen Aufstieg. Sie findet auf der Logoic- oder siebten Ebene statt und ist auch als die Auferstehung bekannt. Dies ist das Ziel nach dem jeder Eingeweihte strebt. Es ist die völlige und vollständige Befreiung von der die Yogis sprechen. Es ist das Nirwana des Buddhisten. Es ist das höchste Stadium des *Samadhi*, welches das höchste Ziel des Meditierenden ist. Es ist unser vollständiges und gesamtes essentielles Monadenselbst. Von nun an werden wir nicht länger zu den niederen Welten gezogen, es sei denn, durch unseren eigenen freien Willen aus dem Wunsch zu dienen oder aus der reinen Erkenntnis der Notwendigkeit einer Situation heraus. Diejenigen, die es wählen wiederzukommen, sind bekannt als *Bodhisattvas*. Es sind jene die bleiben, um aus dem Mitgefühl heraus zu dienen. Der Eingeweihte des siebten Grades ist vollständig aufgestiegen und frei. Er wirkt auf den höchsten Ebenen in glückseliger Einheit mit dem Einen.

Ich erwähnte bereits die große Loge von Sirius und die Unermeßlichkeit der kosmischen Ausdehnungen. Der Eingeweihte des siebten Grades wagt sich in diese Reiche vor. Der Kosmos ist riesig und kennt keine Begrenzung, und von der Logoic-Ebene heraus sind diese ausgedehnten Horizonte zugänglich, da sich hier sogar der Aufgestiegene Meister Schritt für Schritt entwickeln kann. Ich erwähne dies nochmals, damit der Geist nicht damit anfängt, dem Grenzenlosen Grenzen zu setzen. Die spirituelle und kosmische Bestimmung eines vollständig Aufgestiegenen Meisters ist wahrhaftig großartig. Im höchsten Sinne gibt es 352 Stufen der Einweihung, die es zu meistern gilt, um das zu erreichen, was ich *kosmischen Aufstieg* nenne (im Gegensatz zu dem *planetaren Aufstieg*, von dem ich zuvor sprach).

Was wir nicht ignorieren können ist, daß sogar Quellen, die höher liegen als diejenigen auf die wir uns in erster Linie richten, einen Einfluß auf den Aufgestiegenen Meister haben. Deshalb bitte ich Dich das Folgende mit offenem Geist, und noch wichtiger, mit offenem Herzen zu lesen. Es ist eigentlich das Herz und die Intuition, die die höhere Wahrheit bedeutsamer vermittelt als der Geist. Wie so oft gesagt wurde, ist Gott Liebe. Und durch die vereinten Energien jener Liebe und jenes Lichtes werden wir imstande sein, die Wahrheiten, die in den höheren Reichen gefunden werden, intuitiv zu erfassen. Der spirituelle Wille ist auf der Logoic-Ebene völlig aktiviert. Er wirkt nun vollständig, zusammen mit der bedingungslosen Liebe und Weisheit, die genau die Qualitäten unseres besonderen Sonnensystems sind. Diese göttlichen Qualitäten, zusammen mit bestimmten göttlichen Eigenschaften, die vielleicht für die spezifische Mission des Aufgestiegenen Meisters mitgebracht werden - die Macht der Bilokation, Telepathie, die Möglichkeit von reinem Licht zu leben - sind alle auf den Zweck des Dienens ausgerichtet. (Die fortgeschrittenen Fähigkeiten eines Aufgestiegenen Meisters stehen realistischer Weise keinem zur Verfügung, bis die Integration der zwölften Stufe nach dem planetaren Aufstieg erreicht wird.)

Die Aufgestiegenen Meister der inneren Ebene stehen jedem von uns zur Verfügung, um uns auf unserem Pfad des Aufstiegs zu helfen. Je mehr wir über die Aufgestiegenen Meister lernen, desto spezifischer können wir unsere Bitten an sie richten, da die verschiedenen Meister unterschiedliche Fachgebiete haben. Wenn wir aber zu Gott beten, werden die Meister trotzdem unsere Gebete hören, und diejenigen die am besten dazu geeignet sind, uns bei unserem speziellen Problem zu helfen, werden sicherlich antworten. Das Lesen dieses Buches verbindet uns ebenfalls automatisch mit den Aufgestiegenen Meistern und sie erwarten gespannt unsere geringsten Bitten, um uns auf jede mögliche Weise zu helfen.

Wir, die diese Ebene des Aufstiegs erreicht haben, arbeiten ebenso während des Schlafes und der Meditation mit unserem Schülerkreis. Dies brauchen wir nicht aus unserem vollen Tagesbewußtsein zu tun, obwohl wir mit der Zeit und der Übung immer geschickter darin werden. Unabhängig davon ist dies ein Dienst, den viele während des Schlafens erweisen. Wir brauchen daher nicht erstaunt sein, wenn eine bestimmte Person, mit der wir arbeiten sagt, daß wir in ihren Träumen erscheinen. Einige unserer Schüler werden uns auf der physischen Ebene finden. Andere werden uns ätherisch erkennen, während wieder andere noch auf unsere Arbeit in den astralen und mentalen Reichen beschränkt sind, genauso wie wir Meister über uns haben, die uns helfen vorwärts zu gelangen. Die Struktur der Hierarchie manifestiert sich selbst sehr früh. Der Eingeweihte des ersten Grades hat dem Neuling viel zu bieten. Der Eingeweihte des zweiten Grades hat dem des ersten Grades viel zu bieten. Der Eingeweihte des dritten Grades hat dem des zweiten Grades viel zu geben und so weiter. Deshalb stehen die Liebe und die Weisheit einer Ebene immer jenen zur Verfügung, die von der nächst unteren Ebene hinaufreichen. Die eine große Wahrheit und das Geschenk der hierarchischen Struktur, die sie von der Masse der Menschheit und den üblichen Rängen unterscheidet ist, daß innerhalb der Aura von der Hierarchie der Eingeweihten und der Meister, der Ruf um Hilfe mit liebendem Mitgefühl gehört wird und das Verlangen zu dienen hierbei führend ist. Dies unterscheidet sich von dem Wunsch zu kontrollieren und zu manipulieren, der so oft unter den Massen gefunden wird. Wenn jemand in irgendeiner Weise die Kontrolle oder die Manipulation von einem älteren Mitglied der Hierarchie verspürt, dann sollte er erkennen, daß die Person zeitweilig ihren Weg verloren hat und der Schüler Hilfe von reineren Quellen suchen sollte. Bedingungslose Liebe, Reinheit der Motive und die Klarheit des Lichtes werden innerhalb der Aura des wahren Meisters scheinen.

Sei Dir bewußt, daß die siebte Ebene der Einweihung tatsächlich der ganzen Menschheit zur Verfügung steht. Es ist wahrhaftig die göttliche Bestimmung eines jeden, diese Höhen und noch mehr zu erreichen, ungeachtet der religiösen Zugehörigkeit, des spirituellen Pfades oder der verschiedenen Möglichkeiten der spirituellen Lehrer, mit denen eine Erdenperson verbunden sein mag. Der Zugang zur Möglichkeit, schnell durch die verschiedenen Aufstiegseinweihungen hindurch zu gehen, war noch nie so weit geöffnet wie zur jetzigen besonderen Zeitspanne. Die Einladung zum Aufstieg kommt von Gott, und es liegt an unserem eigenen Willen, zu entscheiden ob wir daraus unseren Vorteil ziehen. Es gibt jedoch kein Urteil darüber wie langsam oder schnell wir durch diesen Prozeß gehen möchten, denn letztendlich werden wir alle unseren Weg nach Hause innerhalb der geeigneten Zeitspanne finden. Dies trifft auf jeden Menschen auf Erden zu, egal ob er an das Konzept der Einweihungen und des Aufstiegs glaubt oder nicht.

Die meisten Einweihungen werden sogar auf der inneren Ebene nachts während des Schlafes erhalten, daher ist es bei den Schülern und Eingeweihten üblich, daß sie sich darüber nicht bewußt sind. Gelegentlich wird dies durch einen Traum oder eine Meditationserfahrung bekannt gegeben. Viele fortgeschrittene Eingeweihte erinnern sich überhaupt nicht daran, es ändert jedoch nichts an der wesentlichen Wahrheit. Alles, was sie benötigen mögen, ist ein einfacher Ansporn, sich daran zu erinnern, sich mit der Realität ihres Aufstiegs und Einweihungsprozesses zu verbinden. Wenn sie ein einfaches Buch wie dieses lesen, könnte das tatsächlich aller Ansporn sein den sie, um diese Erinnerung wieder aufleben zu lassen, benötigen.

Bei denjenigen, die dieses Buch lesen, vermute ich, daß sie eher jetzt als später den spirituellen Pfad betreten möchten, da etwas in ihnen, sie dazu veranlaßt hat, dieses Thema zu erkunden. Ich vermute auch, daß es der Ruf Deines Höheren Selbstes oder vielleicht sogar Deiner Monade war, der Dich dazu geführt hat, über den Pfad des Aufstieges und die Art Deines Wesens nachzudenken. Folge dem Ruf, geliebter Leser, denn es ist der Ruf des Höchsten und des Besten in Dir. Die Entdeckung, daß das Königreich des Himmels in Dir liegt, ist die herrlichste, wunderbarste, sensationellste und göttlichste Entdeckung, die Du jemals machen kannst. Die "vielen Räume in dem Hause des Vaters" sind so herrlich, daß dies nicht ausgedrückt werden kann, und dennoch habe ich in diesem Kapitel versucht, Dir flüchtige Eindrücke von ihnen zu bieten. In Wahrheit ist alles, was ich über die Einweihungen erklärt habe, nichts anderes als winzige Kerzen, die in der riesigen Weite der unzähligen Fenster in den Räumen des Vaters leuchten. Ich hoffe, daß diese Kerzen auf den bewußten Verstand ein wenig Licht ausstrahlen, über das was wahrlich nur jenen Seelen bekannt ist, die sich in ihre eigene Göttlichkeit vorwagen, indem sie wirklich den Pfad bewandern.

Zum Schluß solltest Du wissen, daß Du nicht Religionen, spirituelle Lehrer oder spirituelle Pfade ändern mußt, um den Aufstiegsprozeß, von dem in diesem Buch die Rede ist, anzunehmen. Alles was erforderlich ist, ist die Bereitschaft, Deinen Geist und Dein Herz diesen Lehren zu öffnen und sie dann einfach mit der Religion oder mit dem spirituellen Pfad, der Dir am angemessensten ist und zu dem Du Dich hingezogen fühlst, zu verbinden und die Lehren darin zu integrieren.

4. Die Psychologie des Aufstiegs

Die Wichtigkeit der Liebe

Die Wichtigkeit der Liebe im Prozeß des Aufstiegs kann ich nicht stark genug betonen. Es gibt viele Bücher, die der Wichtigkeit der Kultivierung des inneren Lichtes gewidmet sind, viele meiner Bücher selbst einbegriffen, und dies ist von großer Bedeutung. Was wir jedoch nicht übersehen dürfen, ist die wahre Kultivierung bedingungsloser Liebe. Ich rede hier nicht von der gefühlsbetonten Liebe, obwohl diese ihren Platz im weiteren Sinne hat. Ich deute im besonderen auf die Qualität der "göttlichen" Liebe, die jeden Aspekt unseres Wesens durchdringt und ein wesentlicher Teil unserer Natur ist.
Nur allzu oft verbringen die Menschen auf dem Pfad des Aufstiegs sehr viel Zeit damit, den Licht- und Weisheitsaspekt des Selbst zu entwickeln und verschließen im Wesentlichen ihr Herz dabei. Ohne ein offenes Herz kommt man nicht weiter. Die Aussage "Gott ist Liebe" ist nicht sentimental, sondern eine Tatsache. Sie ist eine der wesentlichen Qualitäten im Herzen dieses Sonnensystems. Die Liebes-/Herzensnatur Gottes und unsere eigene braucht ganz dringend Aufmerksamkeit, wenn wir den Pfad der Einweihung und des Aufstiegs erstreben.

Was letztendlich innerhalb eines jeden von uns stattfinden muß, ist eine vollständige Integration des Vierkörpersystems mit den höheren Körpern. In diesem Prozeß kann keines der göttlichen Attribute, das unser Selbst auf jeder Ebene unseres Wesens enthält, ignoriert werden. Die Qualitäten des niederen Selbstes, oder die Qualitäten des negativen Egos, müssen unter die Kontrolle des bewußten Verstandes gebracht und durch die höheren christlichen oder spirituellen Qualitäten der Überseele und Monade ersetzt werden. Wir müssen deshalb mit jenem gesegneten Attribut der Liebe arbeiten. Indem wir uns durch die Blockaden hindurch arbeiten, die in unserem Unterbewußtsein existieren, machen wir in diesem Prozeß den Weg für den wahren und vollständigen Ausdruck der Liebe von allen Hindernissen frei. In gleicher Weise arbeiten wir, indem wir lernen, wie die Qualität der göttlichen Liebe anzurufen ist, die zu uns herunterkommen wird, wenn wir sie aufrichtig anrufen, so wie ein Regenguß aus dem Herzen von Gott selbst.

Weil viele von uns mit bestimmten Ängsten, Mißtrauen, Scham und Mißbrauch der Liebe erzogen wurden, haben wir die Neigung, der Liebe aus dem Wege zu gehen. Dies ist im allgemeinen keine bewußte Entscheidung. Sie stammt aus dem Unterbewußtsein und vom inneren Kind, das oft im frühen Alter durch Machtmißbrauch und Manipulation im Namen der Liebe oder durch die allzu übliche bedingte Liebe, die unsere Eltern uns als Kleinkinder, Kinder und während eines Großteils unseres Erwachsenenlebens gaben, verletzt wurde. Ich bin nicht hier, um irgend jemanden der die Liebe mißbraucht hat, zu verurteilen, denn dies ist etwas, was die Masse der Menschheit gelernt hat. Ich bin jedoch hier, um Bereiche, in denen dies geschehen ist, zu enthüllen und die Verzerrungen, die dem Phänomen des Liebens geschadet haben, zu demaskieren, damit wir zuerst Lieben lernen, indem wir uns selbst lieben lernen. Dazu werde ich sowohl unsere fehlerhaften Glaubenssysteme als auch unsere Ängste aufdecken und Instrumente reichen, um die benötigte Heilung zu fördern.

Selbstliebe

Die Fähigkeit zu lieben beginnt damit, sich selbst zu lieben. Ohne Selbstliebe ist es unmöglich wahrhaftig einen anderen Menschen zu lieben. Die Person, die mit Scham, Angst, Schuld und wenig Selbstachtung erfüllt ist, wird immer mit sich selbst und deshalb mit der Welt im Streit sein. Die wichtigste Grundfrage der Selbstliebe muß angegangen werden, denn ohne sie wird wahrer Fortschritt auf dem Pfad der Einweihung und des Aufstiegs unvermeidlich unterbrochen und aus dem Gleichgewicht gebracht. Die Menschheit neigt dazu, bestimmte schwierige Bereiche zu umgehen, durch die ungesunde Art und Weise, Gefühle zu unterdrücken, die in Wahrheit geheilt werden müssen. Dies trifft ganz und gar auf das Lieben zu. Da das negative Ego versucht, Dich durch den falschen Glauben zu täuschen, daß Du aus der Liebe heraus wirkst oder Dich in einer wiederholten Abwehr gegen irgendwelche wirklichen Herzverbindungen innerhalb Dir selbst und mit der Welt hältst, ist es sehr wichtig, den Mut zu fassen, einfach zu betrachten aus welcher Ebene der Selbstliebe heraus Du wirkst.

Wenn Du feststellst, daß Du Dich hinter einem Bollwerk der Unterdrückung versteckst und ein Opfer niedriger Selbstachtung bist, dann ist es jetzt an der Zeit, jener Tatsache ins Auge zu sehen und absolut ehrlich mit Dir selbst zu sein. Einer der Hauptbereiche, durch den wir zu bedingter Liebe geformt wurden, liegt in der Wechselbeziehung mit unseren Eltern, die für das Kleinkindselbst die ganze Welt an sich sind. Im allgemeinen zeigen sie uns eine Liebe die sehr bedingt ist. Wenn wir uns anständig benehmen werden wir belohnt. Wenn wir uns jedoch in einer Weise benehmen, die ihnen nicht zusagt, wird die Liebe scheinbar entzogen. Dies wird normalerweise nicht mit böser Absicht getan; die Eltern handeln einfach nach dem was sie gelernt haben, bezüglich den Lehren, die ihnen selbst erteilt wurden.

Jeder Elternteil, jeder Lehrer, jedes Institut und jede Regierung muß sich bewußt sein wie schädlich diese Art des Verhaltens ist. Die Tatsache bleibt jedoch bestehen, daß wir bei uns selbst anfangen müssen, um eine Änderung zu bewirken, und dies bedeutet hier, die Befreiung des Unterbewußtseins von fehlerhaften Glaubenssystemen, niedriger Selbstachtung und den Handlungen und Reaktionen des negativen Egos. Wir müssen lernen, wie wir uns selbst lieben können, da wo wir jetzt sind, mit all unseren scheinbaren Fehlern, Versagen und Ängsten. Dies könnte einige Arbeit mit sich bringen, vor allem wenn Du eine sehr geringe Meinung von Dir selbst hast. Aber ich bin hier, um Dich daran zu erinnern, daß Du ein Kind Gottes bist. Liebe ist Dein *Geburtsrecht*. Sie ist, was und wer Du im Wesentlichen bist. Darum laß uns damit anfangen, mit einigen elementaren Werkzeugen zu arbeiten, um den fehlerhaften

Glauben zu ändern, den Du vielleicht in bezug auf Deinen Selbstwert und Deine Selbstliebe hast, und ihn zu ersetzen, indem Du jetzt anerkennst, daß Du alle Liebe im Kosmos wert bist, einfach weil Du *bist*.

Reprogrammierung des Selbstes zur Selbstliebe

Erkennen wir als erstes, daß keiner von uns in der negativen Egoprogrammierung festgefahren ist. Jeder hat die Kraft, diese Programmierung durch das Höhere Selbst und den bewußten Verstand zu ändern, und ich bitte Dich, Dich mir bei dieser abenteuerlichen Reise anzuschließen.

Selbstliebe-Meditation

Nimm eine bequeme Haltung ein, entweder im Liegen oder im Sitzen.

Lasse Deinen Atem, leicht und natürlich fließen.

Fühle die Unterstützung der Erde unter Dir und des Himmels über Dir.

Entspanne Dich im Fluß Deines Atems.

Sage dann leise die Worte: "Ich liebe mich selbst, weil ich ein Sohn / eine Tochter Gottes bin. Ich liebe mich selbst, weil ich ein Sohn / eine Tochter Gottes bin. Ich liebe mich selbst, weil ich ein Sohn / eine Tochter Gottes bin."

Wenn Du das Bedürfnis hast, dies laut zu sagen, dann tue es.

Wenn Du das Bedürfnis hast, zu flüstern oder die Worte leise zu sagen, dann tue es.

Wenn Du das Bedürfnis hast, das Mantra laut zu sprechen oder leise zu singen, dann fahre in dieser Weise fort.

Folge dem Weg, der sich am passendsten anfühlt, aber nimm zumindest drei bis fünf Minuten, um die Tatsache zu bestätigen, daß Du Dich selbst liebst.

Wenn Du das Gefühl hast, damit fertig zu sein, dann finde mindestens drei Aspekte von Dir selbst, von denen Du das Gefühl hast, daß sie liebenswert sind und fasse sie in gleicher Weise in Worte.

Du könntest einfach sagen: "Ich liebe mich, weil ich liebenswürdig bin."

Du magst vielleicht sagen: "Ich liebe mich selbst, weil es sich gut anfühlt, mich selbst zu lieben."

Die Sache ist die, daß Du Dich nicht aufgrund irgendwelcher Leistungen liebenswert finden sollst, sondern lasse vielmehr Deine Gefühle der Selbstliebe einfach aus Deinem göttlichen Geburtsrecht geliebt zu werden herausfließen. Spreche diese Affirmationen für drei bis fünf Minuten oder länger wenn Du möchtest. Wiederhole das erste Mantra: "Ich liebe mich selbst, weil ich ein Sohn / eine Tochter Gottes bin."

Erkenne, daß Du liebenswert und wertvoll bist, weil Gott Dich erschaffen hat, und dies ist der Wesenskern dessen, was Du wirklich bist. Es ist wirklich nur die Programmierung der Gesellschaft, die uns lehrt, daß es etwas gibt, was wir tun sollten, um liebenswert zu sein und einen Wert zu haben. Wir sind alle Diamanten mit Schlamm bedeckt, und in Anbetracht der Tatsache, daß der Schlamm die negative Ego- programmierung ist, ist es unsere Arbeit, ihn zu entfernen und durch das Christusdenken der Überseele zu ersetzen.

Lasse die Worte dann los und folge einfach dem Atem. Nimm Dich selbst in die Arme. Wenn Du bereit bist, kehre aus der Übung zurück.

Dies ist eine wunderbare Art, nachts einzuschlafen, weil sie das Unterbewußtsein mit Selbstliebe erfüllt.

Obwohl diese Meditation recht einfach ist, ist sie ein sehr kräftiges Werkzeug zur Neuprogrammierung des Unterbewußtseins und des inneren Kindes, das sich selbst der Selbstliebe als unwürdig erachtet. Diese Meditation gibt Deinem bewußten Verstand und dem Höheren Selbst die Leitung, statt anderen, Deinem niederen Selbst oder dem Unterbewußtsein zu erlauben, Dich zu kontrollieren. Eigentlich erzählst Du Deinem inneren Kind und dem Unterbewußtsein etwas, das wahr ist. Möglicherweise hast Du im fehlerhaften Glauben gelebt, der die Liebe, die Du suchst, verneint. Erkenne jedoch, daß dies nur die Stimme des negativen Egos ist. Die Stimme des Höheren Selbstes und der Monade ist die Stimme der Wahrheit, und dieser Aspekt Deines Selbst liebt Dich, weil Du existierst. Daher ist diese Meditation keine Täuschung, denn die Affirmation des Höheren Selbstes an das Unterbewußtsein lautet, daß es sich selbst und deshalb "Dich" liebt, denn Du bist ein wesentlicher Bestandteil seines göttlichen Wesens. Oder, in anderen Worten, Du wirst geliebt, weil Du ein Sohn / eine Tochter Gottes bist.

Der Schlüssel zum Verstehen ist, daß es wirklich nur zwei Stimmen oder Lebensphilosophien in jeder Person gibt, die in diametralem Gegensatz stehen. Es gibt die Philosophie und das Verhaltenssystem der Überseele, der Monade und von Gott, und jenes des niederen Selbstes und/oder des negativen Egos. Das eine ist wahr und das andere ist Illusion. Das Gesetz des Geistes ist jedoch, daß Deine Gedanken Deine Realität erschaffen. Wenn Du dem negativen Ego und dem niederen Selbst erlaubst Dein Lehrer und Führer zu sein, dem Höheren Selbst und Gott entgegengesetzt, wirst Du in einer selbst erschaffenen Hölle Deiner eigenen Gedankenschöpfungen leben. Das Unterbewußtsein, das kein

Urteilsvermögen hat und im Grunde nur ein Computer ist, wird all das wiederholen, was Du erlaubt hast, in es hineinzuprogrammieren. Daher ist es unentbehrlich, über Deinen eigenen Gedankenprozeß zu wachen und darüber, was Du anderen Menschen erlaubst, in Dich hinein zuprogrammieren. Die gute Nachricht ist, daß es nur einundzwanzig Tage bedarf, um eine neue Gewohnheit im Unterbewußtsein zu festigen. Im Wesentlichen ist es nur ein Prozeß der Leugnung und der Bestätigung. Verweigere den negativen Gedankenformen und Affirmationen des negativen Egos den Zugang zu Deinem Geist und ersetze sie durch die Gedankenformen, Affirmationen und Visualisierungen der Wahrheit, von der die Überseele, Monade und mächtige ICH BIN - Gegenwart möchten, daß Du sie siehst.

Kein Vergleich oder Wettbewerb

Unsere Welt funktioniert noch immer auf der Grundlage des Vergleichs und des Wettbewerbs und das bedeutet, daß wir alle Kräfte in uns mobilisieren müssen, um gegen den Strom der großen Masse zu schwimmen. Wir sind alle einzigartige Individuen mit bestimmten Stärken und bestimmten Bereichen, die Stärkung benötigen. Wir sind jedoch hier, um an uns selbst zu arbeiten und nicht, um uns mit anderen zu vergleichen. Leider haben die meisten von uns die entgegengesetzten Botschaften erhalten, und von der frühen Kindheit an befanden wir uns selbst in einem Zustand des Vergleichs und des Wettbewerbs. Es ist in Ordnung, sich mit sich selbst zu vergleichen, aber es ist das negative Ego, das uns mit anderen vergleicht. Glücklicherweise ist die Welt langsam aber sicher dabei, sich von dieser Denkweise zu entfernen, wobei progressivere Schulen und mehr Menschen sich über das Höhere Selbst und dem größeren Sinn des Lebens bewußt sind. Falls wir jene speziellen Schulen für unsere Kinder finden können und eine Gemeinschaft von spirituellen und psychologisch bewußten Menschen, mit denen wir in Wechselbeziehung stehen, wird der Prozeß unserer eigenen Transformation umso leichter werden. Die Wahrheit ist jedoch, daß wir alle dort anfangen müssen, wo wir uns befinden, sowohl in unserer inneren als auch in unserer äußeren Welt. Die Arbeit der Transformation, der Einweihung und des Aufstiegs fängt bei jedem von uns individuell an, wenn wir unseren Teil nach unseren besten Kräften erfüllen. Sobald wir damit anfangen uns innerlich zu verändern, werden wir feststellen, daß die äußere Unterstützung, die wir suchen, uns entweder finden oder uns aufrufen wird, um uns mit ihr zu verbinden. Die Arbeit des Moments muß im Augenblick getan werden, und deshalb laßt uns hier und jetzt damit beginnen, die Vergleiche und den Wettbewerb untereinander zu beenden. Nachfolgend sind einige Werkzeuge und Ideen aufgeführt, wie man dies erreichen kann.

Vergleichsliste

Beginne damit, eine einfache Liste anzufertigen, die alle Bereiche enthält, in denen Du Dich sehr streng beurteilst und mit anderen Menschen vergleichst. Einige Beispiele hierzu sind:

- Sich dicker als er/sie zu fühlen.
- Sich intellektuell ihm/ihr gegenüber, minderwertig zu fühlen.
- Nicht ausreichend attraktiv zu sein, um von ihnen geliebt zu werden.
- Nicht die Karriere zu haben, die er/sie hat.
- Sich vor Gesundheitslektionen zu schämen, weil andere sie nicht haben.

Schreibe anhand dieses Grundmodells alle Bereiche nieder, in denen Du Dich Deiner gottgegebenen Erbschaft und dem Recht zur Selbstliebe aufgrund fehlerhaften, vergleichenden Denkens unwürdig hältst. Fülle dann jeden Tag die entsprechende Zahl auf einer Beurteilungsskala von eins bis zehn aus, die Deiner Meinung nach andeutet, inwieweit Du das Vergleichen losgelassen hast, um Dich selbst zu lieben. Die Zahl zehn deutet dabei die stärkste Selbstliebe an, die Du in diesen Bereichen erreichen kannst. Nicht alle Themen die Du aufschreibst, werden an einem bestimmten Tag auftauchen, also könntest Du das Datum des Eintrags einfügen.

Wenn Du fortfährst, mit dieser einfachen Liste zu arbeiten, wird sie die Bereiche hervorheben, an denen die Selbstliebe aufgrund fehlerhaftem vergleichendem Denken zurückgehalten wird. Je mehr Bewußtsein Du über dieses Thema hast, umso höher steigen die Zahlen. Es ist ein interessantes Phänomen, daß, indem Du einfach diesen Bereichen Deine Aufmerksamkeit schenkst und diese Punkte, an denen Du am schwächsten bist, tatsächlich schwarz auf weiß siehst, und dazu bereit bist, Dich auf täglicher Basis zu bewerten, Du eine enorme Stärke erreichen und einen großen Fortschritt machen wirst. All dies wird durch treue Arbeit mit dieser Liste erreicht werden. Diese Technik wird auch spirituelles Tagebuch führen und Rechenschaft über Deine Charakterentwicklung ablegen, genannt.

Wettbewerbsliste

In ähnlicher Weise werden viele von uns Opfer des Wettbewerbs. Es wäre ebenfalls der Mühe wert, eine Liste zu erstellen, die auf Deinem Wettbewerb mit anderen beruht. Nachfolgend ein Beispiel wie man eine Liste oder ein Tagebuch dieser Art zusammenstellt. Es gibt (irgendeine Zahl die Du wählst) Bereiche, in denen ich mich im Wettbewerb mit anderen befinde. Nachfolgend sind jene Bereiche aufgeführt, die die meiste Aufmerksamkeit benötigen:

- Person X ist viel besser in den Finanzen als ich.

- Ich werde nie so hübsch/gut aussehen wie Person X.

- Ich halte mein Haus nicht so sauber wie Person X.

- Mein Auto sieht aus, als gehöre es auf den Schrotthaufen und ich trete in den Wettbewerb, um einen schöneren Wagen als meine Freunde zu haben (oder als andere Autos auf der Straße).

- Mein Training in der Sporthalle ist mangelhaft und ich werde niemals mit dem Rest der Gruppe konkurrieren können.

- Ich bin so plump wenn ich Yogaübungen mache; wie kann ich mich mit ihnen messen?

- Ich verliere mein Haar, ich werde älter, bin nicht so gut gekleidet wie Person X.

Du siehst, was ich hier meine. Folge dem selben Bewertungssystem der vorangegangenen Liste und sieh, wie stark Dein Selbstvertrauen auch in diesen Bereichen wächst. Einfach indem Du Dir dessen bewußt wirst, wird Dein Glaubenssystem sich ändern. Wenn Du das Maß der geringen Selbstachtung erkennst, das durch unbewußtes Verhalten entsteht, wirst Du die Aufmerksamkeit des bewußten Verstandes und des Höheren Selbstes erhalten. Dann werden diese Muster automatisch damit beginnen, sich vom Unterbewußtsein, das sie auslebt, zum bewußten Verstand und Höheren Selbst, die sie heilen, zu verändern.

Wenn Du einmal an der bewußten und unterbewußten Neuprogrammierung Deines fehlerhaften Glaubenssystems bezüglich Vergleich und Wettbewerb arbeitest, bist Du auf dem Wege, die miteinander verbundenen Hindernisse zur bedingungslosen Selbstliebe, Frieden und Selbstbestimmung zu überwinden. Vieles unserer Entwicklung zu integrierten, gesunden, psychologisch freien und spirituell aufgerichteten Individuen liegt in der Erkenntnis darüber, was das Unterbewußtsein und das innere Kind für Glaubenssysteme haben.

Wenn dies erst einmal erkannt wurde, haben wir die Möglichkeit, mit unserem bewußten Verstand, Höherem Selbst, der Monade und mit den Meistern zu arbeiten, um in diesen Bereichen die Meisterschaft zu erlangen. Noch einmal, es ist ein Prozeß bei dem die fehlerhafte Gedankenform verneint und durch die entgegengesetzte Affirmation, von der Dein Höheres Selbst möchte, daß Du sie in Dein Unterbewußtsein programmierst, ersetzt wird.

Die Meister im Selbstliebe-Prozeß um Hilfe bitten

Die letzte Technik, die ich zur Entwicklung der Selbstliebe mit Dir teilen möchte, bezieht sich auf die Meister, die Dir helfen, Dich mit ihrer gesegneten göttlichen Energie zu erfüllen. Persönlich bin ich der Meinung, daß sowohl die Arbeit mit Gott und den Meistern, als auch mit dem bewußten Verstand und dem Höheren Selbst, das beste Allroundprogramm zur Heilung jeden Musters von fehlerhaftem Denken oder Negativität ist.

Technik zur Heilung fehlerhaften Denkens

1. Nimm eine entspannte Haltung ein, entweder liegend oder sitzend (achte darauf, daß Dein Rückgrat gerade ist und die Beine nicht gekreuzt sind, außer wenn Du in einer Yogahaltung sitzt).

2. Nimm ein paar tiefe, lange aber angenehme Atemzüge, erlaube Deinem Körper, sich mit jedem Atemzug immer mehr zu entspannen.

3. Dann erlaube Deinem Körper, sich einfach in dieser Position zu entspannen, während Du dem natürlichen Fluß Deines Atems folgst.

4. Denke entweder an Gott als reine Liebe oder an einen Meister, mit dem Du Dich in bedingungsloser Liebe verbunden fühlst. Einige Meister, die ich als besonders hilfreich empfinde sind Jesus/Sananda, Sai Baba, Lord Maitreya/Christus/ Krishna, die geliebte Mutter Maria, Kwan Yin, Meister Kuthumi und Djwhal Khul. Natürlich sind diese Beispiele nicht dazu gedacht, Dich in irgendeiner Weise zu beschränken, denn die Möglichkeiten sind endlos. Dies sind nur einige der speziellen Meister, mit denen ich mich selbst persönlich verbunden fühle, wenn ich mit der spezifischen Energie der Liebe arbeite.

5. Wenn Du den Meister gefunden hast, mit dem Du meditieren möchtest, dann rufe ihn entweder in der Stille oder laut an, und bitte ihn, Dich mit der göttlichen Energie der bedingungslosen Liebe zu erfüllen.

6. Richte Dich auf seine Gegenwart aus, als ob er sich in der Grotte Deines Herzens befindet, in der er sich wie eine Blüte entfaltet.

7. Erlaube Dir selbst, Dich auf das Dritte Auge auszurichten, während Du leise die Energie des Meisters in Deinen Herzbereich rufst. Dies wird sowohl das Herz als auch den Geist/Visualisierung in einem vereinten Prozeß der Anrufung verbinden.

8. Entspanne Dich tiefer und versuche einfach seine göttliche Anwesenheit zu spüren.

9. Stelle Dir vor, daß Du in dem Bereich des Herzens ein- und ausatmest, als ob Deine Nase sich im Zentrum des Herzens befindet, und dann entspanne Dich einfach beim Einatmen und beim Ausatmen und zwischendurch.

10. Richte Dich ausschließlich auf das Fühlen der Energie der bedingungslosen Liebe aus, die durch Dein ganzes Wesen fließt.

11. Gestatte Dir, während Du dieses tust, mit dem Gefühl der Liebe zu verschmelzen, bis Du, der Meister und/oder Gott eins sind, vermischt mit den Energien der bedingungslosen Liebe.

12. Verbleibe solange darin, wie Du Dich wohlfühlst und erlaube dem Gefühl der Liebe, jede Zelle Deines Wesens zu durchdringen. Laß sie von Deinen Zehenspitzen bis zum Scheitel Deines Kopfes fließen. Laß sie auch von Deinem Höheren Selbst und Deinem Bewußtsein zu Deinem Unterbewußtsein fließen. Laß das innere Kind in der Aura der göttlichen Liebe und des Schutzes baden.

13. Wenn Du das Gefühl hast, diese Meditation zu beenden, danke sowohl Gott, als auch den Meistern für ihre Hilfe. Beginne dann nochmals damit, einfach dem natürlichen Strom Deines Atems zu folgen.

14. Wenn Du bereit bist, kehre entweder langsam aus diesem Zustand der Entspannung zurück, um mit dem Alltag fortzufahren, oder erlaube Dir mit dem Wissen einzuschlafen, daß Du mit der göttlichen Liebe der Meister, Deinem eigenen Höheren Selbst und von Gott selbst gesegnet wurdest.

Wenn Du nach solch einer Meditation mit Deinem Alltag fortfährst, dann erinnere Dich daran, jene Energie in Dir selbst, die Dir als ein kostbares Geschenk gegeben wurde, zu bewahren. Erinnere Dich auch daran, daß sie ein Geschenk ist, das Du, wie auch die Meister verstärken und ausbauen können, damit Du selbst letztendlich eine perfekte Manifestation der Liebe Gottes auf Erden bist.

Deine eigene persönliche Kraft besitzen

Eines der wichtigsten Werkzeuge und Schlüssel der Psychologie des Aufstiegs ist, Deine eigene persönliche Kraft zu besitzen. Tatsächlich bildet die Fähigkeit, sowohl das Selbst als auch andere bedingungslos zu lieben, eine Art der spirituellen Vereinigung mit der Fähigkeit, die eigene persönliche Kraft zu besitzen. Diese Qualitäten bilden zwei Hälften eines Ganzen und sind essentiell wichtig wenn man verschiedene Einweihungen erhält und den Aufstiegsprozeß vollendet. Diese beiden Aspekte des Selbstes müssen unter der Kontrolle des bewußten Verstandes stehen. Genau wie beim Aspekt der Liebe, ist das Besitzen der eigenen persönlichen Kraft ein Prozeß mit dem Du jetzt zu arbeiten beginnen kannst. Diese Eigenschaft mußt Du in immer größerem Maße entwickeln, wenn Du mit den zukünftigen Einweihungen voranschreitest. Das Hier und Jetzt ist der einzig richtige Zeitpunkt, also laßt uns damit beginnen, diesen Bereich zu erforschen. Wie ich bereits erwähnt habe, werden wir von dem Moment an, in dem wir diese Welt betreten, von den Glaubenssystemen anderer beeinflußt. Dieser Prozeß beginnt mit der Haltung der Ärzte, der Krankenschwestern oder Hebammen, die uns und unserer Mutter beim Geburtsprozeß helfen und geht bei der Programmierung der Glaubenssysteme unserer Eltern weiter. In den meisten Fällen haben diejenigen, die uns erzogen haben, die Tradition des fehlerhaften Glaubenssystems des negativen Egos, mit dem sie erzogen wurden, weitergeführt, und sie haben uns diese Prägung während den frühesten und verwundbarsten Zeiten unseres Lebens vermittelt. Diese Konditionierung wurde in den Schulen, die wir besuchten, innerhalb unserer Gruppe von Freunden, und höchstwahrscheinlich in unserem Beruf oder unserer gewählten Laufbahn fortgesetzt. Zu dieser Programmierung kommt hinzu, daß wir ständig mit Eindrücken aus Zeitungen, Zeitschriften und Filmen, die uns in einer nicht gerade spirituellen Art des Denkens beeinflussen (und das ist milde ausgedrückt), bombardiert werden.

Daher ist es nun dringend nötig, wenn wir einmal bewußt den Pfad der Einweihung und des Aufstiegs betreten, zu lernen, unsere eigene Kraft des freien Willens in Anspruch zu nehmen und uns darin zu üben, mit dem spirituellen- oder Christusbewußtsein zu denken. Der Unterschied zwischen diesen zwei Denkarten ist wie der Unterschied zwischen Tag und Nacht. Ich garantiere Dir jedoch, wenn das Höhere Selbst uns erst einmal führt, werden wir uns letztendlich selbst als die prächtigen Wesen, die wir sind, erkennen und wir können in allen Lebenslagen, die auf uns zukommen, ruhig und unerschütterlich bleiben. Denn aus der höheren Sicht werden die Herausforderungen des Lebens als Lektionen betrachtet, die es zu lernen und zu meistern gilt, und nicht als Pech. Der Frieden des Geistes, den alle auf Erden suchen, liegt in der Beibehaltung der richtigen Perspektive und der richtigen Interpretation aller Situationen. Es geht darum sich selbst zu fragen, ob das Wasserglas halbleer oder halbvoll ist? Wir sehen nicht nur mit unseren physischen Augen sondern auch mit unserem Geist.

Wir versuchen das Unterbewußtsein neu zu programmieren, um dessen Meister zu sein statt umgekehrt. Dies wird einen doppelten Effekt haben. Wir haben sowohl die Kontrolle bezüglich den Gedankenmustern, die aus unserem eigenen Unterbewußtsein aufsteigen, als auch von wohlwollenden (oder nicht so wohlwollenden) Freunden und/oder der allgemeinen Gesellschaft stammen.

Zunächst mußt Du erst einmal erkennen und bestätigen, daß Deine persönliche Kraft in Dir liegt. Es ist in Wahrheit Deine göttliche Veranlagung und Erbschaft. Von dem Moment an, an dem Du diese Tatsache erkennst (und ich hoffe dieser Moment ist jetzt) brauchst Du diese Kraft nur noch für Dich selbst zu beanspruchen! Nimm diese Kraft jeden morgen nach dem Erwachen in Anspruch. Nimm Dir um die Mittagszeit und am Nachmittag einen Moment, um sie erneut zu beanspruchen, und auf jeden Fall am Abend vor dem Schlafengehen. Wann immer Du Dich in einer speziellen, herausfordernden Lage befindest - sei es am Arbeitsplatz, innerhalb Deiner Familie oder sonst irgendwo - bekräftige erneut, daß Du der Meister Deines Reiches bist und vollständigen Zugang zu Deiner persönlichen Kraft hast. Es liegt zu einhundert Prozent an Dir, was Du in Deinen bewußten Verstand herein läßt. Weigere Dich einfach etwas geringeres als das Göttliche in Dir aufzunehmen. Auf diese Weise wird Dein Fortschritt letztendlich um ein tausendfaches beschleunigt, und das Muster Deines Denkens wird für immer verändert sein.

Die Negativität anderer zerstreuen

Es scheint unmöglich zu sein, daß wir alle die Macht haben, die Negativität anderer Menschen zu entkräften - aber wir können dies. Die Art und Weise in der die negativen Glaubenssysteme anderer Menschen uns beeinflussen scheint gelegentlich überwältigend, und ich kann die Zweifel verstehen die Du vielleicht hast. Mit dem richtigen Verständnis, der richtigen Führung und der Beanspruchung Deiner eigenen persönlichen Kraft kann diese Herrschaft jedoch schließlich erreicht werden. Werde Dir zunächst bewußt, wie anfällig wir im allgemeinen für die geringste Einflüsterung von der Negativität anderer Menschen sind.

Nimm zum Beispiel eine Person, die zu ihrem Arbeitsplatz geht und sich völlig gesund fühlt. Sie trifft einen Arbeitskollegen, der ihr erzählt, daß sie nicht gut aussieht und fragt, ob ihr etwas fehlt. Die Antwort ist ein zögerndes "nein", worauf sie sich anschließend im Spiegel betrachtet und eine eingehende Untersuchung der Hautfarbe, des Halses, der Zunge und der Stirntemperatur folgt. Wenn diese Untersuchung sie davon überzeugt, daß sie gesund ist, setzt sie ihren Tag fort. Dennoch wird sie höchstwahrscheinlich regelmäßig prüfen, ob sie Schmerzen in der Muskulatur hat und sich ihre Hautfarbe im Laufe des Tages verändert.

Wenn dann noch eine weitere Person dieselbe Beobachtung macht, dann kannst Du sicher sein, daß unsere unglückliche Angestellte glaubt, daß sie krank sein muß, und beim dritten Mal (vielleicht durch eine ungünstige Farbe der Bluse, die sie an diesem Tag gewählt hat) könnte tatsächlich ein stürmisches Fieber ausbrechen. Ich sage dies jetzt in einer leichtfertigen Weise, aber die traurige Tatsache ist, daß diese Situationen oft vorkommen und manch Gesunder landet im Krankenbett aufgrund einer ungünstigen Wahl seiner Kleidung. Dies geschieht, weil sie es zugelassen hat, Opfer zu werden und von der negativen Eingebung einer anderen Person hypnotisiert zu werden. Du brauchst nicht zu einem qualifizierten Hypnotiseur zu gehen, um hypnotisiert zu werden, denn es passiert regelmäßig in unserem täglichen Leben, so lange bis die Lektionen gemeistert sind. Da das Unterbewußtsein kein Urteilsvermögen besitzt, wird es leicht durch irgendwelche Beeinflussungen oder Gedanken programmiert, denen Du mit Deinem bewußten Verstand von innen oder von außen erlaubst, einzutreten.

Wenn wir als Menschen so verwundbar sind, was tun wir dann mit diesem hohen Maß an Negativität, der wir im Laufe eines Tages (sowohl Zuhause als auch draußen in der Welt) begegnen? Die Antwort lautet: Unsere eigene persönliche Kraft beanspruchen, anstatt auf die Negativität, Beeinflussungen und den Streß um uns herum zu reagieren. Das Ideal ist, zu antworten anstatt zu reagieren. Das Antworten kommt aus dem bewußten Verstand. Das Reagieren kommt aus dem Unterbewußtsein und oft aus dem negativen Ego. Es erfordert viel

Wachsamkeit, die eigene persönliche Kraft ständig aufrecht zu erhalten, und ich behaupte nicht, daß es in jedem Falle leicht ist. Aber ich behaupte, daß es möglich und machbar ist und daß es einige unter uns gibt, die dies in unterschiedlichem Maße geschafft haben. Es gibt viele unter uns, die lange und hart daran gearbeitet haben, ihre persönliche Kraft zu beanspruchen und ihren Willen mit dem Willen Gottes und der Meister zu verbinden. Mit der Zeit wird es leichter, wenn Du darin Übung hast, aus diesem neuen Zentrum heraus zu leben.

Für einige wird die Herausforderung größer sein als für andere, je nach unseren eigenen speziellen Schwächen und Stärken. Außerdem befinden sich manche in schwierigen Situationen - einer schlechten Ehe, ein tödlich erkrankter Verwandter, plötzliche finanzielle Lektionen oder extrem stressige Arbeitssituationen. Falls Du zu diesen Menschen gehörst, möchte ich Dich zunächst darum bitten, Deine Lage als eine wunderbare Gelegenheit zum Üben zu betrachten, indem Du die Negativität anderer von Dir abwirfst und am Licht und dem Positiven in jener Lage festhältst. Wenn Du dies tust, gestaltest Du Deine Lage neu. Anstatt sie aus der Sicht des *armen kleinen ichs* zu betrachten, siehst Du sie aus dem Blickwinkel der Gelegenheit. Diese Anpassung des Denkens wird in der psychologischen Terminologie Neugestaltung genannt. Du betrachtest diese Lage auch als einen spirituellen Test Deiner Meisterschaft und Deines Christus-/Spirituellen Bewußtseins.

Die wirkliche Übung, die eigene Willenskraft anzuwenden, um die Negativität anderer Menschen von sich fernzuhalten, ist für alle gleich. Sie erfordert die Bestätigung der eigenen Kraft und die gesunde Leugnung der Macht eines anderen über uns. Eine meiner persönlichen Redensarten, wenn ich dies übe, lautet: "Die Negativität anderer Menschen perlt an mir ab, wie das Wasser vom Federkleid einer Ente." Das ist einfach ausgedrückt, bringt es aber genau auf den Punkt. Eine andere Lieblingsübung von mir ist, daß ich mich selbst von einer halbdurchlässigen Schutzblase aus goldweißem Licht umgeben sehe. Ich affirmiere, daß nur das Gute, das von Gott kommt, in diese Blase hineingelangen kann. Alles, was nicht vom Höchsten stammt, wird außerhalb dieser Lichtblase gehalten. Ich finde dies besonders hilfreich wenn negative Worte und/oder Energien in der Luft liegen. In den größeren Städten könnte dies in einem Verkehrsstau, in der U-Bahn oder einfach auf der Straße vorkommen. In der Regel versuche ich mich selbst immer mit Gleichgesinnten zu umgeben, die selbst daran arbeiten, das Höchste in sich selbst hervorzubringen. Aber auch in diesen Situationen besteht die Möglichkeit, daß das negative Ego der Person durch ihr normalerweise ruhiges Verhalten hindurchbricht. In einem solchen Fall errichte ich schnell meine goldweiße Schutzblase, bestätige mir meine eigene persönliche Kraft, und erinnere mich daran, daß die negativen Emotionen anderer Menschen an mir abperlen, wie das Wasser vom Federkleid einer Ente. Diese Technik kann einer Person auf dem Pfad des Aufstiegs durch manchen Feiertag mit Freunden und Familie hindurch helfen.

Ich empfehle Dir, daß Du niemals Dein Heim verläßt, ohne Dich selbst mit dieser Schutzblase zu umgeben. Spreche auch mindestens eine Affirmation, die Deine eigene Willenskraft aktiviert. Lege Dir dann noch einen kleinen Leitsatz zurecht, wie zum Beispiel meinen Entensatz, den Du selbst wiederholen kannst, wenn Du von einem Feld negativer Gedanken, Emotionen oder Energien umgeben bist. Einige alternative Vorschläge sind: "Ich bleibe ein ruhiger Teich aus reinem, stillen Wasser und bin unberührt von den Stürmen um mich herum; "Ich bin ruhig und glatt wie purer, naturbelassener Marmor" oder "Ich bin ein fester, unbeweglicher Berg." Finde einen Leitsatz, der für Dich den Zweck erfüllt. Erinnere Dich daran, daß Übung den Meister macht, und wenn Du erst einmal Deinen Willen zur Hilfe gerufen hast, gibt es nichts mehr, daß Dich aufhalten kann, um Deine persönliche Kraft zu beanspruchen und sie zu jeder Zeit aufrecht zu erhalten. Erinnere Dich immer daran, daß es Deine Gedanken sind, die Deine Wirklichkeit verursachen. Nachdem Du jeden Morgen Deine mentale Bekleidung angezogen hast, bitte auch Gott und ebenso die Meister um ihren Schutz. Der Schlüssel zum Verständnis ist hier, daß es Deine Aufgabe ist, Dein psychologisches Immun- system zu errichten und daß Gott und die Meister Dich dann mit zusätzlicher Unterstützung versehen werden. Es ist ein zweifaches

Verfahren; nur die Meister oder Gott bitten, das psychologische Immunsystem zu errichten, wird nicht funktionieren. Jeder Geist - unterbewußt, bewußt und überbewußt - hat seine Rolle zu spielen. Wie das Sprichwort lautet, "Hilf Dir selbst, dann hilft Dir auch Gott."

Bewußte Kontrolle über das Unterbewußtsein

Bei der Neuprogrammierung und Erlangung der Herrschaft sind es nicht die Dinge, die von anderen Menschen, Orten oder Angelegenheiten stammen, vor denen wir sehr wachsam sein sollten, sondern eher vor dem was aus unserem eigenen Unterbewußtsein kommt. Es ist letztendlich das Unterbewußtsein und das innere Kind, von denen die automatischen Reaktionen kommen. Wenn wir wahrhaftig handeln wollen, anstatt aus unseren negativen Glaubenssystemen zu reagieren, dann müssen wir die Führung übernehmen, unsere persönliche Willenskraft, den bewußten Verstand, Gott und die Meister einsetzen, um diese fehlerhaften Muster, die zum größten Teil in unserem Unterbewußtsein spuken, zu verändern.

Die gute Nachricht ist, daß wir dies können. In Wirklichkeit ist das Unterbewußtsein wie ein Computer, der das, was man ihm eingibt speichert und auf dem Bildschirm unseres Lebens wiedergibt - für gewöhnlich zu unserem Schaden. Der selbe Computer kann und wird mit der richtigen Programmierung die positivsten Bilder und Botschaften wiedergeben, wenn wir diese zuvor eingegeben haben. Dem Unterbewußtsein ist es egal, ob es eine positive oder eine negative Gewohnheit bildet. Es ist die Aufgabe des bewußten Verstandes der Computerprogrammierer zu sein. Ebenso wie beim Umgang mit negativen Einflüssen, haben wir dieselbe Fähigkeit, auch die Programmierung zu verändern und damit sowohl das was bereits im Unterbewußtsein vorhanden ist, wie auch das was wir künftig eingeben möchten, völlig umzustrukturieren. Du mußt wissen, daß Du und Dein bewußter Verstand die Meister dieses inneren Reiches sind. Dann kannst

Du damit beginnen, das Unterbewußtsein umzustrukturieren, damit es das Höchste, dessen Du fähig bist, zu jeder Zeit widerspiegelt. Das Höhere Selbst und die Meister erwarten Deinen Ruf, Dein höchstes Gutes hervorzubringen, und ihre Hilfe kann bei Deiner bewußten Arbeit eine Unterstützung von unschätzbarem Wert sein.

Eines der wirksamsten Werkzeuge zur Neuprogrammierung des Unterbewußtseins ist die Verwendung positiver Affirmationen. Sie können selbst zusammengestellt oder aus der großen Anzahl von Kassetten im örtlichen metaphysischen Buchladen ausgewählt werden. Wenn die Affirmationen jeden Tag laut wiederholt werden, erfährt das innere Computersystem, daß Du vollkommen, kraftvoll, stark und ein unbesiegbares Kind Gottes bist, unberührt von alten fehlerhaften Glaubenssystemen und so weiter. Das Unterbewußtsein wird sich wie ein hungriger Computer von diesen neuen Botschaften ernähren und nach einer bestimmten Zeit werden diese neuen positiven Botschaften die alten negativen ersetzen. (Um es noch einmal zu sagen, es bedarf einundzwanzig Tage um eine neue Gewohnheit in das Unterbewußtsein einzuzementieren).

Wenn Du Dir Audio-Kassetten kaufen möchtest (und es gibt einige wunderbare auf dem Markt), dann kannst Du sie in einem ruhigen, entspannten Zustand anhören und die Wirkung wird wirklich enorm sein. In der Phase vor dem Einschlafen ist der Zugang zum Unterbewußten sehr gut, und es wird empfohlen, die Kassetten dann abzuspielen, wenn Du müde und für den Schlaf bereit bist. Wenn Du einen Kassettenrecorder mit Autoreverse besitzt, werden diese Affirmationen Dich in einem positiven Zustand in den Schlaf hineingleiten lassen und sie werden während der Nacht Dein Unterbewußtsein nähren. Dies ist eine wunderbare Art und Weise Deinen persönlichen Computer zu warten. Ich meine nicht, daß Du dies jede Nacht tun sollst, aber zu Beginn, wenn Du daran arbeitest Deine Grundgewohnheiten und Muster Deines unterbewußten Denkens zu ändern, ist es empfehlenswert, dies während einer Periode von einundzwanzig Tagen zu tun. Und alles was Du dazu tun mußt, ist einfach die Kassette abspielen und dabei einzuschlafen. Du kannst Dir selbst eine Kassette oder eine Kassettenserie herstellen. Da die Kassette Deine eigene Stimme enthält, ist es der bewußte Teil von Dir der mit Deinem unterbewußten Teil spricht, was eine zusätzliche Wirkung erzeugt. Du wärst dann in der Lage, die Kassetten auf Dich selbst zuzuschneiden und Dich dabei spezifisch auf jene Bereiche auszurichten, an denen Du arbeiten möchtest. Dies ist jedoch nicht notwendig. Es ist lediglich ein alternativer Vorschlag für diejenigen, die sowohl die Zeit als auch die Lust dazu haben, solche Kassetten herzustellen.

In meinem Buch "Seelenpsychologie" biete ich eine Reihe von Techniken an, um mit dem Unterbewußtsein zu arbeiten. Vielleicht möchtest Du ja einige jener Werkzeuge dieser Liste hier hinzufügen. Es gibt auch viele Affirmationen, um an der persönlichen Kraft, der Selbstliebe, dem Schutz und der Heilung im allgemeinen zu arbeiten. Hier folgt ein Meditationsbeispiel, daß Du verwenden kannst, um das Unterbewußtsein mit Hilfe von Gott und den Meistern neu zu programmieren.

Meditation zur Reprogrammierung des Unterbewußtseins

1. Nimm eine bequeme Haltung ein, entweder liegend oder sitzend (denke daran, das Rückgrat gerade zu halten und die Beine nicht zu kreuzen, außer bei einer traditionellen Yogahaltung).

2. Nimm ein paar tiefe lange Atemzüge und entspanne Deinen Körper mit jedem Atemzug immer tiefer.

3. Erlaube Deinem Körper sich in dieser Haltung völlig zu entspannen und nimm dabei den natürlichen Fluß des Atems wahr.

4. Denke an Gott oder an einen der Meister mit dem Du eine besondere Verbindung im Bereich des Willens und/oder der Stärke fühlst. (Ein wunderbarer Meister, der in diesem Bereich angerufen werden kann, ist El Morya, weil er der Chohan des ersten Strahls ist - der erste Strahl des Willens). Andere Meister mit denen Du vielleicht arbeiten möchtest, sind Erzengel Michael, Saint Germain, Sai Baba und Jesus/Sananda.

5. Rufe den Meister leise oder laut an und bitte ihn, Dich mit der göttlichen Energie des Willens zu erfüllen. Erzähle ihm, daß Du wünschst, daß diese Energie sowohl Dein ganzes Wesen erfüllt, als auch Dein Unterbewußtsein mit dem Glaubenssystem der persönlichen Kraft, der Stärke und des Willens neu programmiert.

6. Konzentriere Dich mit dem Punkt zwischen den Augenbrauen (Bereich Drittes Auge) und dem Scheitel auf die Gegenwart des Meisters.

7. Nimm die vereinten Energien des Dritten Auges und des Scheitels, um die pulsierende Kraft des Willens zu spüren.

8. Entspanne Dich immer tiefer, während des Meisters Kraft des göttlichen Willens Deinen bewußten Verstand und Dein Unterbewußtsein durchflutet. Dieser Wille wird Deinem eigenen Willen zugefügt und verleiht Dir die Macht, die Du über Dein Unterbewußtsein wünschst.

9. Stelle Dir vor, daß Du im Bereich des Dritten Auges ein- und ausatmest, als ob er eine Nase hätte und entspanne Dich dann einfach beim Einatmen, beim Ausatmen und zwischendurch.

10. Richte Dich während dieser speziellen Phase ausschließlich darauf aus, die Energien von Wille, Stärke, Kraft und Entschlossenheit zu fühlen, die Dein ganzes Wesen durchfluten.

11. Erlaube Dir, während Du dies tust, mit dem Gefühl des Willens zu verschmelzen, bis Du und der Meister und/oder Gott eins sind, vereinigt durch die Energien des reinen Willens.

12. Bleibe so lange in dieser Haltung, wie es Dir bequem ist, und gestatte den Energien jede Zelle Deines Wesens zu durchdringen. Laß sie von den Zehenspitzen bis zum Scheitel fließen. Laß sie auch von Deinem Höheren Selbst und Deiner bewußten Aufmerksamkeit in Dein Unterbewußtsein fließen. Laß das Unterbewußtsein und das innere Kind in der Erkenntnis baden, daß Du allmächtig und ein Wesen, das mit göttlicher Willenskraft gesegnet ist, bist.

13. Wenn Du bereit bist, aus dieser Meditation zurückzukehren, danke sowohl Gott als auch dem Meister für seine Hilfe. Nimm dann erneut den natürlichen Fluß Deines Atems wahr.

14. Wenn Du bereit bist, kehre entweder aus diesem Zustand der Entspannung und Meditation zurück um den Tag fortzusetzen, oder erlaube Dir einzuschlafen. Wisse, daß Du in den Willen Gottes eingetaucht warst und durch ihn neu programmiert wurdest.

Wenn Du nach einer solchen Meditation wieder in Deinen Alltag zurückkehrst, dann denke daran, diese Energie und Haltung in Dir selbst aufrecht zu erhalten. Dadurch können sowohl Du, wie auch die Meister, den Willensaspekt weiter ausbauen, vergrößern, fördern und das Unterbewußtsein neu programmieren, so daß es weiß, daß Du eine vollkommene Manifestation des göttlichen Willens auf Erden bist.

Zur Erinnerung: Beanspruche bewußt Deine persönliche Kraft auf der psychologischen Ebene. Führe dann die oben erwähnte Meditation durch, die den Anspruch auf Deine einhundertprozentige Kraft, die Du für Dich selbst erschaffen hast, unterstützen wird. Letztendlich kann Deine persönliche Kraft nur zur bedingungslosen Liebe und nicht zur Kontrolle oder negativen Manipulation anderer verwendet werden, obwohl sie einhundertprozentig beansprucht wird.

Die Vereinigung von Liebe und Wille

Es sollte verstanden werden, daß die Liebe und der Wille in einer Art göttlich alchimistischer Hochzeit im Einzuweihenden vereinigt werden muß. So wie Liebe und Licht im allgemeinen als die beiden Hälften eines Ganzen betrachten werden, so müssen Liebe und Wille als eine Verbindung an sich, innerhalb der göttlichen Triade von Licht, Liebe und Wille gesehen werden. Der Wille der Menschheit ist äußerst wichtig, sowohl für die Einweihung, für den Aufstieg, als auch für die eigene persönliche Psychologie, die wahrhaftig nicht recht vom Pfad der Einweihung getrennt betrachtet werden kann. Daher reicht die Kultivierung der Willenskraft, oder der eigenen persönlichen Kraft, von den unterbewußten Tiefen des Geistes durch die sieben Ebenen der Einweihung - der Aufstieg an sich - ganz hindurch, und letztendlich darüber hinaus. In der Alchimie der göttlichen Hochzeit jedoch, ist Liebe ohne Wille wie der Bräutigam ohne die Braut. Der Wille wird tatsächlich meistens als ein männliches Prinzip betrachtet; wobei die Liebe im allgemeinen als ein weibliches Prinzip gesehen wird. Das Licht und die Weisheit fällt ein wenig androgyn zwischen beide.

Laß uns die Wichtigkeit dessen betrachten, wie der Wille und die Liebe als eine Einheit zusammen wirken. Der Willensaspekt gibt der Liebe die Stärke aus der sie handelt. Der Liebesaspekt gibt dem Willen das Herz, das zur Anwendung des Willens notwendig ist. Wille ohne Herz kann sich leicht als kalte und sorglose Macht manifestieren. Liebe ohne Wille und Stärke kann schlapp und verschwommen herumtreiben, ohne eigene Kraft oder Richtung. Wenn die beiden jedoch richtig vereint sind, und als eins wirken, führt dies zu einem perfekten Ausdruck Gottes auf Erden.

Das Gleichgewicht zwischen den beiden ist von größter Wichtigkeit, wenn es sich spezifisch um die Psychologie des Aufstiegs und der gesunden Reprogrammierung des Unterbewußtseins und der Emotionen eines Einzuweihenden oder irgendeiner Person handelt. Was wir zu erreichen versuchen, ist ein integriertes, vollständiges, gesundes und völlig abgerundetes Individuum; jemand der in der Lage ist, gleichermaßen aus dem Herzen und dem Kopf zu wirken. Das perfekte Gleichgewicht ist daher zwingend notwendig und zu diesem Gleichgewicht müssen wir ebenso den Licht-/ Weisheitsaspekt Gottes und des Menschen hinzufügen.

Die göttliche Triade von Licht, Liebe und Kraft (Willen)

Bevor wir dieses Kapitel über die Psychologie des Aufstiegs beenden, sollten wir uns mit der Funktion des Lichtes befassen. Es ist interessant festzustellen, daß wenn man den Aufstiegsprozeß bespricht, sich die meisten Lichtarbeiter (wie Eingeweihte jetzt gewöhnlich genannt werden) zuerst und hauptsächlich auf den Lichtaspekt beziehen. Es gibt großes und angemessenes Interesse an der Erhöhung des Lichtquotienten (der Menge des Lichtes) innerhalb des Vierkörpersystems. Ich schließe dies jedoch erst am Schluß dieses Kapitels mit ein, denn wenn man sich in den Bereichen der Liebe, des Willens und der Weisheit entwickelt, kommt das Licht automatisch zum Vorschein.

Auf keinen Fall möchte ich damit sagen, daß spezifische Meditationen und Aktivierungen zur Steigerung des Lichtes in einem selbst bagatellisiert werden sollen. Ich sage nur, daß all diese Aspekte im Leben all jener die den Pfad des Aufstiegs gehen, ein einheitliches Ganzes bilden sollen. Gewissermaßen fällt alles, was in diesem Buch gesagt wird, in die Kategorie des Lichtes. Ein weiterer Name für Licht ist Weisheit und durch die Informationen in diesem Buch versuche ich Dir Weisheit und folglich Licht zu vermitteln. Denn ohne das Licht der Weisheit würde es weder einen Begriff der Liebe noch einen des Willens geben. Denke deshalb bitte daran, daß Licht jedes Wort auf diesen Seiten durchflutet und erhellt.

Alle Ebenen des Seins bestehen aus Licht, von der dichtesten der materiellen Welten, bis hin zu der Logoic- oder siebten Ebene, auf der wir unseren vollständigen Aufstieg erreichen, und jenseits dieser Ebene, auf den 352 Ebenen der Gottheit. Je dichter die Materie ist, desto langsamer schwingen die Lichtpartikel. Je vergeistigter die Materie eines Reiches oder Körpers ist, desto schneller und heller schwingen die Lichtpartikel. Die Tatsache, daß alles Licht ist, bleibt jedoch bestehen. Durch diese Kenntnis sind bestimmte Meister in der Lage, sogenannte Wunder zu vollbringen (wenn es ihre besondere Mission ist oder war). Was sie in Wirklichkeit tun ist jedoch, sich vollständig mit dem Licht, das sie sind, zu identifizieren, so daß sie aus der Einheit mit dem Licht heraus, die Lichtpartikel, die wir auf der Erde als dichte Materie wahrnehmen, beeinflußen können. Beispiele hiervon schließen die Wunder von Jesus Christus mit ein, in denen Wasser in Wein verwandelt wurde, ein paar Brote und eine Handvoll Fische so stark vermehrt wurden, um Tausende zu ernähren, in denen ungestüme Meere auf seinen Befehl hin besänftigt wurden und eine Vielzahl an Heilungen begangen wurden (Licht, Liebe und Wille waren in all diesen Vorgängen eingewoben).
Ein weiteres Beispiel dieser Beeinflussung des Lichtes geschieht tagtäglich durch die Kraft und die Liebe von Sai Baba, einem Avatar in Indien. Dieses Wesen heilt die Kranken, erweckt die Toten, und manifestiert gesegnete Gegenstände für seine Anhänger aus den Äthern,

einschließlich heiliger Asche, bekannt als *Virbhuti*, die er durch eine Handbewegung erschafft. Er lebt in einem kleinen Dorf, genannt Putaparti, zu dem Menschenmassen hinpilgern, um ihn zu sehen. Mittels seiner Fähigkeit, seinen Lichtkörper überall und zu jeder Zeit zu manifestieren besucht er um den ganzen Globus herum diejenigen, die er auswählt. Es gibt Sai Baba-Zentren auf der ganzen Welt, voller Anhänger, die direkte Erfahrung mit seinen Wundern haben. Er sagt, daß er diese Wunder allein zu dem Zweck begeht, Gott auf Erden zu demonstrieren, und ich selbst wurde persönlich von seiner Gnade und seiner Segnung berührt. Ich kann es nicht genug empfehlen, sich mit diesem göttlichen Avatar (einer der Gottverwirklicht geboren wurde), auseinander zu setzen und soviel wie möglich in Erfahrung zu bringen. "Das Komplette Aufstiegshandbuch" enthält ein Kapitel, das ihm gewidmet ist, und es gibt Bücher von Howard Murphet, in denen er sowohl von seinen persönlichen Erfahrungen mit Sai Baba erzählt, als auch von denen anderer. Ich selbst habe diesem bemerkenswerten Mann der Wunder ein Buch gewidmet. In "Golden Keys to Ascension and Healing" erzähle ich von seiner freigebigen Gnade, Weisheit und Liebe, die ich erfahren habe. In Wahrheit kann all das, was über die heilige Triade von Licht, Liebe und Macht (Wille) gesagt werden muß, im Namen und Leben Sai Babas zusammengefaßt werden.

Schlußbemerkung

Ich hoffe, daß dieses Kapitel den Neulingen, sowie auch den fortgeschrittenen Eingeweihten, die Wichtigkeit der vollständigen Integration auf allen Ebenen vermittelt. Für den Neuling gilt: Je eher Du damit beginnst, an der Heilung, der Läuterung und der Reinigung der vier Körper zu arbeiten, umso schneller wirst Du Dich im Einweihungsprozeß entwickeln. Für den Fortgeschrittenen gilt (auch wenn Du zwischenzeitlich die siebte Stufe der Einweihung erreicht hast): Je reiner Du im psychologischen Bereich bist, desto klarer wirst Du als Kanal für die vollständige Manifestation von Licht, Liebe und Kraft, die Du bist, sein.

Letztendlich muß jeder von uns, auf jeder einzelnen Stufe und bei jedem Schritt auf dem Weg sich selbst läutern und sich selbst in einem Zustand der Ausgeglichenheit halten. Einige der Fortgeschrittenen haben vielleicht ein wenig Arbeit nachzuholen, aber das ist auch in Ordnung, denn wir haben erreicht, das Licht auf Erden zu verankern, was unsere Bestimmung war, und werden dies fortsetzen. Wir haben auch unseren Aufstieg erreicht, wenn wir dieses göttliche Licht verankert haben. Die Tatsache bleibt bestehen, daß wir jetzt einige Reinigungs- und Ausgleichsarbeiten in unserem psychologischen Selbst zu tun haben. Dies ist notwendig, um das Licht völlig zu manifestieren und die passende Mischung aus Licht, Liebe und Kraft zu finden, die wir tatsächlich verkörpern und die uns eigentlich erlaubt hat, unseren Aufstieg ins Licht zu erreichen. Die Hauptsache, die ich betonen möchte ist, daß man hohe Ebenen der Einweihung bestehen oder erreichen kann, während man noch immer enorme Mengen an psychologischen Unklarheiten in sich trägt.

Nur weil Du zum Beispiel ein Eingeweihter des siebten Grades bist, heißt das noch nicht, daß Du Gott in Deinem mentalen, emotionalen, ätherischen oder physischen Körper völlig manifestierst. Dies ist ein extrem wichtiger Punkt den fortgeschrittene Lichtarbeiter verstehen müssen. Die hohe Ebene der Einweihung hat mehr mit der Höhe des Lichtquotienten, den Du hältst, als mit der psychospirituellen und der charakterlichen Entwicklung zu tun. Alle Lichtarbeiter, die die psychologische Ebene des Aufstiegspfades nicht gemeistert haben, werden in ihrem Evolutions- und Einweihungsprozeß steckenbleiben, bis diese Ebene in einem befriedigenden Maße, aus der Sicht der Meister, beherrscht wird. Ein vollständiger Aufgestiegener Meister zeigt seine Göttlichkeit nicht einfach in dem Licht oder in der Einweihung das bzw. die er besitzt, sondern auch in der Meisterung und richtigen Integration des Verstandes, der Gefühle, des physischen Körpers, der Wechselwirkungen in Beziehungen, der Umwelt, der Psychologie, der Weisheit, der Dienstbereitschaft, des Liebesquotientes, des Transzendierens des negativen Egos, der Demonstration des Christusbewußtseins und der spirituellen Führerschaft. Wenn alle diese Aspekte des Selbstes richtig integriert, zusammengefügt und in einem hohen Maße gemeistert sind, dann, und nur dann, kann man wirklich als ein vollständiger Aufgestiegener Meister betrachtet und anerkannt werden. Und dies bezieht sich auf jeden Einzuweihenden auf Erden und auf der inneren Ebene, ungeachtet seines Einweihungsgrades. Es ist keine Perfektion erforderlich, sondern eher ein hoher Grad oder Prozentsatz der Meisterung in diesen Bereichen.

Der Prozeß der Einweihung und des Aufstiegs ist ein ewiger Prozeß, denn Gott ist grenzenlos und keiner von uns kann das begrenzen, was von Natur aus grenzenlos ist. Laßt uns daher mit der vorliegenden Arbeit beginnen und die Feinabstimmung dieses herrlichen Prozesses fortsetzen, um dem Einen zu dienen, mit dem wir alle eins sind. Und laßt uns Geduld bei dieser Arbeit haben, denn die Ewigkeit hat alle Zeit der Welt.

5. Die Frage des Karma

Das Gesetz von Ursache und Wirkung

Ich beginne dieses Kapitel mit einem Zitat aus dem Buch "Kybalion": "Jede Ursache hat ihre Wirkung; jede Wirkung hat ihre Ursache; alles geschieht nach dem Gesetz; Zufall ist nur ein Name für das nicht erkannte Gesetz; es gibt viele Ebenen der Ursächlichkeit, aber nichts entgeht dem Gesetz." Ich meine, daß dieses besondere Zitat die Lehren des geliebten Meisters Jesus ausdrückt: "Was Du säst, das wirst Du ernten," obgleich dies aus einer mehr esoterischen/ wissenschaftlichen Perspektive betrachtet wird. Beide Lehren drücken aus, was in der östlichen Tradition einfach Karma genannt wird.

Die grundlegende Erklärung für das Karma ist, wie es zuvor so ausdrucksvoll dargelegt wurde, Ursache und Wirkung. Wir sind nicht die Opfer eines Zufallsuniversums, aber die Mitschöpfer Gottes, mit der Herrschaft des freien Willens versehen. Zu dieser Macht des freien Willens kommt das Gesetz der Wirkung hinzu. Jede Handlung, die wir ausführen, jeder Gedanke, den wir denken, jede Tat, die wir vollbringen enthält den Samen der Manifestation, die sich in unserem Leben zeigen wird.

Karma als Motiv

Wir sind in jedem Moment unserer Existenz durch unser gegenwärtiges Verhalten dabei, den nächsten Moment zu erschaffen. Dieses Verhalten bezieht sich in größerem Maße auf das Motiv und die Absicht als auf die Form irgendeines Ausdrucks. Ich will nicht sagen, daß wir nicht für unsere Taten verantwortlich sind, sondern daß wir in einem größeren

Maße durch die Gesetze des Lebens aufgrund der Motivation unserer Handlungen beurteilt werden, anstatt aufgrund irgendeiner spezifischen Handlung an sich. Nimm zum Beispiel jemanden, der ein großer Wohltäter für die Armen ist und dies eher aus der Absicht heraus tut, öffentliche Anerkennung, Ruhm und Macht zu erlangen, anstatt aus einer wirklichen Sorge um die Menschen, denen geholfen wird. Natürlich würde diese Person einiges an gutem Karma für die Taten, die sie vollbracht hat, ansammeln. Aber weil das Motiv selbstsüchtig ist, würde die Menge an Gutem, das sie in diesem Leben aufbauen würde, begrenzt sein. Vergleiche nun diese Person mit jemandem, der sich abmüht, wirklich für jene Mitgefühl hat, die weniger vom Glück begünstigt sind als er selbst, und seinerseits spendet, wiederverwertet und von dem Wenigen, das er hat, etwas gibt. Das Motiv dieser Person würde rein und wahrlich selbstlos sein, und das folglich angesammelte gute Karma wäre in der Tat großartig.

Demgemäß ist Karma ein sehr subtiler Sachverhalt, der nicht leicht auf den ersten Blick erfaßt werden kann. Gutes tun an sich hat einen weitaus größeren Wert, als Gutes tun, um bei seinesgleichen oder in der Gesellschaft einen guten Eindruck zu machen. Untersuche die Motive von allem was Du tust, denn letztendlich erschaffen wir die Wirklichkeit in der wir leben durch das Motiv und die Absicht.

Karma als Lektionen

Karma ist also das Ergebnis einer Ursache, die durch ein Individuum, durch eine Gruppe von Individuen, durch eine spezifische Kultur oder tatsächlich durch den Planeten als Ganzes in Bewegung gesetzt wurde. Oft meint man mit dem Begriff "Karma" nur die negativen Ereignisse, aber dies ist nicht wahr. Karma ist einfach die entsprechende Wirkung einer jeden Ursache, sowohl im positiven als auch im negativen Sinne, und es ist der beste Lehrer von Lektionen. Das, was wir als schlechtes oder negatives Karma bezeichnen, ist eigentlich eine Bewegung, die durch das Gesetz des Lebens angestoßen wurde, um uns in die angemessene Erfahrung vorwärts zu treiben, in der die nächste Lektion, die wir lernen müssen, uns erwartet. Wenn sie nicht unserem Geschmack entspricht, werden wir sie im allgemeinen schlechtes Karma nennen; aber wenn wir sie näher betrachten, dann können wir sehen, das dies gar nicht der Fall ist.

Nehmen wir an, wir haben über jene ein Urteil erlassen, die einer zarten Natur zu unterliegen scheinen, und wir betrachten sie als schwach, weil sie dauernd krank werden. Vielleicht tun wir dies, weil wir mit einer robusten Konstitution geboren wurden, stark gebaut sind, oder weil wir uns vielleicht während einer vorigen Inkarnation durch ein großes Maß an Schwäche auf der physischen Ebene hindurch gearbeitet haben. Andererseits besitzen wir Feinfühligkeiten, die auf unsere zukünftige Entwicklung warten; gewisse Feinfühligkeiten, die für unser spirituelles Wachstum essentiell notwendig sein werden und *uns* in den Augen der Welt ein bißchen empfindlicher machen. Wenn wir andauernd unsere Brüder und Schwestern beurteilen, weil sie sich mit bestimmten physischen oder gesundheitlichen Lektionen auseinandersetzen müssen, sei gewiß, daß wir selbst einer ähnlichen Situation ausgesetzt werden, egal ob dies für uns bestimmt war oder nicht.

Wir werden dazu gebracht, dem ins Auge zu sehen, was wir bewertet, attackiert, verurteilt, beschimpft, mißbraucht und ausgenutzt haben usw., damit wir erfahren, wie sich dies anfühlt, so daß wir wahrhaftig mitfühlende Wesen werden. Hoffentlich werden wir von unseren von Gott gegebenen Qualitäten der Vernunft, des Mitgefühls, des Lichtes, der Liebe und der Weisheit lernen. Tun wir das nicht, dann wird das Karma uns sicherlich inmitten einer Situation treffen, in der uns nichts anderes übrig bleibt, als die notwendige Lektion zu lernen. Wenn wir diese Lektion nicht in einem Mal lernen, wird das Karma uns in immer tiefere Ebenen dieser spezifischen Lektion bringen, bis wir sie letztendlich verstehen. Es muß verstanden werden, daß sogar schlechtes Karma ein Geschenk ist und keine Strafe. Es lehrt uns eine wichtige Lektion, die wir lernen müssen. Das Ideal ist jedoch, durch Gnade oder auf einfache Weise zu lernen, statt durch die Schule der harten Schläge, die uns dazu zwingt, eine spirituelle Lektion, der wir uns widersetzen, zu lernen.

Positives Karma

Karma kann sehr positiv sein und uns mit Freude in Reiche der wunderbarsten Erfahrungen tragen. Wenn wir einen Moment nehmen und die Grundsätze "jede Ursache hat ihre Wirkung" und "was Du säst, wirst Du ernten" in Erwägung ziehen würden, dann würden wir sehen, daß dieser Fluß des Karmas in beiden Richtungen fließt. Es ist sowohl die Herauskristallisierung des Guten, das wir in unseren Leben getan haben, als auch die der negativen Wege, die wir gegangen sind. Es dient sowohl als ein Verstärker des Positiven, wie auch als ein Lehrer bei den harten Erfahrungen unserer Leben. Dies wird oft übersehen.

Laß uns betrachten, wie manch positives Karma sich in unseren Leben manifestiert. Zunächst, wenn wir wirklich dem Beispiel des Ausdrucks "was Du säst, wirst Du ernten" folgen, dann können wir leicht erkennen, daß wir während unseres Lebens dabei sind, die Samen der zukünftigen Manifestation einzubringen. Wir säen diesen karmischen Samen innerhalb unseres eigenen Aurafeldes, in dem er sich dort niederläßt was okkulterweise - die permanenten Atome - genannt werden. Ich werde später mehr dazu ausführen, zunächst reicht es aus zu sagen, daß wir uns zu Magneten machten, durch das was wir in die Welt gebracht haben. Und wir werden das anziehen was wir hervorbrachten.

Jeder von uns trägt daher den Magnetismus oder die Strahlen aller guten Handlungen und reinen Motivationen von allem, was wir in all unseren vorherigen Leben hervorgebracht haben. Also, alle Taten von Freundlichkeit, Großzügigkeit, Liebe, Wohltätigkeit, Vergebung und so weiter, werden in den nachfolgenden Leben erblühen. Diejenigen, deren Blick sich nur auf das eine Leben, das sie jetzt führen, erstreckt, und die sich vorstellen, daß ihre Existenz sich nicht weiter fortsetzt, sehen das Leben so, als ob es sie oder andere unfair behandelt. Meine geliebten Leser, dem ist nicht so. Wenn jemand von sich selbst aus reiner Motivation und mit reinem Herzen gegeben hat, oder sein persönliches Leben für das größere Ideal geopfert hat, wie es bei einer hingebungsvollen Seele, die ohne Freunde, Geld oder Anerkennung stirbt, der Fall ist, dann wisse bitte, daß weder er noch Du einfach unbelohnt oder wirklich ohne Anerkennung in den Abgrund verschwinden.

In solchen Fällen gibt es eine besondere Lektion, die jene Seele zu lernen hatte, indem sie solch ein Leben erfuhr. Aber alle gute Taten werden in den permanenten Atomen, oder der Aura, festgehalten und in nachfolgenden Leben die Früchte der guten Werke anziehen. Folglich siehst Du vielleicht, mit Deinem begrenzten Blick, eine Person, die als Glückskind geboren ist, und Du glaubst, daß ihr Glück Dir gegenüber eine Ungerechtigkeit ist, wenn Du Dich mit einem Leben aus besonderem Kampf und Elend plagen mußt. Diese Person hat jedoch ihre Lage, in die sie aufgrund ihres guten Karmas hineingeboren wurde, verdient. Denn nichts im Leben ist entweder willkürlich oder unfair, wenn es durch das große Objektiv Gottes betrachtet wird. Nun, die Person die mit gutem Karma geboren wurde, hat die freie Wahl, wie sie ihr gutes Glück verwendet. Sie kann ihren Reichtum zum Dienst oder für die spirituelle und physische Anhebung der Menschheit verwenden oder sie kann ihn selbstsüchtig gebrauchen. Wir hoffen immer, daß wir von der Gnade lernen und daß die Reichen ihren Reichtum durch spirituelles Dienen vermehren, aber dies ist nicht immer der Fall. Sie werden jedoch noch die Möglichkeit haben, das Gute, das sie in ihrer vorigen Inkarnation gesät haben, zu ernten, bevor sie in die Pflicht genommen werden, wenn ihre Entscheidungen in der jetzigen Inkarnation selbstsüchtig und verletzend sind.

Karma ist ein ständig fließender Strom, der sowohl die negative als auch die positive Widerspiegelung von Situationen und Ereignissen trägt, die durch ein Glas als dunkel erscheinen, wenn sie nur aus einer dreidimensionalen Perspektive betrachtet werden. Glaube mir, wenn ich Dir erzähle, daß diejenigen, die Glück in der Liebe haben, mit einer guten Gesundheit gesegnet, mit einer extremen physischen Schönheit und in liebevolle und unterstützende Familien geboren sind, dieses Schicksal im Rahmen ihrer vielen Inkarnationen verdient haben. Nur jene sind erwählt worden, die zuerst selbst wählten. Dennoch, liebe Leser, bleibt ein wichtiger Schlüssel übrig, der in dieser Unparteilichkeit fehlt. Wir sollten erkennen, daß wir, von unserer dreidimensionalen Warte aus, nicht wahrhaft den leichteren Weg von dem schwierigeren unterscheiden können.

Urteile nicht, auf daß Du nicht fehlerhaft urteilst

Es ist normal, jemanden als glücklich zu betrachten, der aus einer irdischen Perspektive gesehen scheinbar alles hat. Es ist normal, daß wir uns wünschen, wir wären an der Stelle jener Person. Aber laß mich Dir sagen, sowohl aus der spirituellen Warte, wie aus der Perspektive von jemandem der einige Zeit in Los Angeles (die Stadt der reichen und berühmten Menschen) gelebt hat, wenn Du danach trachten würdest wie Dein Nachbar zu leben und es Dir gelänge, dann würde sich dies als der größte Fehler Deines Lebens erweisen! Vergiß niemals das biblische Sprichwort "Welchen Vorteil hat ein Mann, wenn er die ganze Welt bekommt und dabei seine eigene Seele verliert?" Viele, die nicht finanziell reich sind, sind tatsächlich reich an angesammeltem guten Karma ihres Seelenkörpers, das dazu bestimmt ist, zu materiellem Wohlstand zu führen.

Karma ist eines der kompliziertesten Aspekte Gottes. Was positiv erscheint, kann der schwierigste aller Pfade sein. Was dem Augenschein nach alle guten Dinge, die das Leben bieten kann, beinhaltet, ist sehr oft eine Lektion die zeigt, wie hohl und leer ein Leben ohne Gott wirklich ist, wenn Gott nicht an erster Stelle steht. Ich sage nicht, daß dies bei jedem, der Besitz hat, der Fall ist, denn es gibt tatsächlich einige unglaublich schöne Seelen, die ihren äußeren Erfolg zur Anhebung der Menschheit und zur Förderung der Entwicklung des Königreichs Gottes auf Erden gewidmet haben. Ich versuche einfach zu vermitteln, wie heikel ein Gauner-Karma sein kann. Die beste Einstellung zu diesem äußerst mysteriösen Aspekt Gottes ist, in dem Zustand höchstmöglicher Ausrichtung zu leben, und was auch immer kommen mag, immer standhaft auf Deinem spirituellen Pfad zu bleiben. Einst habe ich eine Geschichte gehört, an deren Quelle ich mich jetzt nicht mehr erinnere, aber die Lehre ist sehr passend. Sie ist eigentlich eine Parabel bezüglich des Karmas und sie lautet ungefähr so:

> Ein Paar fühlte sich einsam und bat Gott um einen Sohn. Dem Paar wurde ein Sohn gewährt und sie begingen eine große Feier.
>
> "Ihr habt Glück, daß Ihr so spät im Leben ein Kind bekommen habt," sagte ein Nachbar. "Anstatt des Vaters gab ein weiser Mann die einfache Antwort: "Vielleicht."
>
> Die Zeit verging und das Kind wuchs zu einem jungen Mann heran, der ein Pferd haben wollte. Da die Eltern wenig Geld hatten, beteten sie fleißig und aufrichtig um ein Pferd für ihren Sohn. Gott gewährte ihnen diese Bitte. Der Vater war erfreut und äußerte wie viel Glück sie hatten und wie gut Gott erneut zu ihnen gewesen war.
>
> Und der weise Mann antwortete wie zuvor mit dem einfachen Rat: "Vielleicht."
>
> Ein paar Wochen später ritt der Sohn aus und erlitt einen schrecklichen Unfall, wobei er vom Pferd abgeworfen wurde und mehrere Rippen und beide Beine brach. Der Vater reagierte, indem er Gott den Vorwurf machte, daß er plötzlich so grausam und ungerecht war.
>
> Der weise Mann, der nie weit von der Familie entfernt war, antwortete einfach, wie immer, mit einem leichten Lächeln in seinen Mundwinkeln: "Vielleicht."
>
> Der Sohn war verwundet und kämpfte um sein Leben während ein Krieg ausbrach. All die anderen jungen Männer im Dorf gingen fort, um im Krieg zu kämpfen, und da ihre Chancen schlecht

standen, wurden sie alle im Kampf getötet. Während dessen machte der Sohn wunderbare Fortschritte in seiner Heilung. Der Vater meinte jetzt, wie gut Gott war, da er seinen Sohn verwundete und so sein Leben gerettet wurde.

Und der weise Mann lächelte einfach leicht und antwortete: "Vielleicht."

Diese Parabel hat kein Ende. Sie zeigt einfach die Strömungen des Karmas und unsere letztendliche Unfähigkeit zu unterscheiden, was gutes und sogenanntes schlechtes Karma ist. Aus diesem Grund bitte ich Euch dringend, das Karma als Lektionen zu betrachten und einfach darin fortzufahren. Bis Ihr die Fähigkeit habt, ständig mit Eurem Höheren Selbst oder Eurer Monade in Kontakt zu bleiben und von der beschränkten Wahrnehmung der Dinge Abstand zu nehmen, ist mein Rat für Euch alle, durch Eure karmischen Lektionen, so wohlwollend wie möglich, hindurch zu gehen. Und beurteilt sie nicht, sondern antwortet denen, die die Lektionen entweder als gut oder als schlecht beurteilen würden, einfach mit dem leichten Lächeln des Weisen: "Vielleicht" und überlaßt den Rest Gott.

Eine esoterische Betrachtung des Karma

Es ist eine esoterische Tatsache, daß alles, was wir sagen, denken, tun, fühlen und erfahren aufgezeichnet wird. Dies wurde von fast allen Religionen erkannt und erörtert. Diese Wahrheit wurde jedoch den Teilnehmern dieser verschiedenen Pfade als eine Bedrohung dargestellt, anstatt sie als ein Instrument des Wachstums und des Verständnisses zu zeigen. Deshalb bitte ich Euch, während wir diese Weisheit tiefer studieren, die Betrachtungsweise des Urteils loszulassen und sie durch die Sichtweise des Mitgefühls für das Selbst und die Menschheit zu ersetzen. Wie ich bereits sagte, ist Karma, einfach ausgedrückt, das

Gesetz von Ursache und Wirkung und das Instrument durch das notwendige Lektionen gelernt werden. Aus der Sicht des Höheren Selbstes / der Monade enthält es keine Beurteilung, wird aber als Gesetz der Bewegung betrachtet, das uns zu tieferer Weisheit und göttlichen Handlungen vorantreibt.

Mit dieser Sichtweise versuche ich einige der mehr esoterischen Wirkungen dieses Gesetzes zu enthüllen. Die passende Antwort auf all das Karma, sei es nun gut, schlecht oder wer weiß lautet: "Nicht mein Wille, sondern Deiner geschehe; danke für diese Lektion." Diese Haltung erlaubt mit dem Universum zu arbeiten und von ihm zu lernen. Das Universum zu bekämpfen erzeugt ständigen Ärger und Verwirrung. Eine hilfreiche Art, dies zu sehen ist, alles was passiert als einen spirituellen Test zu betrachten, der Dich Selbstmeisterung und die Fähigkeit das Christusbewußtsein in allen Situationen aufrecht zu erhalten lehrt. Eine andere äußerst hilfreiche Haltung ist, Vorzüge und keine Bindungen im Leben zu haben. Ein Vorzug ist eine Haltung, etwas haben zu möchten, aber trotzdem auch zufrieden zu sein, wenn man es nicht bekommt. Eine Bindung jedoch hinterläßt Dich enttäuscht, mit einem schlechten Gefühl und böse, wenn Deine Wünsche nicht erfüllt werden. Diese ergänzende Lehre wird Dir helfen, das Leben durch Deine Christusaugen zu betrachten, statt durch die Augen des negativen Egos.

Die permanenten Atome

Es gibt in jedem der vier niederen Körper etwas, das als permanente Atome bekannt ist. Diese winzigen Aufzeichnungsstrukturen enthalten die Prägung unserer Leben während all unserer Inkarnationen. Bei unserem Übergang in die inneren Welten, werden diese Atome in einer Art Ruhestellung gehalten und wenn wir erneut inkarnieren beim Aufbauprozeß unserer vier niederen Körper wieder aktiviert. Sie sind also kein Mittel, mit dem ein grausamer und gefühlloser Gott über uns richtet. Stattdessen sind sie ein Mittel, durch das jedem von uns das gottgegebene Recht und sogar die Macht zugestanden wird, zu unseren eigenen Wachstumsmustern Zugang zu bekommen und sie zu verändern. In dieser Art und Weise mögen wir sowohl die Ursache als auch die Wirkung in einer Art erreichen, die uns als Söhne und Töchter Gottes, die wir alle sind, repräsentativer macht. Wenn jemand zu den inneren Ebenen hinübergeht, findet er sich in einer Welt wieder, die besonders auf die Grundstruktur der Leben, die er auf der Erde gelebt hat, ausgerichtet ist und mit ihr harmoniert. Dies liegt größtenteils an der Wirkung der permanenten Atome. Da diese Atome nicht vernichtet werden, sondern die Grundlage bilden, auf der wir unsere zukünftigen Inkarnationen aufbauen, ist es sinngemäß, daß die permanenten Atome, von sowohl dem astralen als auch dem mentalen Vehikel, uns zwischen den Inkarnationen in die angemessenen astralen und mentalen Reiche der göttlichen Resonanz bringen werden.

Wenn wir uns in einem astralen Reich befinden und fühlen, daß wir dem entwachsen sind, können wir sicher sein, daß es etwas in den permanenten Atomen dieser Ebene gibt, das der Auflösung bedarf. Wir werden schnell über diese Phase hinausgehen, so lange wir den Lektionen, deren Absicht es ist, daß wir sie lernen, gegenüber offen bleiben. Dies gilt gleichermaßen auf der physischen Ebene, obwohl sich die Dinge hier unten ein bißchen langsamer bewegen. Je schneller wir bereit sind zu lernen, umso rascher werden wir über die notwendigen Lektionen hinausgehen und damit beginnen, auf einer höheren Ebene zu wirken.

Fast alle ernsthaften Studenten des Okkulten, egal ob sie mit der speziellen Begrifflichkeit vertraut sind oder nicht, werden sich auf den höheren Ebenen der astralen und/oder mentalen Reiche vorfinden. Die permanenten Atome sind unsere Aufzeichnungsgeräte, die unsere Absichten, Motivationen und Handlungen aufzeichnen und nicht die spezielle Begrifflichkeit oder Sprache, mit der wir dies ausdrücken. Wenn eine scheinbar ungeklärte Lektion zu uns kommt, ist die beste Art damit umzugehen, die Situation eingedenk unseres größeren Verständnisses der Gesetze des Karmas, anzunehmen und bereit zu sein, die notwendige

Lektion zu akzeptieren und die erforderlichen Anpassungen so zügig wie möglich vorzunehmen, um uns wieder frei zu machen und die Lektion zu überwinden. In der Psychologie wird dies Akzeptanz genannt. Im Buddhismus wird es Widerstandslosigkeit genannt. Im Hinduismus bezeichnet Sai Baba dies als eine Haltung, in der man Widerstand willkommen heißt. Dies hilft enorm bei jeder Lektion, die man erfährt, man löst sich von der Bindung und übergibt sich dem göttlichen Prozeß. Ich fahre dann fort, indem ich Gott und die Meister um ihre göttliche Hilfe und Gnade bitte, damit ich so schnell wie möglich durch die notwendige Lektion hindurch gehe und sich nichts anderes als die reinste Energie Gottes in meinem Leben offenbart. Egal womit Ihr zu tun habt, wisset, wenn Ihr auch nur einen Schritt auf Gott und die Meister zugeht, so werden sie Euch zehn Schritte entgegenkommen. Es ist wichtig zu verstehen, geliebte Leser, daß Ihr Gott und die Meister darum bitten könnt, den Prozeß Eures Karmas zu beschleunigen. Andererseits könnt Ihr auch in ähnlicher Weise darum bitten, ihn zu verlangsamen, wenn Ihr Euch von den Lektionen des Lebens überfordert fühlt. Bitte bedenkt dies, denn Gott und die Meister arbeiten mit Euch in einer mitschöpferischen Partnerschaft.

Devachan und die buddhischen Reiche

Wenn eine Seele eine ausreichend hohe Stufe in ihrer Entwicklung erreicht hat, wird es ihr erlaubt, einige Zeit innerhalb jenes erhabenen Reiches, das der wahre Aufenthaltsort des Höheren Selbstes oder der Überseele ist, zu verbringen, ehe sie wieder in die materielle Welt reinkarniert. Dies ist ein Ort herrlicher Glückseligkeit und göttlicher Wahrnehmung, von dem aus man in einem Zustand der Glückseligkeit, auf die Ursachen und Wirkungen (Karma) vieler Leben schauen kann. Zusammen mit dem Höheren Selbst, dem Schutzengel, den Meistern, mit denen man gearbeitet hat und den Herren des Karmas selbst wird entschieden, welches der beste Weg ist, sich durch das Karma hindurch zu arbeiten und es in Ordnung zu bringen. Dies ist die göttliche

Perspektive von der ich zuvor sprach. Während man zeitweilig von dem Einfluß der permanenten Atome des physisch/ätherischen, astralen und mentalen Körpers befreit ist, kann man seine Lebensmuster in ihrer Ganzheit und vom Höheren Selbst aus betrachten, und hat somit Gelegenheit, die bestmögliche Wahl für die Zukunft treffen.

Letztendlich kommt ein Punkt innerhalb einer jeden Einweihung, an dem wir völlig davon befreit sind, uns durch die niederen Welten hindurchzuarbeiten. Da dies bereits erwähnt wurde, möchte ich die Einzelheiten hier nicht wiederholen. Ich versuche hier jedoch deutlich zu machen daß, sogar wenn man zu den niederen Ebenen der Manifestation zurückkehrt, es die Erfahrung dieses höheren Reiches ist, die uns die nötige Perspektive gibt, um fleißiger an unserem Aufstiegsprozeß zu arbeiten, da wir die Sichtweise des Höheren Selbstes haben und die herrliche Zeit innerhalb der hohen Sphäre genießen, zu der wir uns durch unseren summierten Fortschritt das Recht des Eintritts erworben haben. Diese und sogar noch größere Gaben erwarten jeden von uns, der danach strebt, jenseits des fehlerhaften Trennungsglaubens zu leben und stattdessen innerhalb der erhabenen Regionen der Einheit zu verweilen.

Bei der Betrachtung unserer Teilnahme an der Reinigung, Säuberung und Läuterung unseres Karmas sollten wir unsere Aufmerksamkeit auf das buddhische/devachan Reich richten, ein Reich reiner Glückseligkeit. Wenn ich diese höhere Perspektive, die wirklich das Reich der Seele ist, weglassen würde, dann könntest Du den falschen Eindruck bekommen, daß man das benötigte Verständnis und die Weisheit um voranzukommen erreicht, indem man die astrale - und/oder mentale Perspektive verwendet. Dies wäre dann tatsächlich ein sehr beschränktes Verständnis. Die Rolle, die unser physisches/ätherisches, astrales und mentales Selbst spielt, ist äußerst bedeutsam, aber das wahre Verständnis dieser Aspekte kann nur aus der Perspektive des Höheren Selbstes, und letztendlich des monadischen Selbstes, korrekt gesehen werden. Da wir, wie das Höhere Selbst, von der buddhischen Ebene aus in der Lage sind, von oben nach unten zu arbeiten und bewußt mit den Herren des Karmas zusammenzuarbeiten, erscheint es angemessen, Dir einen näheren Einblick in dieses Reich zu vermitteln. Ich hoffe, daß dieser flüchtige Einblick in diese höhere Wahrnehmung etwas Licht darauf geworfen hat, obwohl Du möglicherweise mit diesem herrlichen Reich vertrauter bist als Du zunächst denkst. Die Essenz dessen, was ich Deinem bewußten Verstand vermitteln möchte, ist, je mehr man sich auf dem Pfad der Einweihung und des Aufstiegs entwickelt, desto mehr wird man in diesen Prozeß einbezogen. Dieses Bewußtsein wird Dir helfen zu erkennen, daß die Richtung Deines Lebens, sowie die Richtung eines jeden auf dem bewußten Pfad des Aufstiegs und der Einweihung jene ist, nach der Du als Seele gestrebt hast, nämlich den wirksamsten Fortschritt zu erzielen.

Obwohl du vielleicht noch mit der Dynamik der Aufzeichnungen Deiner permanenten Atome arbeitest, bist Du nicht einfach das Opfer der Vergangenheit. Du bist stattdessen Mitschöpfer Deines Schicksals und hast, mit der Hilfe der Herren des Karmas, für Dich selbst Situationen erschaffen, die das beste Potential für Deine letztendliche Befreiung und Deinen Aufstieg enthalten. Geliebter Leser, nutze den Moment und jede einzelne Gelegenheit zum Wachstum. Sei Dir darüber bewußt, daß jede Ursache ihre Wirkung hat und die förderlichsten, spirituellsten und erbauendsten Wirkungen für Dich selbst und für die Welt, von der Du und wir alle ein göttlicher Teil sind, erschafft.

Die Herren des Karma und andere karmische Aufseher

Nichts geschieht durch Zufall. Die Wirkung des Karma ist ein recht komplizierter Prozeß und bringt eine Vielfalt unsichtbarer und subtiler Kräfte ins Spiel. Es gibt deshalb großartige spirituelle Wesen, deren göttliche Arbeit es ist zu helfen, daß dieses Gesetz auf wirksamste und fruchtbarste Weise funktioniert. Eine der Hauptgruppen dieser Wesen werden die "Herren des Karma" genannt. Sie leiten und überwachen die Auswirkungen des ständigen Stromes der Taten und Absichten der Menschheit und durchdringen völlig die physischen/ätherischen, astralen und mentalen Körper und Welten. Es ist interessant, daß der Gedanke und die gedankliche Motivation der Menschheit sich sowohl individuell als auch kollektiv in der Mentalwelt, die wir in jeder Inkarnation vorfinden, herauskristallisiert. Dasselbe gilt für die astralen/emotionalen Motivationen und die Reinheit mit der ein Verlangen manifestiert wurde. Dies gilt auch für das Physische, welches das Gesetz enthält, daß jedes hervorgebrachte physische Wohl (egal aus welchem Motiv heraus) bald die Belohnung in der physischen Welt ernten wird. Es ist jedoch wichtig dabei nicht zu vergessen, daß das gute oder positive physische Karma eine harte emotionale oder mentale Lektion enthalten kann, falls das Motiv vergangener Ursachen dem Selbstzweck diente.

Es gibt auch das, was in der okkulten Literatur als "Karmischer Vorstand" bekannt ist, der als regierender Vorstand der Herren des Karma fungiert. Er wirkt als Prüfungsvorstand bei den Wesen, die einen bestimmten hohen Grad der Einweihung erreicht haben und zu den inneren Ebenen kommen können, um zu reden, Rücksprache zu nehmen oder Beschwerden und Empfehlungen einzureichen. Alles wird von diesem Vorstand registriert und keiner sollte daher leichtfertig vor ihm erscheinen. Es trotzdem zu tun, impliziert außerdem einen Akt des Karmas an dem Wesen, das um eine besondere Anhörung bittet. Wenn Du jedoch Dein Herz tiefgreifend über eine bestimmte Situation erforscht hast und Deine Motive rein sind, dann werden die großartigen Wesen, aus denen dieser Vorstand besteht, der Beratung zur Verfügung stehen, da ihre gesamte Zuständigkeit in diesem Reich des Karmas liegt, und sie nur allzu bereitwillig zu Diensten zu stehen.

Die Aufzeichnungsengel sind eine Gruppe der Evolutionslinie der Engel, die ebenso mit dem Karma von Individuen, wie auch des kollektiven Ganzen arbeiten. Die Kräfte, die die gegenwärtige Auswirkung des Karmas auf die vier niederen Körper und in den vier niederen Welten bestimmen, ziehen all das, was die Menschheit tut, wünscht und wie sie handelt in Betracht, sowie auch die Wechselwirkung von astrologischen Einflüssen, Strahleneinflüssen und kollektivem Karma (welches zum Beispiel, eine bestimmte Menschengruppe in einen sogenannten bedeutenden Unfall oder Flugzeugabsturz hineinzieht). Diese Faktoren sind so kompliziert, daß viele spirituelle Wesen ein Amt bekleiden, das sich allein auf dieses Thema bezieht.

Reinkarnation und Karma

Wie man sich vorstellen kann, folgt das Gesetz des Karmas wie es sich von Leben zu Leben manifestiert, einem komplizierten Muster. Dieses Gesetz jedoch, das sich innerhalb des Stromes von Ursache und Wirkung zeigt, ist gerecht und fair, obwohl es des öfteren nicht so erscheint. Laßt uns, so gut wie wir können, den ganzen Prozeß betrachten und ihn dann in bestimmte Beispiele unterteilen, die die Menschheit oft hilflos, verwirrt und verloren in Höllenqualen der scheinbaren Ungerechtigkeiten zurückläßt.

Wie bereits erwähnt, enthalten die physisch/ätherischen, astralen und mentalen Samenatome die vollständige Aufzeichnung unserer Vergangenheit. Während bestimmter Lebenszeiten werden gewisse Samen dazu aufgerufen, die Früchte zu tragen, die in vorigen Lebenszeiten gepflanzt wurden. Dies wird als reifes Karma bezeichnet, denn es ist Karma, das von der Weinrebe, an der es wuchs, ausgelöst wurde, um die angebrachten Früchte innerhalb einer festgesetzten Lebenszeit zu tragen.

Laßt uns zum Beispiel sagen, daß während einer bestimmten Lebenszeit, oder sogar in einer Reihe von Lebenszeiten, ein Individuum extrem grausam, beherrschend und ungerecht in seiner Behandlung der Menschheit war. Vielleicht war es ein ungerechter Herrscher der Menschen in Kerkern hielt, sie foltern ließ, verstümmelte und tötete. Diese spezielle Person würde extreme Negativität in ihren physisch/ätherischen, astralen und mentalen permanenten Atomen angesammelt haben, und die Zeit wird kommen in der sie tatsächlich die Zeche dafür bezahlen muß. Da die Menschheit durch diese Person auf jeder Ebene so extrem verletzt wurde, muß dieses Individuum sich selbst der Wirklichkeit dieser Grausamkeiten gegenüber ihren Brüdern und Schwestern stellen. Zu der Zeit, in der diese Person wiedergeboren wird und dieses Karma auf ihn zurückfällt, werden zuerst die geeigneten Eltern ausgewählt, die eine besondere Verbindung zu diesem Individuum haben und deren Bedürfnisse sich mit einem zusammenhängenden karmischen Muster auseinandersetzen müssen. Dieses Kind, das in Wahrheit eine erwachsene Seele ist, mag wohl entstellt und sogar geistig zurückgeblieben sein. Damit sich nun keiner aufgrund einer bestimmten mißlichen Lage verurteilt oder sich Vorwürfe macht, möchte ich mit Nachdruck zwei essentiell wichtige Punkte erwähnen: Erstens, ist dies letztendlich keine Strafe sondern eine Lektion, damit die Seele sich von einer beschränkten Sichtweise befreien kann, die zu dem vergangenen negativen Verhalten führte; und zweitens, liegt es bei Menschen, die mit ähnlichen Schwierigkeiten geboren wurden, nicht unbedingt an einer ähnlichen Ursache. Es könnte auch eine weit fortgeschrittene Seele sein, die eine ähnliche Inkarnation wählt, um die Last auf sich zu nehmen, die sonst eine geliebte Person vielleicht alleine hätte tragen müssen, oder aufgrund einer Vielzahl anderer Gründe. Deshalb lies diesen Abschnitt absolut frei von jedem Urteil, egal wie Deine jetzige Lage sein mag.

Laßt uns nun, völlig frei von jeglichem Urteil, mit unserem Beispiel fortfahren. Diese Seele, die mit Schwierigkeiten auf fast allen Ebenen geboren wurde, könnte dann die physischen, emotionalen und mentalen Wunden, die sie anderen in der Vergangenheit zugefügt hat, überdenken. Die Eltern mögen andere gewesen sein, die an einer ähnlichen Verhaltensweise beteiligt waren, und denen die Gelegenheit gegeben wird, ihr Karma zu klären, indem sie ihr Kind mit liebender Fürsorge und Güte versehen. Das Kind wird hoffentlich lernen, wie es sich anfühlt, mit solch einem Mißgeschick ringen zu müssen und niemals wieder bewußt einen anderen Menschen verletzen (da es selbst eine Erfahrung gemacht hat, die sie anderen aufgezwungen hat).

Nur durch die Augen der Persönlichkeit, würde solch eine Familiensituation wahrscheinlich als grausam, abscheulich und ganz gewiß als ungerecht betrachtet werden. Oft scheinen solche Situationen den Beweis zu liefern, daß es tatsächlich keinen Gott gibt. Eigentlich ist gerade das Entgegengesetzte der Fall, und es ist nicht Gott, der solch ein Leiden erschaffen hat, sondern das Gesetz des Karma - ein Werkzeug, das der Menschheit von Gott gegeben wurde, um sie zu entwickelten, ausgedehnten und erleuchteten Wesen heranwachsen zu lassen.

Dieses Wissen erfolgt aus der Betrachtung des Höheren Selbstes und nicht aus der Persönlichkeit. Wunderbare spirituelle Persönlichkeiten wie Edgar Cayce, Paramahansa Yogananda, Sai Baba und Babaji (der direkt in die Seele schauen kann) haben genaue Erklärungen abgegeben, weshalb bestimmte Menschen scheinbar unangebrachte harte Prüfungen und Widerwärtigkeiten erfahren mußten. Ich erzähle Dir dies, weil es eine wahrhaftigere und breitere Sicht vermittelt, die Dir hoffentlich helfen wird, mit einem gewissen Grad an Wohlwollen und Hingabe durch Deine karmischen Situationen zu gehen, was nicht möglich wäre, wenn Du sie nur in dreidimensionaler Weise oder aus der Sicht der Persönlichkeit betrachten würdest.

Erinnere Dich daran, daß alles, was geschieht, zu Deinem eigenen Wachstum, Deiner Förderung, Deiner letztendlichen Reinigung und Deiner Läuterung dient, damit wir alle unsere Beschränkungen überwinden mögen, und als gottverwirklichte aufgestiegene Wesen auf Erden wandeln und die Himmel durchkreuzen. Ich erkenne, daß es so viel scheinbare Ungerechtigkeit in der Welt gibt, daß es einer wahrhaftigen Betrachtung durch das Höhere Selbst bedarf, um wirklich die vollständige Wahrheit von dem was ich sage zu erfassen. Meine Bitte ist deshalb, daß Du Dich auf dieses Karma-Gesetz einstimmst, damit Du für Dich selbst die Wirkungen von diesem besonders mysteriösen Gesetz des Karma besser verstehst. Ein Bild, das Du zum Verständnis der größeren Sicht des Karma hilfreich finden könntest, ist das eines Puzzles, welches einen Himmel voll strahlender Sterne und farbiger Planeten zeigt. Wenn Du mit dem Puzzle beginnst und für die ersten paar Teile den mitternachtsschwarzen Himmel in den Händen hältst, dann könntest Du daraus schließen, daß Du tatsächlich ein sehr dunkles und düsteres Puzzle zusammensetzt. Wenn Du jedoch dabei bleibst, wirst Du sehr bald all die silbernen, platinfarbenen und goldenen Sterne und die Planeten mit ihren farbigen vielseitigen Oberflächen entdecken, die den Großteil des Puzzles ausmachen. Der Prozeß, in dem man das Karma verstehen lernt, ist sehr ähnlich. Die ersten Teile (diejenigen, die unserem äußeren Blick gezeigt werden) mögen uns dunkel und düster erscheinen. Wenn wir jedoch die standfeste Kraft der wahren Schüler und Eingeweihten des Geistes besitzen, dann versichere ich Dir, daß das Puzzle, das sich vor Deiner inneren Schau entfalten wird, so mit Helligkeit erfüllt sein wird, daß Dein inneres Auge und Dein Herz einige Zeit benötigen werden, um sich an die Herrlichkeiten, die Du erblickst, zu gewöhnen. Geduld, Ausdauer, Meditation, Studium, Lesen und Selbsterforschung sind die Schlüssel, verbunden mit der Bereitschaft sich dem wunderbaren Schicksal zu öffnen, das allen die auf dem Pfad des Lichtes und der Liebe ausharren, erwartet.

Gruppenkarma

Das Gruppenkarma ist ein sehr interessantes Phänomen. Wenn bestimmtes Karma gleichzeitig in einer gewissen Gruppe von Individuen reif wird, dann werden die Mitglieder dieser Gruppe in ein ähnliches Ereignis hineingezogen, um sich mit diesem Karma auseinanderzusetzen. Dies kann variieren vom gemeinsamen Steckenbleiben in einem Aufzug oder Geisel bei einem Bankraub zu sein, bis hin zu einem Flugzeugabsturz. Dieses Karma reift ebenso innerhalb des angemessenen astrologischen Zyklus der Individuen. Das Gesetz ist sehr kompliziert. Es gibt nicht einfach Unfälle, nur die Auswirkung von Karma. Dies ist jedoch ein heikler Punkt, denn Karma kann sich durch das Ausdrucksmittel von scheinbaren Unfällen selbst auswirken. Die falsche Beurteilung von bestimmten technischen Funktionen eines speziellen Flugzeuges ist sicherlich eine Art des unbeabsichtigten Versehens, dennoch ist es ein Versehen, das durch die Herren des Karma und vom Unterbewußtsein verwendet wird, damit sich das Karma innerhalb der Individuen, die dieses gleichartige Karma teilen, auswirken kann. Emotional betrachtet ist dieses Konzept sehr schwer faßbar; alles worum wir bitten können ist, daß Du versuchst ein spirituelles Gespür für das Gesagte zu entwickeln.

Die Welt beginnt inzwischen mehr über die Gnade zu lernen als über das Karma. Wir hoffen, je mehr wir uns alle in Gott zentrieren, desto weniger Karma haben wir physisch abzutragen. Wir tun dies, indem wir uns selbst innerlich durch Gebet, Meditation, Anrufungen, Affirmationen und gute Taten reinigen, durch unsere eigenen Fehler und die Fehler anderer lernen und das negative Ego klären. Es ist wahr, daß ehe dieses geschieht, Karma beschleunigt wird, weil mehr Seelen darum bitten, daß alle Zwiespälte in ihnen auf schnellstmögliche Weise geheilt werden, was oft eine Kombination von Gnade sowie auch das physischen Auswirken von Karma einschließt. Die Hauptsache, an die man sich erinnern sollte ist, daß Gott immer an unserer Seite ist und möchte, daß jeder von uns so schnell wie möglich in einen Zustand der Reinheit und Verwirklichung, Einheit und Befreiung eingeht und zwar in einer möglichst vollständigen Weise.

Unpersönliches kollektives Karma

Es gibt auch karmische Kräfte, denen wir uns ausgesetzt fühlen, die sich nicht innerhalb unserer eigenen permanenten Samenatome befinden oder zu unserem eigenen besonderen Schicksal gehören, sondern Teil des Schicksals der Erde als Ganzes sind. Im Falle von Krieg, großen planetaren Umwälzungen und sogar in manchen Fällen des Mordes, werden wir einfach in Situationen hineingezogen, die viel größer sind als im Einzelfall. Falls wir in diese Situationen geraten, können wir wählen, sie zur weiteren Läuterung und Reinigung unseres Selbstes oder unserer Geliebten zu verwenden, indem wir jenes karmische Leiden Gott darbieten. Da wir ein Teil der Menschheit sind, ist es nicht ungewöhnlich, daß wir selbst an einem karmischen Drama beteiligt sind, das wir nicht selbst hervorgerufen haben. Durch spirituelle Lehrer und Medien wird gesagt, daß in extremen Fällen wie Mord, die Mordopfer oft eine karmische Schuld tilgen, die von ihrem reifen Karma hervorgerufen wird. Es gibt jedoch viele Fälle, in denen Mord sich sogar in die karmische Vorsehung von Individuen einmischt und diese dann in eine Art kollektiven Weltwahnsinns verwickelt werden, mit dem Ergebnis, daß sie wirklich einen ungerechten Tod erfahren. Diese Pille ist bitter zu schlucken. Sei jedoch gewiß, wenn Du in ein Kreuzfeuer dieser Art des Karmas oder des Krieges, der Hungersnot, der Plage, der Erdbeben, der Flut und so weiter verwickelt wirst, daß viel Karma, das sonst langsam und weniger dramatisch abgetragen worden wäre, sofort weggewischt wird, und daß die Seele augenblicklich von den Dingen befreit wurde, wofür sonst viele Leben notwendig gewesen wären.

Damit soll bestimmt nicht gesagt werden, daß etwas "Richtiges" darin liegt. Es heißt, daß die Gesetze Gottes es richtig machen werden, und niemand dem Leiden überlassen wird, ohne sorgfältig beaufsichtigt, umsorgt und letztendlich geheilt zu werden. Der Gedanke des gemeinschaftlichen und persönlichen Karma mag für viele Langzeit-Studenten des Okkulten neu sein, aber er ist es wert, näher betrachtet zu werden. Wir sind schließlich ein Teil der Menschheit und manchmal von den Tendenzen des Karmas abhängig, das die Entwicklung der größeren Auswirkungen von Wirbeln, Gezeiten, Strömen und Gegenströmungen von der Welt in der wir leben ist. Dies ist noch ein Grund, meine geliebten Leser, um jegliches Urteil beiseite zu legen.

Eher individuell betrachtet, ist die blinde Person, die Du durch die Dunkelheit stolpern siehst, vielleicht ein Heiliger, der es gewählt hat, sich ein Leben lang nur auf das innere Licht auszurichten und nicht, wie in einem Beispiel von Edgar Cayce, das karmische Ergebnis eines Menschen, der einen anderen in einem früheren Leben das Augenlicht genommen hat. Ein Punkt von dem ich mir wünsche, daß Du ihn bei dieser Erläuterung des Karmas zu Herzen nimmst ist, daß diejenigen nicht urteilen, die die Fähigkeit haben, wahrhaftig zu sehen. Und diejenigen, die nicht wissen, urteilen oft und urteilen fehlerhaft. Darum beobachte, lerne, aber urteile niemals. Wie sollten wir denn unser Leben leben, wenn wir uns durch dieses Meer des Karma fortbewegen? Die Antwort ist sehr einfach: nach unserem besten Können und mit der stetigen Einstimmung auf die Einheit, die uns mit Gott verbindet, und folglich mit dem Strom der Ganzheit des Lebens. Karma kann wahrhaftig am besten durch die Intuition und durch das Höhere Selbst verstanden werden, denn alle okkulte Weisheit ist ein Thema, das letztendlich im Herzen eines jeden Menschen ans Licht gebracht wird, während er auf dem Pfad des integrierten Aufstiegs vorwärts schreitet. Liebe, Weisheit und Dienst an anderen sind die großen Auslöscher des Karmas und es liegt in der Reichweite eines jeden von uns, auf sie Anspruch zu erheben, und sie in jedem Moment unseres Lebens zu manifestieren. Die wahre Kraft der Transformation und der Heilung beruht letztendlich bei jedem von uns. Laßt uns niemals vergessen, daß alles Karma eine Gabe von Gott ist, wenn wir es nur so erkennen, wie Gott es sich wünscht, daß wir es sehen.

6. Sich den höheren Sinnen öffnen

Erfahrungen auf dem Pfad des Aufstiegs

Obwohl es möglich ist, daß Dir die Bedeutung vieler Begriffe in diesem Buch neu ist, kann es gleichermaßen sein, daß Du mit einigen der gewöhnlichen Empfindungen und Erfahrungen, die den Einweihungs- und Aufstiegsprozeß begleiten, vertraut bist. Dies ist sehr wahrscheinlich, da diejenigen, die dieses Buch lesen, vermutlich Eingeweihte irgendeines Grades sind. Dies ist vielleicht noch nicht in Dein Bewußtsein vorgedrungen, denn viele dieser Einweihungen finden während des Schlafes statt. Die elementare Wahrheit ist, daß jeder von uns auf diesem Pfad an irgendeiner Stelle beginnt, Anregungen, Eindrücke und Empfindlichkeitsreaktionen zu empfangen, die zunächst unerwartet und ungewohnt sein mögen. In diesem Kapitel werde ich einige elementare, sowie subtile Empfindungen erklären, um damit die Verwirrung, die Du vielleicht hast, zu beseitigen und Dir zu erklären, was Du tatsächlich erfährst.

Die Einheit mit allen Dingen empfinden

Eines der ersten Gefühle, das wir erfahren, wenn wir den Pfad der Einweihung betreten, ist die Empfindung der Einheit oder des Einsseins mit der ganzen Menschheit, und tatsächlich mit allen Dingen. Es gibt gewöhnlich ein Gefühl voller Liebe und Freude, das alle Menschen, Tiere, Pflanzenleben, jede Form und Manifestation auf Erden zu durchdringen scheint und sich zum Himmel selbst erstreckt. Dies mag zunächst den neu erwachten Einzuweihenden überraschen, doch es gibt normalerweise ein Gefühl der Vertrautheit, das diese Gefühle, gemeinsam mit der Empfindung großen Friedens, starker Liebe und dem

Wunsch zu Dienen, begleitet. Diese Gefühle erscheinen ab dem Erwachen des Einweihungsprozesses und in bestimmten Stadien auf dem Pfad der Prüfung, denn wir spüren die Wahrheit dessen, womit wir alle verbunden sind. Die eigentliche Überraschung wäre, wenn wir diese Gefühle überhaupt nicht empfinden würden, denn was geschieht, ist ein Ausrichten auf die tiefere und vollständigere Natur unseres Selbstes. Bei manchen Menschen, abhängig von ihrer bestimmten Neigung und Ausrichtung, fließen diese Empfindungen des Einsseins in großartigen ausdehnenden Wellen der Liebe durch das Herz. Für andere ist es vielmehr ein subtiles Erkennen. Versuche daher nicht, Deinen Fortschritt - jetzt oder jemals - mit den Erfahrungen anderer Menschen zu vergleichen. Sei Dir jedoch darüber bewußt, daß diese Art von Gefühlen ganz natürlich ist und erlaube Dir, sie ohne Empfindung von Angst oder Verwirrung zu erfahren.

Die herrlichen Gefühle des Einsseins werden letztendlich mit jeder erfolgreichen Einweihung wachsen und sich ausdehnen, in dem Maße, in dem Deine Verbindung zu Deinem Höheren Selbst, der Monade, zu Gott und den Meistern wächst. Der Pfad der Einweihung und des Aufstiegs führt in das alles umfassende Ganze und bringt ebenso die Empfindung der Einheit dieser Reiche ins Bewußtsein. Sei daher darauf vorbereitet, daß immer stärkere Gefühle von Liebe und Licht, Frieden und Einheit Dich in der Aura Deiner wahren göttlichen Natur umhüllen werden.

Aus diesem Wissen der Einheit mit dem Einen, entsteht das Öffnen der höheren Sinne und Empfindungen. Denn was dabei geschieht ist, daß Du Dich zum ganzheitlichen und umarmenden Aspekt des Selbstes ausdehnst. Die Energien aus den höheren Reichen, von den Meistern und von Gott können nicht anders, als Deine vier niederen Körper mit dem Licht von oben oder von innen zu durchfluten. Das Paradox bleibt bestehen, indem die Ebenen, oder Reiche, und Körper von einer höheren Frequenz als jene der dichten materiellen Welt sind und dennoch die materielle Welt und einander durchdringen. Du kannst sicher sein, daß Dir bei der Entfaltung des Aufstiegsprozesses mehr und mehr dieser höheren Quellen offenbart werden. Es ist ein äußerst wundersames göttliches Abenteuer, das mit uns im Gange ist! Behalte im Auge, daß der Pfad eines jeden einzigartig ist, wahrhaftig gesponnen wie ein Spinnennetz - aus der Substanz des eigenen Wesens. Es gibt eine gemeinsame Regel, die alle befolgen müssen: vergleicht, wetteifert oder beurteilt Euch selbst nicht am Erfolg anderer. Dies ist wichtig, denn wir haben alle unser eigenes Puzzlestück auszufüllen, und es gibt keine zwei, die genau gleich sind. Wenn dies so wäre, hätte Gott sich nicht an erster Stelle um den Prozeß der Individualisierung gekümmert, sondern hätte nur einen Aspekt des Selbstes erschaffen. Obwohl wir eins sind, sind wir tatsächlich viele, und hierin, geliebte Leser, liegt die Schönheit von allem. Der Ausdruck: "Einheit in Verschiedenheit" entspricht dieser Wahrheit.

Wie Paramahansa Yogananda so ausdrucksvoll sagte: "Der Pfad zu Gott ist kein Zirkus." Ich glaube, daß er dies sagte, damit seine Schüler sich nicht in einigen der besonderen Phänomene verwickeln, die ich jetzt erwähnen werde. Außerdem glaube ich, er sagte dies, um seinen Schülern zu helfen, Vergleiche und Eifersucht bezüglich der Frage zu vermeiden, wer von ihnen aufgrund dieser oder jener Fähigkeit oder Vision schon weiter auf dem Pfad ist. Seine Aussage dient dazu, diesen Punkt zu wiederholen, daß der Pfad individueller Natur ist, und obwohl ich fühle, daß es sehr wichtig ist, die höheren Sinne und Entwicklungen, durch die wir auf dem Pfade gehen werden, zu betrachten, sollten wir dies im klaren Licht des Verständnisses und nicht im trüben Licht der kleinlichen Vergleiche tun.

Die Entwicklung der Intuition

Die Entwicklung der Intuition geschieht in zwei unterschiedlichen Phasen und Aspekten. Die erste ist instinktmäßig und bezieht sich auf den Solarplexus oder den Bereich des dritten Chakras. Sie zeigt sich, wenn ein Elternteil spürt, daß sein Kind in Gefahr ist, oder umgekehrt, das Kind spürt, wenn ein Elternteil krank geworden oder gestorben ist. Dies hängt auch mit dem emotionalen Aspekt des Selbstes zusammen und kann zu jeder Zeit in der Entwicklung einer Person einsetzen. Der höhere Aspekt ist die Entwicklung des intuitiven Geistes, der mit dem kausalen/buddhischen oder vierten Reich und Körper verbunden ist. Zu dieser Zeit beginnt man klare Eindrücke vom Höheren Selbst zu empfangen und höhere Fähigkeiten hervorzubringen.

Aus der höheren Intuition heraus, sehen wir die Dinge so, wie sie sind und durchdringen den Schleier des einfachen Denkens vom bewußten Verstand oder den des Gefühls vom niederen Emotionalkörper. Wir werden mit einem größeren Empfinden in Berührung gebracht und können deshalb das höhere Wissen in unser Bewußtsein bringen. Wenn wir beispielsweise durch Intuition ein wahres und klares Gespür dafür bekommen, welche Absichten eine Person hat. Wir hören nicht einfach mit unseren Ohren, sondern sind in der Lage, intuitiv die Absicht und die Motivation hinter den Worten zu erfassen. Dies dient uns sehr wohl dazu, fähig zu sein, eine genaue Deutung einer Person zu bekommen und ist äußerst hilfreich, falls wir darum gebeten werden, auf ihre spirituellen, persönlichen oder beruflichen Fähigkeiten zu vertrauen. Es würde sich auch auf geschäftliche Beziehungen auswirken. Wir brauchen nicht länger nur auf unsere Fähigkeit zu vertrauen, zwischen den Zeilen zu lesen, sondern können auch fast unmittelbar die eigentlichen Motive eines Individuums erfassen.

Dies ist vor allem bei der Heilungs- oder Beratungsarbeit hilfreich. Wenn wir uns mit dem Bereich der Heilkunst befassen, dann ist es extrem wichtig, daß wir eine gut entwickelte Intuition besitzen, damit wir von größtmöglichem Nutzen sein können, egal was unsere spezielle Form oder Methode der Heilung sein mag. Je weiter wir auf dem Pfad voranschreiten, desto leichter wird es, die Welt um uns herum intuitiv zu erfassen, sowie durch die äußeren Schichten der Menschen und Situationen hindurch zu blicken. Ich empfehle Dir, Gott, Dein Höheres Selbst und die Meister um Verstärkung Deiner Intuition auf Deinem gewählten Pfad des Dienens zu bitten, um Deine Arbeit zu unterstützen. Die Meister sind bestrebt, denjenigen zu helfen, die versuchen dem Ganzen zu dienen. Die Bitte um Hilfe wird sicherlich die nötige Antwort bringen. Erkenne, daß Gott und die Meister denjenigen helfen, die versuchen, dem Gott-Selbst anderer zu helfen, und sie sind deshalb nur allzu bereit, den Prozeß zu unterstützen, bei dem ein Teil dem Selbst hilft und ein anderer Teil dem Selbst dient.

Dies ist eine Auslegung, die auf der Betrachtungsweise der Einheit allen Lebens begründet ist - eine von der ich sehr angetan bin. Durch die höhere Intuition *erfahren* wir auch die höheren Aspekte der Wahrheit. Das was dem logisch denkenden Verstand Schwierigkeiten bereitet, kann leicht durch die Intuition erfaßt werden. Außer dem unterbewußten und bewußten Verstand gibt es den überbewußten oder den höheren Geist, der ein Aspekt der Intuition ist. Durch diesen Geist der Intuition nehmen wir die Realität der Meister wahr. Und mit jenem abstrakteren Teil unseres Selbstes kennen und spüren wir die Wahrheit dieser tieferen Aspekte des Seins.

In den fortgeschritteneren Stadien auf dem Pfad der Einweihung wird es möglich, intuitiv zu erfassen, welchen Grad der Intuition wir erreicht haben. Wir müssen jedoch sicher stellen, daß das negative Ego diese Betrachtung nicht übernimmt und uns dann entweder auf einen höheren Grad der Einweihung emporhebt als den, den wir wirklich erreicht haben (aus seinem eigenen Verlangen heraus, diesen Grad erreicht zu haben), oder uns zu einem weniger fortgeschrittenen Stadium absenkt, weil ein Teil von uns selbst nicht glaubt, daß wir so weit gekommen sind wie wir tatsächlich fortgeschritten sind. Dieses Thema, das negative Ego fernzuhalten, wird treffend in allen Bereichen angewandt, die den Gebrauch unserer Intuition mit einbeziehen. Deshalb wird es wichtig, den Vorsatz zu fassen, das negative Ego fernzuhalten, damit wir umso klarer die Wahrheit, so wie sie ist, durch die höhere Erkenntnis der Intuition erfassen können.

Intuition in Träumen

Wenn wir auf dem Pfad des Aufstiegs voranschreiten, ist es üblich zunehmend spirituelle Träume zu haben. Diese Träume stammen nicht aus dem Unterbewußtsein, das durch Träume Dinge verarbeitet, auch sind es nicht einfach Träume, die die Tagesereignisse wiederholen, um diese Geschehnisse zu verarbeiten. Die Arbeit mit diesen nicht-spirituellen Träumen kann jedoch vieles von dem, was mit uns geschieht, enthüllen und kann unser psychologisches Verständnis dafür steigern.

Die Träume, die durch die höheren, intuitiven Sinne kommen, sind oft die reale Wiedergabe von spirituellen Begegnungen auf der inneren Ebene. Diese Begegnungen können klar oder symbolisch auftreten und sind von einer höheren Natur. Menschen erinnern sich oft daran, daß sie einen Kurs in okkulten Studien in den inneren Reichen besucht haben, der periodisch von den Meistern gegeben wird. Es könnten Träume der Vorahnung sein, die uns auf Ereignisse persönlicher oder planetarer Art vorbereiten, in die wir dann einbezogen werden. Es gibt Träume von realen Begegnungen mit bestimmten Meistern auf der inneren Ebene, bei denen sich der bewußte Verstand an die Konversationen erinnert oder sie wieder vergessen hat, aber das Wissen um die Begegnung mit dem Meister ist klar vorhanden.

Wenn man sich mit Träumen dieser Art befaßt, liegt es am Individuum, für sich selbst zu unterscheiden, wie genau der Traum bezüglich der Intuition ist. Oft bedarf es Fertigkeit und Übung, um in der Lage zu sein, den unterbewußten Traum vom überbewußten Traum zu unterscheiden. Dies wird jedoch mit der Zeit kommen. Inzwischen kann das Aufschreiben Deiner Träume einen enormen Wert haben, denn Du wirst dann lernen zu verstehen, was sowohl das Unterbewußtsein wie auch das Überbewußtsein / die höhere Intuition Dir versuchen mitzuteilen, so wie Du auch verstehen wirst, aus welchem Ort der Traum wirklich stammt.

Übersinnliche Fähigkeiten entwickeln

Die übersinnliche Entwicklung funktioniert ähnlich wie die intuitive Entwicklung, in dem Sinne, daß es sowohl eine niedere wie auch eine höhere Form gibt. Die niedere Form dreht sich nur um Persönlichkeitsfragen und bezieht sich vor allem auf die vier niederen Körper. Im allgemeinen stammt sie eher aus dem Bewußtsein des negativen Egos als aus dem Christusbewußtsein. Sie könnte ebenfalls vom unterbewußten Verlangen herrühren, dessen sich die Persönlichkeit nicht bewußt ist. In der Essenz bedeutet dies, daß sie von einem Ort kommt, an den sich das niedere Selbst begibt und dann zu interpretieren fortfährt. Das unterbewußte Verlangen wird dem übersinnlichen Leser enthüllt und dies ist es was unvermeidlich angesprochen wird, statt die Wahrheit der Dinge. Normalerweise kann der Ratschlag, den solch ein Medium gibt, bestenfalls nur halbgeformte Bilder enthalten, die sich nur auf den Persönlichkeitsaspekt des Klienten beziehen, der sie dann nur durch die niedere und unvollständige Betrachtungsweise der Persönlichkeit interpretiert. Oder sie könnte gänzlich dem fehlerhaften Glaubenssystem des negativen Ego entstammen. Solche Medien der niederen Form haben der Menschheit jedoch tatsächlich auch genutzt, indem sie der Polizei halfen, den Aufenthaltsort von vermißten Kindern zu ermitteln und so weiter.

Aber im schlechtesten Falle kann diese niedere Form der übersinnlichen Funktion sich selbsterfüllende Prophezeiungen einer negativen Art erschaffen; wenn ein Medium zum Beispiel sagt, daß es Krankheit, Verlust oder Tod im Leben eines anfälligen Klienten vorhersieht. Dieser Klient ist dann geneigt, durch die Kraft der negativen Vorstellung, die das Medium verursachte, jene Dinge, in einem bestimmten Maße, in seinem Leben hervorzurufen. Eingeweihten und Schülern wird deshalb empfohlen, den Besuch solcher Beratungen von Medien, die auf dieser Ebene wirken, zu vermeiden, und zwar zu ihrem eigenen spirituellen, mentalen, emotionalen und physischen Wohlbefinden. Sie sind normalerweise leicht auszumachen, denn sie befassen sich ausschließlich mit den niederen Ebenen der Persönlichkeit und sind bestimmt, wenn auch subtil manipulierend, wobei sie sich selbst oft darstellen, als wüßten sie alle Antworten. Anstatt ihre Klienten zu ermutigen, sich ihrer eigenen Führung zu öffnen, indem sie mit ihrem Höheren Selbst oder ihrer Intuition Kontakt aufnehmen und den gegebenen Rat als hilfreiche Einsichten mit denen sie arbeiten können zu verwenden, stellen sie ihre Hellsichtigkeit als unabänderliche Gesetze dar, die den Klienten machtlos hinterlassen. Falls Du eine solche Haltung bemerkst, wenn Du die Verbindung mit den inneren Reichen suchst, dann mache Dich aus dem Staub! Denn alles, was Du von diesen Medien erhalten wirst, sind lose, entstellte Bilder, die sie aus den niederen Sphären auffangen, in einem Versuch das negative Ego zu füttern und an ihrer Machtposition festzuhalten. Vergiß diese Geistführer aus den astralen/mentalen Ebenen und gehe weiter zu einem hochgradigen spirituellen Medium und/oder geistigen Channel und den Aufgestiegenen Meistern.

Das höhere Medium arbeitet wirklich mit hoher Intuition, mit der Hilfe seines Höheren Selbstes, mit Gott und den Meistern. Dieses Medium hat oft auch die Fähigkeit zu channeln, was später ausführlich in diesem Kapitel erläutert wird. Jetzt genügt es zu wissen, daß der Channel, der höhere Telepath oder spirituelle Berater sich sehr wenig mit der Persönlichkeit befaßt, außer der Frage, wie man die Lektionen des Klienten am besten für die Förderung seines Aufstiegs- und Einweihungsprozesses verwenden kann. Das höhere Medium arbeitet nicht aus dem negativen Ego heraus, sondern stattdessen aus dem spirituellen Geist und dem Höheren Selbst / der Monade und versucht nur dem Klienten oder Freund auf allen möglichen Ebenen zu nutzen.

Es arbeitet gewöhnlich unter der Führung von einem oder mehreren Meistern der inneren Ebene, um schnell und klar zum Kern der Sache zu kommen. Da diese von oben herab arbeiten, besitzen sie eine klarere Einsicht und sie versuchen diese zu vermitteln. Diese höheren Medien mit Channelingfähigkeiten besitzen eine Reinheit der Beweggründe und versuchen nicht irgend jemand zu beherrschen. Ihr einziges Ziel ist, Dir zu helfen, die bestmögliche Richtung auf Deinem Pfad zu begehen und aus den Reichen der Wahrnehmung, zu denen sie Zugang haben, zu lernen. Sie handeln aus dem inneren Wissen der höheren Intuition mit dem einzigen Motiv - von Nutzen zu sein. Viele von Euch, die jetzt dabei sind, zu diesen höheren Aspekten des Selbstes zu erwachen, werden feststellen, daß sich die übersinnlichen Zentren in Euch ebenso öffnen werden. Handle nach eigenem Ermessen wenn Du Dich öffnest, um sicher zu stellen, daß die Eindrücke, die Du empfängst, vom höchstmöglichen Aspekt des Selbstes zu dem Du Zugang hast stammen.

Es ist wichtig, daß du dies kontrollierst, um sicher zu stellen, daß Du nicht aus dem negativen Ego oder niederen Selbst handelst, sondern stattdessen aus dem Christusbewußtsein und/oder dem Höheren Selbst und der Monade. Dies ist nicht so kompliziert wie es vielleicht klingt. Frage einfach Dein Höheres Selbst, im Namen Christi oder irgendeinen Meister der inneren Ebenen mit dem Du arbeitest, sowie Gott, ob Du aus der höchsten Ebene Deines Selbstes heraus handelst und Informationen erhältst oder nicht. Weder Gott noch die Meister werden Dich belügen. Der einzige Trick dabei ist, sicher zu stellen, daß Du die klare Antwort, die Du erhalten möchtest, nicht blockierst, indem Du dem Persönlichkeitsaspekt Deines Selbstes gestattest sich einzumischen.

Diese einfache Formel wird Deine Intuition verfeinern und Dich in vollständige Verbindung mit den höheren Aspekten Deines Selbstes bringen. Bitte dann ergänzend darum, von Beginn Deines Ausrichtungs-prozesses an, in eine geschützte Aura göttlichen Lichtes und göttlicher Liebe gehüllt zu werden. Sage Gott, den Meistern und Deinem Höheren Selbst, daß Du nur übersinnliche Eindrücke erhalten möchtest, die dem Evolutionsprozeß der Menschheit, sowie Deinem eigenen von Nutzen sein werden. Schließe dabei mit ein, daß Du nur aus Deinem spirituellen oder Christusbewußtsein heraus wirken möchtest und daß jeglicher Einfluß vom negativen Ego oder von den astralen und mentalen Ebenen vertrieben wird. Diese Qualitäten zu entwickeln ist eine Gabe Gottes. Falls Du diese Gabe mit reinsten Absichten und im Dienste der Menschheit richtig anwendest, dann gibst Du Gott diese Gabe, mit dem Reichtum den Du in Deine Arbeit hineinlegst, zurück. Habe keine Angst vor diesen höheren Qualitäten und Fähigkeiten in Dir. Sie kommen als natürlicher Teil Deines Aufstiegsprozesses. Sorge jedoch dafür, daß sie auf den spirituellen Geist und nicht auf das negative Ego ausgerichtet bleiben. Bedenke bitte dabei auch immer, geliebter Leser, daß, wie mit allen anderen Fähigkeiten spiritueller Art, keine zwei Menschen genau die selben Qualitäten entwickeln und sicherlich nicht im selben Maße. Bleibe bei Deiner eigenen Bestimmung und Deinem eigenen göttlichen Puzzleteil. Erinnere Dich daran, Du bist der Pfad, und arbeite weiterhin in Freude mit dem Pfad und dem Licht, das Du bist.

Channeling und höhere Telepathie

Ein interessantes Phänomen unserer heutigen Zeit ist das Aufkommen der Channels. Viele Menschen sind jetzt in der Lage, mit den höheren Ebenen des Selbstes, der Monade, Gott und den Meistern in Kontakt zu treten und in unterschiedlichen Klarheitsstufen Informationen der höheren Reiche zu empfangen. Dies ist nichts wirklich Neues, denn dies gibt es schon seit Jahrhunderten. Wesen, die sich entwickelt hatten, waren immer in der Lage in sich zu gehen und dort die Stimmen zu empfangen. Die Menschheit wurde oft dazu angeleitet, "die stille, kleine, innere Stimme" zu hören, um mit Gott in Kontakt zu treten. Der elementare bewußte Channel der heutigen Welt, wäre tatsächlich der Prophet der alten Zeit. Der große Unterschied zwischen damals und heute ist die Tatsache, daß die Menschheit als Ganzes dabei ist, in einem beschleunigten Prozeß die höheren Reiche zu durchqueren, und was einst nur wenigen Erwählten verfügbar war, steht jetzt einer zunehmenden Anzahl von Menschen zur Verfügung.

Von einem anderen Punkt aus betrachtet, haben wir schon immer die Informationen und Gefühle aus den vier niederen Körpern, dem Unterbewußtsein und der Welt, in der wir leben, gechannelt. Wir vermitteln Bilder und Gefühle, die uns aus diesen Quellen heraus bewegt haben und interpretieren sie als Wahrheit. Hierbei betrachten wir jedoch den Channel, der ein erwachender Eingeweihter ist und versucht, mit den Reichen der Intuition und den Meistern in Kontakt zu treten. Dies gelingt uns immer besser wenn wir uns entwickeln. Einige elementare Herausforderungen sind hierbei jene, die für die Entwicklung von übersinnlichen Fähigkeiten und der Intuition wesentlich sind. Es gibt viele Bereiche, in denen Channeling eingegliedert wird. Ein solcher Bereich, den man bei der Entwicklung des Channeling und der übersinnlichen Fähigkeiten beachten soll, ist die Überwachung des Einmischens des negativen Egos. Man sollte auch so klar wie möglich sein, damit die Information, die man bekommt, tatsächlich aus den höheren Reichen und nicht aus dem eigenen niederen Selbst oder den Persönlichkeitsebenen kommt. Wie bei anderen Berufen, gibt es einen bestimmten Prozentsatz unter den Medien/Channels, die als Scharlatane klassifiziert werden könnten - gewissenlose Individuen, die das Vertrauen anderer Menschen für finanziellen Gewinn ausbeuten. Man sollte sich vor diesen Typen, die schnell Geld machen wollen, hüten. Die beste Art die Spreu vom Weizen zu trennen ist, die Meister um Führung zu bitten und auch Deiner eigenen Intuition zu vertrauen. Zum Glück sind diese betrügerischen Praktiker eher die Ausnahme als die Regel. Aber sogar unter den Authentischen gibt es einige Variationen bezüglich der Qualität.

Es ist keine Beurteilung wenn ich sage, daß manche Channels oder höhere spirituelle Telepathen klarer sind als andere. Es ist einfach eine Tatsache, die auf Unterscheidungsvermögen beruht. Je klarer der Channel in bezug auf seine eigenen psychologischen Fragen ist, umso zentrierter ist er in seinem Höheren Selbst /seiner Monade und kann seine Persönlichkeit herauslassen, wodurch klarere Informationen übertragen werden können. Verstehe bitte, daß alle Channels, sogar die Besten auf dem Planeten, die Informationen durch ihre persönliche Informationsbank und ihr Glaubenssystem übertragen. Die beste Art damit umzugehen und seinen Nutzen von diesen Channelings zu erhalten ist, die Information immer mit Vorbehalt zu betrachten. Vertraue vor allem Deiner eigenen Intuition und inneren Führung. Aus diesem Grunde weise ich ausdrücklich auf die Wichtigkeit hin, die Denkweise des negativen Egos zu klären und sie zur Christusebene des

Denkens emporzuheben. Dies stellt die Verbindung mit dem spirituellen Aspekt des Selbstes her und beschränkt jegliche Einmischung der niederen Aspekte des Selbstes auf ein Minimum. Dies bringt uns zu den subtileren aber essentiell wichtigen Reichen. Da die Menschen nun aufgrund der Beschleunigung des Planeten als Ganzes und der rapiden Steigung des Lichtquotienten in größerer Geschwindigkeit durch ihre Einweihungen hindurch gehen, werden die höheren Ebenen viel leichter zugänglich für uns. Die Sache, um die es sich hier jedoch handelt ist, daß diese wunderbare Beschleunigung des Einweihungsprozesses Hand in Hand mit der Entwicklung des psychologischen Bewußtseins gehen muß. Dies geschieht durch das Öffnen des Herzzentrums und der Bereitschaft die niederen Neigungen zu überwinden, die das Denken des negativen Egos und die Begierden des niederen Selbstes, sogar in einigen der fortgeschrittensten Eingeweihten, zulassen.

Ich werde immer wieder Eure Aufmerksamkeit darauf richten, geliebte Leser, denn besonders für den Neuling gilt, je vollständiger die Annäherung an den Einweihungsprozeß ist, desto besser wird es Dir auf Dauer ergehen. Ich mache Dich darauf aufmerksam, damit Du, wenn Du Channels, spirituelle Berater oder spirituelle Gruppen aufsuchst, um Dich in Deiner eigenen Arbeit zu unterstützen, sicher sein kannst, daß sie vom höchsten Niveau sind.

Es gibt ein bekanntes Sprichwort: "Vom Lichte verblendet." Dies könnte Dir aufgrund Deiner eigenen unvollständigen Entwicklung passieren oder weil Du einem anderen (einschließlich den Autoren dieses Buches) erlaubst, Dir zu sagen was Du tun sollst und das ist genau das, was ich zu verhindern versuche. Der Zweck meiner Bücher ist anzuleiten und aufzuklären, und dies sollte die einzige annehmbare Absicht sein, die jemanden anspornt, den Du zur Hilfe und Unterstützung auf dem Weg aufsuchst. Es macht mir nichts aus, mich selbst zu wiederholen, wenn ich Dich vor irgend jemandem warne, der Dich persönlich in irgendeiner Weise manipuliert, egal wie hochstehend er zu sein behauptet oder welche Kräfte er besitzt. Dies kann einfach nicht toleriert werden. Es gibt zu viele reine Channels, spirituelle Berater und Heiler in der Welt, um sich mit weniger zufrieden zu geben, als mit denjenigen, die mit den klarsten, höchsten und reinsten Absichten zu helfen versuchen. Erinnere Dich daran, daß Du letztendlich Dein eigener Meister, Dein Höheres Selbst und Deine Monade bist, die eins mit Gott sind. Du bist auf dem Pfad, um die Höhen und Tiefen dieses Einsseins zu entdecken, aber es ist "Dein" Pfad. Jeder wahre Channel oder spirituelle Berater wird dies achten und bei seiner Arbeit mit Dir nur versuchen, Deine eigene Zentrierung und Deine eigene Klarheit zu entwickeln. Deshalb wiederhole ich, daß Du einfach weggehen solltest, wenn jemand versucht, Dich zu manipulieren, zu dominieren, zu kontrollieren oder Dir Angst zu machen.

Nachdem all dies nun gesagt wurde, möchte ich mit der Erläuterung der positiveren Aspekte des Channelings, der spirituellen Beratung und der höheren Telepathie fortfahren. Sobald wir in unsere höheren Körper hineinwachsen, beginnen wir mit den höheren Frequenzen des Lichtes und der Liebe zu resonieren, was uns mit den Aufgestiegenen Wesen der inneren Ebene, den planetaren und (auf höheren Ebenen) kosmischen Hierarchien in Verbindung bringt. Die Weisheit und Strahlung ihres höheren und klareren Wissens ist dann in der Lage, innerhalb unseres eigenen erhöhten Vierkörpersystems und durch die Entwicklung unserer höheren intuitiven Kräfte, Resonanz zu finden. Dann stehen wir mit ihnen in Verbindung und erhalten Zugang zu der Weisheit, die sie uns anbieten können. Auf diese Weise können sie uns bei unserem eigenen Aufstiegsprozeß einen größeren Dienst leisten. Ebenso werden wir in immer größerem Maße mit unserem eigenen Höheren Selbst verbunden. Diese höheren Aspekte sind auch in der Lage, eine enorme Menge an Weisheit auf unseren Geist zu übertragen, sowie Ströme der Heilung, hingebungsvolle, enthüllende und beschleunigende Energien durch unser Vierkörpersystem zu leiten.

Wenn wir Zugang zu unserem Höheren Selbst und unserer Monade bekommen, werden wir bewußte Channels dieser Weisheit, Liebe und heilenden Energie. Auf diese Weise erlangen wir die Fähigkeit, sowohl mit unseren eigenen spirituellen Aspekten, als auch mit denen der

Meister der Hierarchie auf der inneren Ebene zu arbeiten. Wie ich bereits sagte, je klarer wir mit uns selbst sind, desto klarer werden wir als Channels sein. Wir sollten verstehen, daß jeder Eingeweihte anders channeln wird. Manche channeln hellhörig mittels ihrer Sprache, andere telepathisch mittels ihrem Denken und andere energetisch mittels Kunst, Musik, Poesie, Tanz und Liebe. Individuen werden aufgrund ihrer spezifischen Persönlichkeit durch bestimmte Meister ausgewählt, um höhere Energien in einer Art zu vermitteln, die für sie kennzeichnend ist. Meister Paul der Venezianer arbeitet beispielsweise mit dem Vierten Strahl oder der Energiefrequenz der Kunst, und wird sich wahrscheinlich jemanden mit einer künstlerischen Veranlagung aussuchen, um die höheren Wahrheiten am besten auszudrücken. Manchmal arbeiten die Meister zusammen und ein Eingeweihter wird die künstlerische Art von Paul dem Venezianer mit der großen kosmischen Weisheit von Meister Djwhal Khul verbinden und so ein Gedicht oder ein Lied manifestieren. Vieles in der Kunst wurde in der Vergangenheit durch den vereinten Energiefluß der schöpferischen Energien des Vierten Strahls und der Energie der Liebe von Jesus oder dem Sechsten Strahl erschaffen, wie es sich in der religiösen Kunst von Rom und Florenz in Italien zeigt.

In gleicher Weise verbinden sich die Meister mit denjenigen, die bestimmte Qualitäten ausdrücken. Das bedeutet, daß eine Person nicht nur die Botschaften, die sie vermittelt, aufgrund ihrer eigenen persönlichen Art färbt, sondern daß sie aus demselben Grunde erwählt worden ist, diese Energie zu channeln. Hierin liegt noch ein Grund das psychologische System regelmäßig zu reinigen. Wir möchten so oft wie möglich zur Verfügung stehen, um der Manifestationsarbeit der Spirituellen Hierarchie auf Erden zu helfen, und je reiner, klarer und wahrhaftiger wir selbst sind, umso eher werden wir in der Lage sein, dies zu verwirklichen. Viele Channels und Medien denken, daß sie rein sind, aber in Wahrheit sind sie es nicht. Dies ist für den sich schnell entwickelnden Eingeweihten eine Lektion des spirituellen Unterscheidungsvermögens. Nur weil eine Person etwas channelt, heißt es nicht unbedingt, daß es wahr ist. Viele spirituellen Lehrer sprechen aus ihrem eigenen Wissen heraus und channeln nicht hellhörig mit der

Stimme. Dennoch ist ihre Information und Frömmigkeit weitaus verfeinerter, reiner und aus einer höheren Quelle, als die derjenigen, die channeln. Wenn Du einen Channel oder spirituellen Berater suchst, mit dem Du arbeiten möchtest, wirst Du Dich wahrscheinlich am ehesten bei jemandem wohlfühlen, der Deine eigene oder ähnliche Ausrichtung und Deinen spirituellen Pfad teilt. Wenn Du zudem noch auf diese Art und Weise arbeitest (was Du aufgrund Deiner eigenen Ausrichtung auf Dein Höheres Selbst, Deine Monade und den Meistern einfach tun wirst), erwarte nicht, daß Deine eigenen Botschaften nichts von Dir selber enthalten werden. Du solltest stets die klarste, höchste und reinste Verbindung, die möglich ist, anrufen, und somit dem Höheren Selbst und den Meistern erlauben, die Wahrheit auszudrücken, ohne daß die Verzerrungen vom fehlerhaften Denken des negativen Egos oder die Irreführung Deiner eigenen persönlichen Wünsche in den Vordergrund treten.

Mittlerweile kannst Du erkennen, daß es eine feine Trennungslinie zwischen der Einmischung der Persönlichkeit und dem Gebrauch der Persönlichkeit, um Weisheit zu vermitteln, gibt. Obwohl die Trennungslinie zwischen den beiden dünn ist, ist sie strikt und es ist die Verantwortung eines jeden Individuums auf der einen oder anderen Seite dieser Trennungslinie zu bleiben. Wenn wir ehrlich mit uns selbst sind und unsere Aufmerksamkeit auf Gott und die Wahrheit gerichtet halten, dann wird die Hilfe und Führung, welche die Meister der inneren Ebene uns zu vermitteln haben, von unschätzbarem Wert sein.

Die Berufung zum Channeln

Es ist wichtig zu erwähnen, daß das Channeln oder ein spiritueller, telepathischer Berater oder Lehrer zu sein, nicht jedermanns Berufung ist. Einige mögen als spirituelle Berater arbeiten und daher direkte Führung von den Meistern erhalten, um ihren Schülern, Klienten, Freunden und der Welt im großen Ganzen zu dienen. Andere Eingeweihte jedoch mögen die Energien der Meister und der höheren Reiche ausschließlich durch Schwingung vermitteln und durch die Ausstrahlung ihrer Energiefelder arbeiten. Solche Menschen erstrecken sich von Hauswirtschaftern bis zu Geschäftsleuten. Sie werden nicht unbedingt bewußte Channels sein, dennoch werden sie, geführt von der Stimme ihres intuitiven Höheren Selbstes, in völliger Harmonie mit der göttlichen Absicht leben. Diese Individuen werden eine ebenso enge Beziehung zu den Meistern haben wie der Channel, aber sie werden aus einem inneren Gefühl heraus arbeiten, statt durch den bewußten Umgang mit den Meistern selbst. Ihre eigene Arbeit kann die Welt ebenso ändern und die Manifestation des göttlichen Planes auf Erden beschleunigen.

Die Menschen aus den politischen, geschäftlichen, hauswirtschaftlichen, mechanischen, bauhandwerklichen, technischen und anderen Bereichen halten ebenso wertvolle Positionen inne, wie jene, die die Rolle des bewußten Channels oder spirituellen Lehrers haben. Es gibt viele Berufszweige und sie gehören alle zum göttlichen Plan. Es gibt sieben verschiedene Strahlen oder Energieströme, die innerhalb unserer Erdatmosphäre, des Sonnensystems und im Kosmos wirken. Jeder dieser Strahlen ist dafür verantwortlich, verschiedene Aspekte des Seins, durch die die Menschheit sich ausdrückt, zur Manifestation zu bringen. Das Wunderbare bezüglich der Wissenschaft der Strahlen ist, daß sie die Vielfalt der Pfade, welche die Menschheit betritt, umfaßt und zusammenfügt, wobei sie anerkennt, daß jeder Pfad seinen angemessenen Platz in der Ordnung der Dinge einnimmt. Es ist daher nicht notwendig, einem religiösen oder telepathischen Pfad zu folgen, um mit dem göttlichen Plan zusammenzuarbeiten. Noch einmal, jedem gebührt sein angemessenes Puzzleteil und seine einzigartige Verbindung zu Gott.

Starke Energieströme

Aufgrund einer Vielfalt von Faktoren gibt es eine große Energiebewegung, wenn man den Einweihungsprozeß schnell beschleunigt. Einer davon ist die verlagernde Polarisierung von einem Körper zum anderen und von einer Frequenz innerhalb eines Körpers zu einer höheren Frequenz oder Schwingungsrate. Wenn man, zum Beispiel, im allgemeinen aus den überwiegenden Bedürfnissen des physischen Körpers und des Wunsch-/ Astralkörpers heraus reagiert und die Polarisierung zum Mentalkörper verlagert hat, so daß man jetzt seine Aufmerksamkeit auf die Kontrolle der niederen Impulse der Begierde und der starken Gefühlsbetonung richtet, dann verlagert man die Polarisierung vom physischen Körper und Emotionalkörper zu dem darüberliegenden. Andererseits, wenn Du Deinen Emotionalkörper aus einem depressiven, selbstbemitleidenden Zustand oder aus einem Zustand bedingter Liebe in einen Zustand göttlicher Freude und bedingungsloser Liebe emporhebst, dann verlagerst Du die Polarisierung innerhalb desselben Körpers.

Auf dem Pfad der Einweihung und des Aufstiegs finden beide Verlagerungen gleichzeitig statt. Die Schwingungsrate und die Resonanz innerhalb eines jeden Körpers durchläuft einen Prozeß der Spiritualisierung und der Energieverlagerung. Ebenso verlagert sich die Richtung der Aufmerksamkeit von den vier niederen Körpern zu den Körpern, die das Höhere Selbst und letztendlich das monadische Selbst ausmachen. Man darf die niederen Körper nicht vergessen; dies ist etwas das viele Eingeweihte erkennen sollten. Jeder Körper, in dem wir leben, erfüllt einen bestimmten Zweck. Das Ziel ist, daß jeder dieser Körper auf der höchstmöglichen Frequenz wirkt, um zu jeder Zeit die Impulse und die Führung der höheren Körper zu vermitteln. Das Ziel ist daher, die Vereinigung der vier niederen Körper mit den höheren, um ein göttlich funktionierendes Ganzes zu erschaffen. Ab dem Punkt, an dem die sich verändernden Schwingungen stark genug sind, um eine tatsächliche Einwirkung auf die Körper zu haben, bis hin zur Aufstiegseinweihung und jenseits dieser, wird man bestimmten starken Energieströmen ausgesetzt. Dies ist die äußere Wahrnehmung des inneren Prozesses der bewegenden Energie, sowohl innerhalb der Körper, als auch von Körper zu Körper. Dies könnte auch eine Folge des Kontaktes mit einem oder mehreren Meistern oder mit dem Höheren Selbst oder der Monade sein. Oft fühlt sich die Energiebewegung auch wie ein Zustrom reiner Energie durch das Vierkörpersystem an. Oder Du fühlst Dich heiter (dies beschreibt tatsächlich genau den Zufluß von Licht innerhalb der Kopfregion). Vielleicht hast Du ein kribbelndes Gefühl der Wirbelsäule entlang und an Deinem Scheitel, was einen Kontakt mit der Seele/Monade oder einem der Meister bedeutet. Ich bemerkte durch spezielle kribbelige Empfindungen an meiner Wirbelsäule und an meinem Scheitel, daß ich mit bestimmten Meistern in Kontakt bin. Diese Energiemuster sind interessant zu beobachten und angenehm, wie ich hinzufügen möchte. Wenn Du Dir darüber erst einmal bewußt bist, dann werden sie vertraute Freunde.

Ich wäre jedoch nachlässig, wenn ich nicht darauf aufmerksam machen würde, daß einige Energiebewegungen ein bißchen unangenehm sein können. Wenn der Bereich des Dritten Auges dabei ist zu erwachen, bekommt man häufig Kopfschmerzen durch die gesteigerte Anregung dieses Bereiches. Manchmal kann das leichte Gefühl im Kopf unangenehm sein. Man sollte sich, wenn dies geschieht, daran erinnern, daß auch hierfür immer eine Gruppe von Heilern auf der inneren Ebene zur Verfügung steht, die Dir durch diese merkwürdigen Erscheinungen, die ein Ergebnis der sich verändernden Energiemuster in Dir sind, hindurch helfen.

Müdigkeit kann ebenso auftreten, meistens nach einer Phase der Meditation oder des Studiums. Wenn Du müde bist, dann nimm Dir die Zeit, um die Ruhe zu bekommen, die Du brauchst. Dies ist eine ideale Zeit, um die Gruppe der Heiler auf der inneren Ebene zu bitten, Dir zu helfen, die Energien in Deinen vier niederen Körpern auszugleichen und auszurichten; so hast Du es angenehmer mit ihnen, während Du Deine Arbeit auf der Erde tust. Es gibt einen bestimmten Meisterheiler mit dem Namen Dr. Lorphan (ausgesprochen Lor-pan), der allen zur Verfügung steht, die ihn anrufen. Er arbeitet mit einer Gruppe von spirituellen Heilern und ist erfahren in der Lösung jeglicher Schwierigkeiten die Du haben magst. Jesus/Sananda ist ein Meisterheiler, wie auch Lord Maitreya/ Christus, und Du kannst auch sie anrufen, wenn Du dies lieber tun möchtest. Der Avatar Sai Baba ist ebenso ein göttlicher Heiler, und wenn Du Dich mehr mit ihm verbunden fühlst, dann rufe ihn an. Es gibt keine Wunder, die Sai Baba, wie auch die anderen Heiler, nicht vollbringen könnten. Du brauchst Dich nicht auf die Meister, die ich genannt habe, zu begrenzen, denn es gibt mehrere andere Meisterheiler, einschließlich bestimmter Heilungsengel, die allen zur Verfügung stehen, die darum bitten. Ich biete einfach ein paar Vorschläge derjenigen Wesen an, mit denen ich selbst arbeite. Wenn die folgenden Namen in Dir klingen, dann kannst Du auch Melchizedek, Lord Metatron und Mahatma anrufen, deren Energiefelder unglaublich sind. Um eine umfassendere Information über all die verschiedenen planetaren und kosmischen Meister zu bekommen, empfehle ich Dir "Das Komplette Aufstiegshandbuch" zu lesen.

Wir befinden uns gerade auf einem interessanten Weg, der eine stattliche Menge von Schwingungserhöhungen bewirkt. Manchmal beeinflussen diese starken Energieströme das rein physische Vehikel überhaupt nicht, wie wenn Du beispielsweise plötzlich von einem Gefühl der wunderbarsten göttlichen Liebe durchflutet wirst. Es ist viel wahrscheinlicher, daß sich dies auf das ätherische Herzchakra als auf das tatsächliche physische Herz auswirkt und es kann Dich durchfluten wie eine unaufhörliche Welle des göttlichen Nektars. Dieses Gefühl der reinen bedingungslosen Liebe ist eine der herrlichsten Empfindungen die man auf dem Pfad des Aufstiegs erfahren kann. Was dabei geschieht ist, daß das Herzchakra (in ätherischer Substanz direkt gegenüber dem physischen Herzen gelegen) beginnt, sich immer stärker auszudehnen. Dies kann als ein direktes Ergebnis des eigenen persönlichen Fortschritts auf dem Pfad der Einweihung geschehen. Es kann auch durch die direkte Anregung eines Meisters verursacht werden. Diese Gefühle können nicht anders, als Dich in Verbindung mit der Einheit allen Lebens zu bringen. Du wirst dann sehr wahrscheinlich mit dem kausalen oder buddhischen

Vehikel, Deinem Höheres Selbst und möglicherweise auch mit Deiner Monade in Verbindung stehen. Auf jeden Fall wird die Energie der göttlichen Liebe Dich durch das Herzchakra sowohl zu einem Deiner spirituellen Körper emporheben als auch die Schwingungsfrequenzen innerhalb Deiner vier niederen Körper steigern. Diese Erfahrung kann nur als reine Gnade beschrieben werden.

Das Spüren eines Meisters

Auf dem Pfad der Einweihung / des Aufstiegs wirst Du oft die Erfahrung machen, daß Du die Anwesenheit des Meisters spürst. Dies kann entweder aus heiterem Himmel oder während einer Meditation geschehen. Der oder die Meister mit denen Du arbeitest, sind oft um Dich herum und helfen Dir auf Deiner spirituellen Reise. Wenn die verschiedenen Zentren in Dir erwachen, ist es üblich, eine überwältigende Empfindung des Meisters zu spüren, während Du durch die Einweihungen gehst und die Vermischung Deiner Aura mit der des Meisters sich vertieft. Manchmal erfährst Du vielleicht die Anwesenheit Deines Schutzengels, was ein normales Ereignis ist, da wir alle einen Schutzengel haben; ein Wesen, das sich auf der Engellinie der Evolution befindet, die mit der Menschenlinie der Evolution gleichlaufend ist. Spirituelle Meister und Engel sind ständig um uns herum und daher sollte die Wahrnehmung ihrer Anwesenheit nicht überraschend sein.

Das Hören eines Meisters

Manche von uns hören tatsächlich die Stimme des Meisters, was Hellhören genannt wird. Es kommt viel seltener vor als das innere Hören, aber es passiert dennoch. Die meisten hören die "stille kleine innere Stimme," und diese ist nicht weniger wertvoll. Aber dies ist eine strikt telepathische Methode, da es die Kommunikation durch Gedankenübertragung betrifft und nicht den physischen Hörmechanismus.

Das Sehen eines Meisters

Manche Menschen entwickeln tatsächlich die Fähigkeit, den Meister, sowie die Welt der spirituellen Wesen, einschließlich der Engel, zu sehen. Dies ist als Hellsichtigkeit bekannt. Hierbei gibt es einige Möglichkeiten. In manchen Fällen wird das Dritte Auge des Eingeweihten so entwickelt, daß es in der Lage ist, die Schleier zwischen den physischen Welten leicht zu durchdringen und in die spirituellen Welten zu sehen. Das Bewußtsein ist in diesen Situationen im Dritten Auge und im Bereich des Kopfes zentriert, so daß die empfangenen Eindrücke aus den kausalen/buddhischen Reichen und jenen darüber kommen. Wenn das Sehen durch den Meister aus dem ätherischen Reich übertragen wird, dann erkenne, daß der Meister einen Körper erschaffen hat, indem er Materie durch spiritualisierten Willen beeinflußte. Die Meister haben dies im ätherischen Reich getan, um mit ihren Schülern einen spezifischen Kontakt herzustellen. In seltenen aber bewiesenen Fällen erschaffen die Meister ein Vehikel, das dicht genug ist, um wahrgenommen zu werden und auf der realen, physischen Ebene manifestiert wird. Dies wurde durch Meister Saint Germain getan als er mit Guy Ballard (Godfre Ray King) auf dem Mount Shasta Kontakt aufnahm, um die "ICH BIN - Bewegung" ins Leben zu rufen und eine Reihe von Büchern unter seiner Anleitung schreiben zu lassen. Dies wurde auch von El Morya, Kuthumi und Djwhal Khul während der theosophischen Bewegung im neunzehnten und frühen zwanzigsten Jahrhundert getan.

Für gewöhnlich sieht man einen Meister auf der inneren Ebene während des Schlafes. Der Meister wählt diese Zeit, um direkt vor Dir zu erscheinen und Dir eine bestimmte Unterweisung zu geben oder Dir "Darshan" zu gewähren - ein östlich religiöser Begriff, der das Gewähren von Gnade und Segen bedeutet. Man könnte auch lernen, die vollständige Erinnerung an die Erfahrungen der Seminare auf der inneren Ebene, die ein regelmäßiges Studienprogramm für den Eingeweihten sind, ins Wachbewußtsein zu bringen. Man könnte auch den Meister und die große Schar spiritueller Wesen, einschließlich der Engel und Erzengel sehen. Dies war durch die Jahrhunderte hindurch nichts Ungewöhnliches. Die Künstler, deren Werke diese Wesen darstellen, bestätigen dieses Phänomen. Bestimmte Meister und Erzengel sind jetzt dabei, sich selbst vielen Eingeweihten auf der ganzen Welt zu offenbaren. Der Schleier der Trennung zwischen den Aufgestiegenen Meistern der inneren Ebene und den Eingeweihten auf Erden war niemals dünner als zu dieser Zeit.

Das Spüren der Vorschau

Die Gabe der Vorschau hat viel mit der Fähigkeit einer Person zu tun, mittels des Kausalkörpers, gleichzeitig sowohl die Wirkung als auch die Ursache einer bestimmten Situation sehen zu können. Im Grunde ist dies eine verhältnismäßig einfache Sache, denn für jede Ursache die in Bewegung gesetzt wurde gibt es eine entsprechende Wirkung. Da wir als Menschen mit einem freien Willen immer die Wahl haben, trafen wir die ganze Zeit unvermeidlich Entscheidungen, die nicht der höchsten Natur entsprachen und die eine bestimmte Konsequenz oder karmische Antwort beinhalten. Durch die gewährte Vorschau, wie ein bestimmtes Ereignis stattfinden wird, wird uns die Chance geboten dessen Folge abzuändern, indem wir das Karma, wodurch es entstanden ist, auflösen. Dies ist eine mögliche Gabe, die sich aus unserem Einweihungsprozeß ergibt.

Wenn jemandem die Vorschau von einem bestimmten eintretenden Unfall gewährt wird, würde ihm ebenso das Karma gezeigt, das diesen Unfall ins Leben gerufen hat. Das gleichzeitige Sehen von sowohl der Ursache als auch der Wirkung erlaubt dem Eingeweihten das Karma auszugleichen, indem er das Gegenteil von dem ausdrückt, was es ursprünglich in Bewegung brachte. Dies kann durch ein Gebet, eine Verhaltensänderung und eine Korrektur des Handelns getan werden. Die Vorschau würde in solch einem Fall als Gnade dargeboten werden, damit wir die Dinge in Ordnung bringen mögen und damit die sonst voraussagbare Auswirkung des Karma verhüten.

In einer breiteren Skala geschieht dies mit vielen Voraussagungen hinsichtlich des Schicksals der Menschheit und der Erde selbst. Bestimmte große Seelen - Propheten aus biblischen Zeiten, die Hopi-Indianer und unlängst diejenigen, die Visionen vom Schicksal der Menschheit hatten, wenn sie mit ihrem negativen Verhalten fortfährt - machten einige schreckliche Voraussagungen hinsichtlich der Entwicklung der Erde (genauer gesagt, ihre fast vollständige Vernichtung). Was gesehen oder gespürt wurde, war die *Möglichkeit* dieser Ereignisse, wenn die Gruppe der Lichtarbeiter und diejenigen, die auf das große Gute ausgerichtet waren, den Verlauf und das Schicksal auf das die Menschheit zusteuerte nicht geändert hätten - durch Gebet, Transformation, Liebe, Meditation, innere Vereinigung, die Bereitschaft durch Gnade statt durch Karma zu lernen und durch die Heilung der inneren Einstellung. Lieber Leser, fasse Mut, denn dies wurde tatsächlich vollständig ausgeführt.

Die verschiedenen spirituellen Gruppen, die sich der Erleuchtung und der Emporhebung des Geistes im Menschen gewidmet haben - die Heilungsgruppen, Zentren und Aktivierungen rund um den Globus, mehrere Gebetsgruppen, die Aufstiegsbewegung, die Bereitschaft der Menschheit, auf den Ruf der Hierarchie zu antworten - all diese haben gemeinsam die vorausgesagten Katastrophen abgewendet. Daß dieser Teil der Menschheit, verglichen mit der Masse, verhältnismäßig klein ist, macht auf der spirituellen Ebene wenig aus, denn die notwendige Arbeit wurde erledigt. Von der Gruppe der Lichtarbeiter in Bewegung gebracht, werden diese Aktivitäten dann allmählich von der Masse der Menschheit im allgemeinen aufgenommen. Ein großartiger und bedeutsamer Fortschritt wurde tatsächlich erzielt.

Jetzt bitte ich Dich zu bedenken, wie bestimmte Folgen und Eventualitäten sich auswirken werden, jedoch in einem sehr reduzierten Maße. Es gibt zwei Dinge, an die wir uns erinnern sollten. Erstens, bestimmte Anpassungen müssen durch die Emporhebung der Erde an sich gemacht werden. Genauso wie es Energieströme gibt, die einem Individuum, während es durch die verschiedenen Stadien des

Einweihungsprozesses hindurchgeht, widerfahren, so wird auch die Erde an sich durch ihre eigenen Energieströme hindurchgehen. Diese werden sich manifestieren, während sie versucht, sich selbst an die neuen Schwingungsfrequenzen in denen sie jetzt wirkt anzupassen. Daher wird es noch immer bestimmte Erdveränderungen und Verlagerungen geben, aber in solch einem reduzierten Maß, daß es fast unmöglich ist, die alte Vision mit der neuen in Beziehung zu bringen. Dies ist wesentlich für die Entwicklung der Erde.

Zweitens, bleiben ebenfalls einige negativen Kräfte im Spiel. Diese Kräfte müssen etwas aufgerüttelt werden, damit sie vom Glaubenssystem des negativen Egos und der daraus folgenden Einschläferung ablassen und zum erhabenen System überwechseln, in dem die vier niederen Körper eines bestimmten Teils der Menschheit zur Erleuchtung gebracht werden. Deshalb wird es einige Erdverlagerungen geben, aber nichts derartiges wie die Voraussagungen des Jüngsten Gerichtes in den prophetischen Texten wie z.B. die des Nostradamus und den biblischen Prophezeiungen von Armageddon.

Die Menschen sollten nun aufhören, diese Voraussagungen in ihrem eigenen Geist auszumalen und stattdessen Visualisierungen der Manifestation einer goldenen Zivilisationsära erschaffen. Die Wahrheit über Prophezeiungen ist, daß eine Prophezeiung bekanntgegeben wird, damit sie geändert werden kann. Hinsichtlich der schrecklichen Prophezeiungen des Planeten Erde ist dies sicherlich der Fall gewesen. Dies sollte nun zur ständigen Übung werden: Die positiven Gedankenformen aufrecht zu erhalten, um das neue Jahrtausend einzuleiten; zu verstehen, daß die sogenannten Erdstörungen durch die steigenden Schwingungen verursacht werden; unseren Geist und unser Herz ständig in Licht und Liebe zu halten; ein Teil der Lösung für den Planeten Erde zu sein, indem Du Dich auf den Pfad des Aufstiegs ausrichtest (was die Reinigung und Klärung der Gedankenprozesse des negativen Egos und ihre Ersetzung durch das Christusdenken mit einschließt); täglich in Kontakt mit den Meistern und Dein Höheres Selbst durch Meditation, Gebet und die Bitte um eine Zunahme von Licht und Liebe zu treten und Deine vier niederen Körper zu verankern. Wann immer es Dir möglich ist, und das sollte immer sein, zeige den Willen zum Guten, durch liebevollen Dienst an der Menschheit und an Dir selbst, und bedenke, daß Du eins mit dem Einen bist und immer warst. Indem Du diese Übungen durchführst, werden sowohl Dein persönliches als auch das planetare Karma ins Licht gehoben. Du, geliebter Leser, wirst lernen, wie man durch Gnade lernt, statt durch die Wirkungen des angesammelten negativen Karmas.

Die Zukunftsschau für sich selbst, für Freunde und die Welt im großen Ganzen wird gewährt, damit wir Zusammenstöße, die von der falschen Anwendung der Macht des freien Willens in der Vergangenheit herrühren, verhüten können. Wenn Karma mit einem sanften Stups oder einem Knall in unser Leben eintritt, laßt uns die benötigte Lektion lernen und dann weitergehen. Eine wunderbare Art, negatives Karma zunichte zu machen ist, nicht darauf zu reagieren. Dies besänftigt Stürme, sowohl im übertragenen als auch im buchstäblichen Sinne. Vorausgesehene Visionen sind ein Zeichen Gottes dafür, daß Gnade über uns gekommen ist. Durch die Zentrierung in unserem Höheren Selbst, in Gott, in den Meistern, in Licht und Liebe wird das negative Karma durch diese göttliche Ausrichtung zunichte gemacht. In Fällen, in denen es nicht vollständig vernichtet wird, müssen wir daraus lernen und wissen, daß uns die Schau gezeigt wurde, damit wir erkennen können woher das Karma kam und alle zukünftigen Handlungen dementsprechend anpassen können. Erinnere Dich, Gott ist an unserer Seite und alle göttlichen Gaben, welcher Art auch immer, sind dazu gedacht, uns auf unserem Weg zu unserer göttlichen Bestimmung in einer so sanften und liebevollen Art wie möglich voranzubringen.

Schlußbemerkung

Wenn man sich auf dem Pfad der Einweihung oder des Aufstiegs entwickelt, hat dies ausnahmslos die Öffnung der Wahrnehmungsfähigkeit zur Folge. Dies geschieht in jedem Individuum unterschiedlich und in verschiedenem Maße, da der Pfad jeder Person einzigartig ist. Obwohl die höheren Fähigkeiten eine höhere Ebene der Entfaltung andeuten, sind sie keinesfalls das Kennzeichen eines Eingeweihten. Für manche werden diese speziellen Qualitäten nichts mit dem göttlichen Plan für sie oder mit ihrem spezifischen göttlichen Puzzleteil zu tun haben.

Sei daher ebenso achtsam, daß das Reich des niederen Übersinnlichen ganz und gar vermieden wird. Dies könnte sich manifestieren, indem man bestimmte astrale Wesen eines niederen Grades anruft und sie um Führung bittet. Nur weil jemand auf die andere Seite hinübergegangen ist, ist er nicht stärker erleuchtet als zu dem Zeitpunkt, zu dem er noch auf der Erde war. Genauer gesagt, ist es sehr wahrscheinlich, daß Du eine größere Kenntnis als die Masse der Menschheit, die auf der anderen Seite zum Kontakt zur Verfügung steht, besitzt, sogar wenn Du ein Einzuweihender in den frühen Stadien bist.

Ich beziehe mich nicht auf die Kontaktaufnahme mit einem Geliebten auf der anderen Seite des Schleiers, sondern auf die Verwendung des unterschiedslosen Gebrauchs des niederen übersinnlichen Zentrums zur Befriedigung sinnloser Neugier. Dies ist sehr gefährlich und hiervor muß man unbedingt auf der Hut sein. Öffne Dich niemals einfach irgend jemandem, der in Dein aurisches Feld kommen möchte. Habe immer die göttliche Absicht, zusammen mit einem Gebet, nur den höchsten Wesen zu erlauben, Dir ihre Eindrücke zu vermitteln. Dies ist einfach zu verstehen, wenn Du Dein aurisches Feld lediglich als Dein Zuhause betrachtest. Wahrscheinlich hältst Du Deine Haustüre auch nicht weit geöffnet, mit einem Schild, das jeden Willkommen heißt, der eintreten möchte.

Das einzige, worum ich Dich bitte ist, Dich selbst übersinnlich zu schützen. Natürlich darfst Du die Meister bitten, Dir zu helfen, mit einem geliebten Freund oder einem Familienmitglied, das verstorben ist, in Kontakt zu treten. Sie gewähren ihren Schülern diese Bitte häufig, und die Freude und der Glaube aus einer solchen beantworteten Bitte erhebt den Schüler aus dem Reich der Trauer und der Verzweiflung in die höchste Freude und in das Vertrauen und das Wissen um das ewige Leben. Ich selbst durfte in dieser Hinsicht eine Erfahrung machen. Es gab eine Person die starb, mit der mein Liebesband und meine Verbindung so stark war, daß Worte nicht ausreichen, sie zu beschreiben. Diese Person starb in einem anderen Teil des Landes, ohne daß ich dies auf einer bewußten Ebene mitbekam, da der Tod unerwartet eintrat. Wir hatten jedoch eine Vereinbarung getroffen, daß wir einander wissen lassen würden, wer wir im nächsten Leben sein würden. Nun, durch die Gnade Gottes und der Meister brauchte ich nicht lange zu warten.

Eines Morgens, kurz nach seinem Tod, war ich dabei mich zu entspannen, als ich seine Anwesenheit spürte, wie sie mich überstrahlte und in mich eindrang. Wir lachten buchstäblich schallend - sowohl er als auch ich nahmen denselben Körper ein. Es war wie bei "Star Trek", wo es buchstäblich zwei Essenzen gab, seine und meine, die denselben Geist in Anspruch nahmen. Nach ungefähr einer Minute verließ ich meinen Körper und schaute auf ihn hinunter, ich sah "ihn" buchstäblich dort, wie er in Liebe, Freude und Freiheit lachte, während ich glücklich in meinem Ätherkörper oben schwebte. Nach einer Minute war dies vorbei. Ich war völlig überrascht und wollte ihn anrufen, aber der Tag verging wie Tage vergehen und bald waren zwei Wochen vorbei. Dann hörte ich, daß mein geliebter Freund kurz vor unserer Begegnung gestorben war.

Da diese Information nicht von jemandem kam, dem ich besonders traute, entschloß ich mich, Gott und meinen Freund zu fragen, ob dies wahr ist. Ich übertreibe nicht, wenn ich Dir erzähle, daß ein Foto von ihm buchstäblich in meine Hände schwebte. Ich war überzeugt. Und ein paar folgende Telefonanrufe bestätigten dies als eine Tatsache. Nun, ich kann nicht sagen, daß aller Schmerz von der Nachricht seines physischen Sterbens mit einem Schlag transformiert war; die Emotionen haben mich bestimmt getroffen. Jedoch, als die Zeit verstrich, machte der Schmerz für die beispiellose göttliche Freude und einem Wissen Platz, welches den Glauben an sich weitaus ersetzt - Liebe ist ewig, und innerhalb des Universums von Gott geht nichts von Wert jemals wirklich verloren. Ich erzähle Dir diese kleine Geschichte, sowohl als Inspiration als auch zur Anerkennung Gottes und der höchsten Macht der Liebe. Um dieses Kapitel zu beenden, möchte ich Dich darauf hinweisen, daß wir ständig Eindrücke aus den Ebenen und den Reichen um uns herum empfangen. Die physischen, sowie die ätherischen, astralen/emotionalen und mental/psychologischen Körper eines jeden von uns strahlen eine göttliche Aura aus. Deshalb sollten wir jeden Tag damit beginnen, die Gegenwart unseres eigenen Höheren Selbstes, unserer eigenen Monade, der Meister und Gott anzurufen. Nimm Dir jeden Tag diese wenigen Sekunden, um Dich mit Gott zu verbinden und die Anwesenheit des Schutzes vor allen niederen aurischen Energien anzurufen. Erfreue Dich an dem Erwachen der höheren Sinne, und verwende sie immer im Dienste der Liebe und zum Wohle des Ganzen.

7. Die Praxis des Aufstiegsprozesses

Der Aufstiegsprozeß geschieht im Augenblick

Viele fortgeschrittenen Lichtarbeiter, die sich in Blitzgeschwindigkeit entwickeln, haben vergessen, wie sie den reinen Nektar genießen können, der aus der Verankerung in den göttlichen Licht- und Liebesquotienten fließt. Für sie ist dieses Kapitel ein Ansporn zur Erinnerung. Für den Einzuweihenden oder Neuling (zumindest ein Neuling dieser Lebenszeit), ist dieses Kapitel so gestaltet, daß der Prozeß der Einweihung bzw. des Aufstiegs von Anfang an genau überschaubar wird und er von Beginn an ein Pfad der Integration und der Ganzheit ist. In diesem Lichte wirst Du den Aufstiegsprozeß und den Abstiegsprozeß als eins kennenlernen. Je weiter Du gehst, desto integrierter wirst Du werden. Je mehr Du Dich im Himmel verankerst, desto leichter wird es sein, den Himmel auf Erden zu verankern und umso freudvoller wird der Pfad.

Ich werde Dich nicht von der Illusion irreführen lassen, daß dieser Pfad immer leicht sein wird, denn aus den Begrenzungen einer Sphäre in eine andere auszubrechen ist immer holprig. Dieser Pfad kann jedoch immer von einer unglaublichen Leichtigkeit des Seins erfüllt sein, wenn Du vom sogenannten Beginn an lernst, mit der Erinnerung jeder Zelle Deines Körpers die Tatsache zu verbinden, daß der Aufstiegsprozeß im selben Moment geschieht, in dem Du Dich gerade befindest. Wenn Du stets diese Haltung vom Leben im Augenblick beibehältst, wirst Du in der Lage sein, die Freuden völlig zu genießen, sowie die Integration und die Synthese fortzusetzen. Die Sorge, irgendwo auf dem spirituellen Pfad ankommen zu müssen, eine bestimmte Einweihung zu erreichen, einen bestimmten Grad des Lichtquotienten zu verankern, die tiefsten Stadien des Samadhi zu erreichen und so weiter, holen einen allzu oft aus dem Augenblick heraus und richten die Aufmerksamkeit auf ein Ziel, das noch erreicht werden soll. Wenn dies zur Grundhaltung wird, geht vieles verloren und an viel Freudvollem, Gemeinsamem und an den kleinen Dingen auf dem Weg geht man dann einfach vorbei. Dann bleibt die Frage, wie wir auf unserem bestimmten Pfad fortschreiten sollen. Paramahansa Yogananda sagte, daß unser Verlangen nach Gott sein sollte, wie das eines ertrinkenden Mannes, der nach Luft ringt, und dennoch müssen wir uns selbst ausreichend im Gleichgewicht halten, um im Augenblick zu leben. Es gibt eine einfache Antwort, nämlich daß der wirklich integrierte Pfad des Aufstiegs zur selben Zeit unser größtes Verlangen und unsere Aufmerksamkeit zur Kultivierung und Aktivierung der höheren Energien in uns selbst mit einschließt und wir gleichzeitig ständig als ausgeglichen wirkende Gotteswesen auf Erden leben können. Die Antwort ist daher ein Paradox, doch sie ist eines der Schlüsselparadoxen, um deren Meisterung wir an dieser Stelle in unserer individuellen und planetaren Entwicklung gebeten werden.

Ich kann diesen Punkt nicht stark genug betonen, denn dies ist eine Gabe des neuen Jahrtausends. Das Gleichgewicht bezüglich des Fortschritts auf unserem Pfad der Einweihung und des Aufstiegs soll mit unserem täglichen Leben, unserer Entwicklung der vier niederen Körper und unserem Leben im Augenblick verschmelzen, um eine noch größere Ganzheit auf der Erde hervorzubringen.

Jedes Zeitalter hat neue Offenbarungen gebracht. Von einem klaren Standpunkt aus betrachtet, kann eine Offenbarung als ein fortwährender Prozeß betrachtet werden, da Offenbarung nach Offenbarung aufeinander folgt und verschiedene Aspekte der Offenbarung in einem bestimmten Zeitalter sich nacheinander entfalten. Der Prozeß des Aufstiegs ist einer der großen Offenbarungen dieses neuen Zeitalters in der Entwicklung der Erde. Im Rahmen dieser großen Offenbarung gibt es fortlaufend zahlreiche Erkenntnisse bezüglich dieses Prozesses. Es gibt zwei wichtige Erkenntnisse in dieser Hinsicht. Die erste ist das Verständnis, daß das psychologische Selbst vollständig gemeistert und im Dienste des Christusbewußtseins integriert sein sollte, um wahrhaftig als vollständiger Aufgestiegener Meister betrachtet werden zu können.

Dies gilt ungeachtet des Einweihungsgrades, des Lichtquotienten, der übersinnlichen Fähigkeiten, der Channelingfähigkeiten, der Fähigkeiten im Unterrichten, der Hellsichtigkeit, der Führungsqualität oder der Heilungsfähigkeiten. Dies ist eine kaum verstandene, aber dennoch sehr wichtige Erkenntnis, die Lichtarbeiter verstehen sollten. Der neue Ausdruck, den ich diesem Konzept gegeben habe, lautet "integrierter Aufstieg" - nicht fragmentierter Aufstieg - wie mein Freund Djwhal Khul ihn gerne nennt. Der zweite Schlüssel ist die Verschmelzung des Zieles mit dem Augenblick, wodurch eine wirkliche Vereinigung von Himmel und Erde stattfindet.

Schließlich kann keine Seele in ihrer Entwicklung zur siebten Einweihung schreiten, wenn nicht alle ihre Aspekte nicht nur erleuchtet, sondern auch mit dem Ganzen vereinigt worden sind. Die Hierarchie ist jetzt damit beschäftigt, alle verfügbaren Mittel einzusetzen, um jedem Individuum die Teile seines Selbstes zu Bewußtsein zu bringen, die in der Eile bei der Erreichung des Zieles nicht beachtet wurden. Ich werden ständig durch sie daran erinnert, all meinen Lesern zu erzählen, daß der Pfad das Ziel *ist*, daß alles als ein göttliches Ganzes betrachtet werden soll und daß alle psychologischen Aspekte innerhalb jenes Ganzen in Zusammenhang gebracht werden sollen. Diejenigen also, die gerade jetzt damit beginnen bestimmte Teile ihres Selbstes zu aktivieren, um auf dem Pfad von Licht und Liebe voranzukommen, werden dies in solch einer Art und Weise tun, daß sie das *ganze* Selbst auf dieser göttlichen Reise mitnehmen. Dies wird von Anfang an zu einer ganzheitlichen und einheitlichen Reise führen, die Eingeweihte im heiligen Moment zentriert hält und eine vollständigere und ausgeglichenere Wertschätzung des Einweihungsprozesses bewirkt. Die Zersplitterung, die in jüngster Zeit stattfindet, wird durch das schnelle Wachstum des spirituellen Körpers verursacht, während der mentale, emotionale und physische Körper keine gleiche Ebene der Göttlichkeit manifestiert. Das Bestehen der Einweihungen hat mehr mit dem spirituellen Körper als mit den anderen drei Körpern zu tun, was zu diesen Mißverständnissen geführt hat.

Die Vorläufer unter uns sollten Freude an der Tatsache finden, daß sie den Weg ins Licht gezeigt haben. Für die große Mehrheit von uns (wenn nicht für alle) bleibt jedoch die Tatsache bestehen, daß wir zurückkehren müssen, um die zersplitterten Teile unserer selbst, denen wir keine Beachtung schenkten als wir auf dem Weg in die siebte Sphäre und darüber hinauseilten, zu integrieren. Wir hatten und haben ein unglaublich schönes Puzzleteil, aber was für diejenigen gilt, die nach uns kommen, ist ebenso wahr für uns, und was nicht integriert, geklärt und vernachlässigt wurde, muß in Ordnung gebracht werden.

Mein geliebter Leser, bitte fühle Dich, wenn Du Dich zu dieser Gruppe zählst, nicht bedroht oder auch im geringsten gestört, denn alle sind in der Lage, dies zu erreichen, während sie im Lichte, in der Liebe, in der Macht und im Herzen Gottes verankert sind. Wir müssen dies jedoch tun, denn als Teil des Ganzen ist es die Verantwortung aller, so vollständig wie nur möglich in die Einheit zurückzukehren. Ich garantiere Dir, daß alle sich besser fühlen werden, wenn dies erst einmal errreicht wurde, denn während Du Dich ausrichtest, integrierst und mit der Notwendigkeit des Augenblicks verschmilzt, wirst Du auch ein einzigartiges, neues und wunderbares Gefühl der Vollständigkeit, der Synthese und der Einheit mit allem was ist spüren.

Ein Beispiel der Unausgeglichenheit könnte ein Eingeweihter des siebten Grades sein, der einen hohen Lichtquotienten besitzt, ein hellhörendes Channel für die Meister und/oder ein spiritueller Lehrer oder Heiler ist, jedoch auf der psychologischen Ebene den Test von Macht, Ruhm, Geld und Stolz nicht bestanden hat. Er ist nicht in der Lage mit Menschen zu arbeiten, aufgrund einer exzentrischen Persönlichkeit, oder vielleicht weil er von starkem Ehrgeiz oder Ärger des negativen Egos erfüllt ist. Dieses Beispiel ist nicht so ungewöhnlich wie man denken sollte. Aus diesem Grunde sollten Lichtarbeiter nicht allzu selbstsicher oder stolz hinsichtlich ihrer bestandenen höheren Einweihungen und sogar über ihren Aufstieg werden.

Solche kleinen (oder in manchen Fällen auch großen) Unausgeglichen-
heiten, die uns aus der Fassung bringen, werden wir letztendlich
vollständig meistern. Die Unebenheiten auf dem Weg, die uns ständig
aus dem Gleichgewicht brachten, werden sich glätten und letztendlich
werden wir in der Lage sein, durch alle Lebensbereiche hindurch-
zugleiten. Natürlich wird es in manchen Bereichen mit einigen Seelen
harmonischer sein als mit anderen, aber so sollte es auch sein. Der
wesentliche Punkt ist, daß keiner der Bereiche vernachlässigt und von
uns selbst abgetrennt übrigbleiben soll.

Ebenso werden wir wieder erkennen, daß inne zu halten und den Duft
einer Rose einzuatmen, wie das Klischee lautet, eine große Rolle in
unserem Leben spielt, wie auch nach den Sternen zu schauen. Jeder
Moment wird ungeahnte Möglichkeiten offenbaren, wenn man sich
erlaubt, ihn in einer integrierten und spirituellen Weise vollständig zu
erleben. Die Ära der Neuen Zeit wird sich auf allen Ebenen der Erde
verankern - im physischen, ätherischen, astralen/emotionalen/fühlenden
und Gedanken-/mentalen Reich. Es ist wahr, daß es bei Gott keine Zeit
gibt, und es ist ebenso wahr, daß Gott in jedem einzelnen Moment lebt.
Es stimmt exakt, daß Gott innerhalb der Zeitlosigkeit existiert, und
dennoch durch und in jedem Moment manifestiert ist. Wir sind nun dazu
aufgefordert, diese Erkenntnis anzunehmen. In der höchsten Synthese
vom zeitlosen Aspekt Gottes, mit dem lebendigen Moment Gottes und
der allmählichen Reinigung von allen Körpern innerhalb Gottes, werden
wir eine Vollständigkeit erfahren - dies ist die Offenbarung und die Gabe
für das neue Jahrtausend.

**Durch spirituelles Bewußtsein mit anderen Menschen in Verbindung
stehen**

Wenn man dem Pfad des Aufstiegs in dieser vollständigen Weise folgt,
gibt es eine unvermeidliche vollständige Neustrukturierung der Art und
Weise, wie man die Welt und den Aufstiegsprozeß betrachtet. Die eigene

Betrachtungsweise der Welt hat eine direkte Auswirkung darauf, wie man sich gegenüber der Welt im Ganzen und gegenüber spezifischen Individuen verhält, und durch diese Kombination erschafft man seine Welt. Da wir die Welt entweder durch die Augen des niederen Selbstes und des negativen Egos oder aus der Perspektive des Höheren Selbstes und der Monade sehen, werden wir daher zu anderen Menschen entweder durch das Prinzip der Trennung oder der Einheit in Beziehung stehen. Der Unterschied zwischen diesen zwei Arten der Wahrnehmung und Wechselwirkung ist buchstäblich der Unterschied zwischen himmlischen und höllischen Bewußtseinszuständen. Das Befolgen des bewußten und integrierten Pfad des Aufstiegs hat unter nachfolgendem Punkt eine praktische Anwendung. Wenn die gesamte Bevölkerung des Planeten in Einheit und Einigkeit handeln und persönlich miteinander über die große Trennung der Weltreligionen, Rassen, Nationalitäten usw. hinweg umgehen würde, dann würden wir in einer Welt leben, die wahrhaftig die Manifestation des Königreichs Gottes auf Erden wäre.

Wir sind jedoch, jeder für sich, eine Welt für uns selbst, und deshalb liegt es an uns, individuell zu wählen, den Prozeß des Aufstiegs in unserem Leben und in unserer Welt zu einer Realität werden zu lassen. Ich nehme an, daß diejenigen, die dieses Buch lesen, gewählt haben, es für sich selbst zu einer Realität werden zu lassen. Ich möchte darauf hinweisen, wie praktisch die Realität des Aufstiegsprozesses wirklich ist. Es ist allzu leicht sich zwischen den Sternen und den Sonnen der inneren Welt zu verlieren und das tägliche Leben vom Einweihungs-/Aufstiegsprozeß zu trennen. Aber in Wirklichkeit sind sie eins. Wenn wir uns selbst erlauben, den Aufstiegsprozeß in den Alltag und in unsere Beziehung zu anderen Menschen zu bringen, können bestimmte Situationen, die entweder unangenehm oder langweilig gewesen sind, in der Tat anders erlebt werden.

Nehmen wir zum Beispiel an, daß das Stehen in der Warteschlange im Postamt nicht gerade zu Deinen Lieblingsbeschäftigungen gehört. Du hast jedoch die Wahl, wie Du mit dieser Situation umgehst, was dann wiederum die anderen in der Warteschlange beeinflußt. Die Anspannung steigt mit subtilen Seufzern, Gemurmel, Murren und vielleicht einigen Kraftausdrücken, während riesige Pakete zum Schalter gebracht werden... - und während die Schlange wartet. Dies sind Reaktionen von Persönlichkeiten, die aus einem getrennten negativen Ego heraus handeln. Wenn Du dagegen entscheidest, diese Zeit zu nutzen, um Dich in Deiner eigenen höheren Natur zu zentrieren, die Meister anzurufen und Dich daran zu erinnern, daß Gott alles ist und alles durchdringt, dann schützt Dich Dein Energiefeld nicht nur vor der murrenden Art derjeniger, die sich um Dich herum befinden, sondern strahlt auch nach außen aus und berührt die anderen mit der hohen Energie der Liebe und Geduld. Zumindest wirst Du innerhalb Deines eigenen Gottselbstes zentriert bleiben. Bestenfalls wird Deine Liebesenergie den Sturm um Dich herum besänftigen und die Atmosphäre transformieren. Wenn Du den Schalter erreichst, wirst Du den Postbeamten mit einem Lächeln begrüßen, was er besonders dankbar schätzen wird, dies versichere ich Dir. Und es ist Dir dann gelungen, die ganze Situation zu verändern.

Dies trifft natürlich auf jede ähnliche Situation zu. Das Lebensmittelgeschäft sollte nicht den Marktplatz des Mittelalters darstellen. Ich war in einigen Geschäften, besonders in den Vierteln von New York, die einen wirklich in mittelalterliche Zeiten zurückversetzen. Lichtarbeiter, beschränkt Eure göttliche Verbindung nicht nur auf Eure Meditationszeiten. Bringt sie mit zum Marktplatz, wo Eure Gefühle der Einheit, des Friedens, der Liebe und des Einsseins wirklich gebraucht werden.

Die Geschäftswelt

Die Geschäftswelt ist eine Welt für sich. Leider beruht diese Welt hauptsächlich auf der Grundlage von Gier, Geltungsbedürfnis, Ichbezogenheit, Gefühllosigkeit, Wetteifer und sogar unverblümter Grausamkeit. Dies ist eine Welt in der Geld ein Gott ist; und es wird keinen anderen Gott vor diesem geben. Wie jede Welt jedoch, ist sie einfach der Widerschein vom Bewußtseinszustand der Menschen die sich darin aufhalten und bewegen. Aber sie ist auch abhängig von der Veränderung durch die Integration jener, die aus dem Gottesbewußtsein heraus wirken. Es gibt einige unter Euch, deren Puzzleteil Euch genau in die Mitte der Geschäftsstruktur hineinstellt, und es liegt an Euch, die auf dem Pfad des Aufstiegs arbeiten, die nötigen Änderungen zu bewirken, während Ihr innerhalb dieser bestimmten Sphäre wirkt. Dies ist Eure göttliche Mission.

Ich sage nicht, daß Ihr zu den Vorgesetzten Eurer Abteilung gehen und eine neue Verfahrensweise fordern sollt, die Eure Licht-und- Liebe-Ebene und persönliche Transformation, die Ihr durchlauft, widerspiegelt. Versteht mich bitte in dieser Angelegenheit nicht falsch, denn hierauf deute ich nicht hin. Was ich Dir nahelege ist, daß Du aus der höchstmöglichen Ebene heraus wirkst, genau dort wo Du gerade bist. Es ist mir egal ob Du Leiter eines großen Konzerns bist oder Kopien auf einer Kopiermaschine machst; die essentielle Sache auf die ich hindeute ist, daß Du dort, wo Du gerade bist, damit anfängst zu zeigen was Du in Deinem Aufstiegsprozeß erlernt hast - erlaube, daß es durch Dich nach außen gelangt, während Du mit Deinen Kollegen zusammen bist und Deinen Aufgaben nachgehst. Büroarbeit hat die Tendenz uns zu quälen, denn es gibt oft Fristen und Druck, denen ein Mann, eine Frau oder eine Maschine in keinerlei Weise genügen kann. Deine Aufgabe als Person auf dem Pfad des praktischen Aufstiegs ist, Dein Bestes zu tun, ohne die Ansichten der Geschäftswelt zu übernehmen und Gott so gut wie möglich zu demonstrieren, wie die Situation es erlaubt, ohne jene zu entfremden, die dem dreidimensionalen materialistischen Geist verhaftet sind.

Klar, ein Anzug-und-Krawatten-Büro ist nicht der geeignete Ort um einen Vortrag über die Wissenschaft der Meditation, der Einweihung und des Aufstiegs zu halten. Dennoch könnte ich mir keinen besseren Ort vorstellen, um diese Prinzipien zu lehren, indem man sie durch ein Lächeln, Höflichkeit, und durch eine Haltung der inneren Ruhe und Freundlichkeit ausstrahlt. Was und wer wir sind ist viel deutlicher, als die Worte, die wir sprechen. Wenn jeder von uns einfach bestmöglich sein Höheres Selbst in solch einer Situation zum Ausdruck bringen kann, dann sind wir wirklich auf dem Wege, die Welt zu verändern. Es ist viel wichtiger zu sein und Gott zu demonstrieren als nur darüber zu sprechen, vor allem in einer Situation in der Worte nur taube Ohren erreichen würden. Mir kommt dabei ein Bild der Kreise eines einzigen Kieselsteines, der in einen See geworfen wurde, in den Sinn. Ja, vielleicht sind wir nur ein einziger Kieselstein, aber zentriert in unserer göttlichen Natur sind wir wie ein Diamant, jeder mit der Fähigkeit, genügend kleine Kreise hervorzubringen, indem wir unsere Diamantnatur scheinen lassen, so daß die Welt sich letztendlich verändert. Wir haben dabei auch den Vorteil, uns selbst immer dichter an das Zentrum unseres eigenen Seins in Gott anzunähern.

Aufstieg und Beziehungen

Es gibt tatsächlich keinen größeren Katalysator auf dem Pfad des Aufstiegs als eine Liebesbeziehung. Dies ist ebenso einer der großartigsten und direktesten Bereiche, in dem man die praktische Anwendbarkeit des Aufstiegs-/Einweihungsprozesses erfahren kann. Wenn wir mit unserem Partner und/oder Gefährten zusammen sind, neigen wir dazu, alles für selbstverständlich anzunehmen oder ein bißchen zu bequem zu werden, und vergessen dann bequemerweise alles, was wir uns vorher während unseres Wachstumsprozesses erarbeitet haben. Meine nachdrückliche Empfehlung ist, daß Du diese besondere Art der Beziehung nimmst, um Dein göttliches Potential in höchstmöglichem Grad zu manifestieren.

Wenn Du mit Deinem Partner zusammen bist, neigen all die kleinen Dinge des Lebens an die Oberfläche zu kommen. Jeder Augenblick bietet Dir genügend Gelegenheit zu entscheiden, auf welcher Ebene Deines Wesens Du wirken möchtest. Wirst Du aktiv oder reagierst Du? Wirst Du Dir die Zeit nehmen, Dich mit Deinem höchsten spirituellen Selbst zu verbinden, ehe Du versuchst zu kommunizieren, oder wirst Du einfach alles einfach herauslassen? Wirst Du Dich sogar daran erinnern, überhaupt zu reden oder gehst Du in die Falle, in welche die Mehrheit der Paare gerät - nimmst Du an, daß Dein Partner Gedankenleser ist? An diesen wenigen Beispielen kannst Du sehen, daß es in diesem Bereich reichlich Gelegenheiten gibt, entweder aus Deinem Gottselbst oder aus Deinem niederen Selbst und negativen Ego heraus zu handeln. Ein wesentliches Gebiet, durch das dem Aufstieg in einer Liebesbeziehung geholfen werden kann, ist die Kommunikation. Menschen in einer Beziehung vergessen oft zu kommunizieren, oder wenn sie es tun, dann auf der Persönlichkeitsebene und mit dem niederen Selbst. Ich empfehle, die Kommunikationsverbindung zu jeder Zeit offenzuhalten, aber die Partner sollten niemals versuchen, im Eifer des Gefechts zu kommunizieren. Erst nachdem sie abgekühlt sind, sollten beide sich zusammensetzen und gleichzeitig ihr Höheres Selbst anrufen. Dabei können sie sich die Hände reichen. Wenn die göttliche Verbindung einmal hergestellt ist, dann sollten sie beginnen, die Dinge aus dem ruhigen, klaren Zentrum ihres spirituellen Selbstes zu besprechen. Du wirst überrascht sein, was mit dieser einfachen Technik erreicht werden kann.

Wenn man einmal richtig kommunizieren kann, dann ist es nicht nötig, Gefühle zu unterdrücken und wegzustecken, bis ein emotionaler Siedepunkt erreicht wird. Jeder Bereich der Beziehung - von der Frage, wer die Wäsche macht, die Finanzen regelt, bis zur sexuellen Intimität - kann ruhig und klar aus dem inneren Gottselbst heraus besprochen werden. Kein Bereich sollte durch das niedere Bewußtsein als zu klein oder zu groß beurteilt werden, stattdessen sollte die Beziehung als ein funktionierendes Ganzes betrachtet werden, das jeden Aspekt von sich selbst innerhalb einer Atmosphäre offener und spiritueller Kommunikation umfaßt.

Aufstieg und Familie

Das Konzept der Liebesbeziehung auf die ganze Familie auszudehnen ist einfach. Wenn Kinder vorhanden sind, schließt Du sie einfach in der praktischen täglichen Durchführung Deines Aufstiegs- und Einweihungsprozesses mit ein. Kinder zu haben ist naturgemäß eine Einweihung an sich. Die Beziehung zwischen Elternteil und Kind ist komplex und berührt Teile eines jeden zu denen nichts in der Welt in der Lage zu sein scheint, Zugang zu bekommen.

Die Entscheidung ist jedoch die selbe wie innerhalb der Liebesbeziehung, durch welche das Kind überhaupt erst in die Welt gebracht wurde. Reagierst Du aus Deinem negativen Ego und niederen Selbst heraus oder handelst Du aus Deinem Höheren Selbst /der monadischen Ebene oder spirituellen Wesen heraus? Unsere Kinder sind wahrhaftig Seelen, die durch uns, aufgrund der Wirkung des karmischen Gesetzes und der karmischen Bande, gekommen sind. Sie bieten uns eine großartige Gelegenheit zum Wachstum und zum Ausdruck Gottes in seiner höchsten Form. Ebenso bieten sie uns großartige Gelegenheiten um *sie zu verlieren*. Kinder sind, aus Sicht des Höheren Selbstes, der größte spirituelle Test für den Grad des Christusbewußtseins, den man erreicht hat. Liebesbeziehungen folgen knapp an zweiter Stelle. Falls man innerhalb dieser Beziehungen bedingungslos liebend, standhaft, geduldig, vergebend, nicht urteilend bleiben kann und angemessene Grenzen einbehält, dann hat man wahrhaftig Selbstverwirklichung auf der psychologischen Ebene erreicht.

Die Kernfamilie ist ein Mikrokosmos innerhalb des größeren Makrokosmos der Familie Gottes zu der die ganze Menschheit gehört. Innerhalb dieses Mikrokosmoses können wir jede Gelegenheit nutzen, uns mit dem Höheren Selbst /der Monade zu verbinden, bevor wir handeln oder reagieren. Ebenso können wir alle diese Instrumente verwenden, um unsere vier niederen Körper zu meistern, damit wir uns unseren Kindern und unserer Kernfamilie gegenüber wie ein Ganzes verhalten, aus den klarsten, geläutertsten, höchst ausgerichtetsten physisch/ätherischen-, astralen/fühlenden- und mentalen/Gedanken-körpern heraus. Falls wir gewählt haben, Teil einer Liebesbeziehung zu sein und diese zu einem vollständigen Haushalt mit Kindern, Haustieren und allem, was jene Welt mit sich bringt, ausdehnen, dann haben wir wirklich unsere Welt zu einem vollständig funktionierenden Mikrokosmos der größeren Familie der Menschheit ausgedehnt. Wie gut der Mikrokosmos funktioniert, hängt von all seinen Bestandteilen ab. Während es zunächst die Eltern sind, die den Ton angeben und eine möglichst gesunde und spirituelle Umgebung schaffen, werden schließlich die Kinder (die eigentlich erwachsene Seelen sind, die in die Welt als Kleinkinder und Babies zurückgekommen sind) selbst bedeutsam werden. Alle in der Familie werden dann bestimmte Rollen spielen, die die Art des Funktionierens der Familieneinheit als Ganzes bestimmen.

Ob Du ein Kind oder Elternteil bist, oder in einem Haushalt lebst in dem Du zugleich Kind und Elternteil bist, Du bist im Grunde eine Seele/Monade. Wie Ihr miteinander umgeht und zueinander in Beziehung steht, zeigt wie Gott mit dem Mikrokosmos in Beziehung steht, von dem Ihr ein Teil seid. Es ist daher empfehlenswert diese kleine Welt innerhalb der Welt zu nutzen, um aus dem Aufstiegsprozeß eine geerdete Wirklichkeit zu machen und um als göttliches Wesen, das man wahrhaftig ist, zu wirken.

Aufstieg in der Welt des Künstlers

Das abwechslungsreiche Medium der Kunst bietet eine großartige Möglichkeit, den Aufstiegsprozeß zu integrieren, auszudrücken, umzusetzen und zur Manifestation zu bringen. Sowohl die "Kunst" wie auch der "Aufstieg" scheinen in ihrer Essenz nicht durchführbar zu sein, aber nichts ist weiter von der Wahrheit entfernt. Die Macht der Kunst kann nicht bestritten werden. Durch Jahrhunderte hindurch haben die verschiedenen Kunstarten manch einen ansonsten unberührten

Menschen zu Tränen gebracht. Die Macht der religiösen Gemälde und der Bildhauerei haben die Menschheit durch ihren bloßen Anblick emporgehoben - hoch genug um, wenn auch nur für einen Moment, mit dem Geist in Kontakt zu treten und eine Verbindung herzustellen. Oft haben die Gemälde, das bunte Fensterglas oder die Statuen einer Kathedrale mehr bewirkt, um Menschen auf die Knie zu bringen und ihre Seelen zu den Himmeln emporzuerheben, als die schönste Predigt. Einige Höhepunkte davon sind die Decke der sixtinischen Kapelle des Michelangelo, die Statue von David und von Petrus. Dennoch hatten und haben Worte an sich, wenn sie göttlich inspiriert sind, eine tiefe Wirkung. Mir wurde von verschiedenen Menschen erzählt, daß sie ihre erste Gotterfahrung beim Lesen der Poesie von Khalil Gibran, Kabir, William Blake oder William Wordsworth erhielten. Dies umfaßt nicht die Macht des Wortes wie sie im Neuen Testament oder anderen spirituellen Schriften einer Vielfalt von Kulturen geschrieben wurde.

Musik und Worte vereinen sich durch die schöpferische Macht der großen Komponisten der Welt in himmlische Klänge. Die Messen von Johann Sebastian Bach, das Requiem von Mozart, Händel´s Messias und Beethoven´s Neunte Symphonie haben, seit sie erschaffen wurden, wie direkte Fahrstühle zu Gott gewirkt. Dies sind nur einige der bekannteren spirituell erhebenden Kombinationen von Musik und Stimme. Die Skala umspannt die Oper bis hin zum Schlager und wir können die Macht erkennen, die in diesem Medium enthalten ist. Dies gilt auch für die kommerzielleren Formen der Kunst. Tägliche Fernsehprogramme, wie kompliziert zusammengestellte Filme, berühren fast alles zivilisierte Leben in gewissem Maße. Die Welt der Kunst kann ein sehr mächtiges Instrument zum praktischen Ausdruck des Aufstiegs sein oder sie kann wie eine Rutschbahn, die ihr Publikum in die Reiche des negativen Egos herabzieht, wirken.

Der Künstler als Mitschöpfer Gottes

Wenn man die Wirkung, die die Kunst auf uns hat, erläutert, dann ist es wichtig zu beachten, wer der Künstler ist, was der Künstler oder die Gruppe von Künstlern auszudrücken versucht und wohin das Kunstwerk uns bringen soll. Denke zum Beispiel über Filme wie "E.T." und "King of Kings" nach und vergleiche sie mit "Hellraiser" und "Nightmare On Elm Street." Eine dieser Filmkategorien ist deutlich dazu entworfen, den Geist des Zuschauers zu erheben, während die andere entworfen wurde, um das negative Ego anzuzapfen und es mit schrecklichen Bildern zu füttern. Es ist klar, daß man bei der Filmauswahl Unterscheidungsvermögen anwenden sollte. Es gibt natürlich Filme, die zur Mitte gehören, einfach zur Unterhaltung dienen, während andere die menschliche Natur untersuchen oder die Geschiche betrachten. Bestimmte Filme - nicht von der gewinnbringenden Sorte - enthalten Gewalt und/oder dunkle und verwirrende Bilder und dennoch ist ihre Gesamtwirkung erhebend für den menschlichen Geist. Gute Beispiele sind "Der Elefanten-Mensch", "Der Glöckner von Notre Dame" mit Charles Laughton und "Schindlers Liste". Alle enthalten dunkle und verwirrende Elemente, doch sind es letztendlich bewegende, erhebende Erfahrungen. Die Tragödien von Shakespeare sind auch perfekte Beispiele. Ich will damit nicht sagen, welche Filme Du Dir ansehen solltest und welche nicht, man kann jedoch anhand der Titel und der Vorschaufilme erkennen, daß bestimmte Filme nur gedreht wurden, um die niedrigsten Regionen anzuzapfen, Angst und Schrecken zu verbreiten und der Vorstellung wenig selbst zu überlassen. Ich rate denjenigen, die auf dem Pfad der Einweihung und des Aufstiegs sind, unbedingt von Filmen dieser Art ab.

Die Macht, die der Künstler hat, ist tatsächlich enorm. Obwohl wir alle Mitschöpfer Gottes sind, können Künstler leichter als Mitschöpfer Gottes gesehen werden als andere Menschen. Wenn man das Leben aus verschiedenen Blickwinkeln betrachtet, sollten Künstler frei sein, ihre Einsichten auszudrücken und uns mitzuteilen, aber als Seelen auf dem Pfad des Aufstiegs und der Einweihung haben wir auch die

Verantwortung zu entscheiden, was wir aus der großen verfügbaren Menge zu uns nehmen. Die Welt des Künstlers bietet viele Gelegenheiten zur praktischen Anwendung des Aufstiegspfades. Obwohl allzu oft die Welt der Kunst als eine unpraktische Welt der Einbildung oder der Vorstellung betrachtet wird, ist sie tatsächlich sehr praxisgerecht, und dient als ein wichtiges Instrument bei der Entfaltung des göttlichen Planes auf Erden.

Aufstieg und das politische Feld

Die Menschen, die die höchsten Ämter der Nationen bekleiden, bilden die Grundstruktur in der die Welt funktioniert. Häufig wird jedoch ein spirituell ausgerichtetes Individuum das politische Feld nicht in Erwägung ziehen, geschweige denn, daran teilnehmen. Zum Glück ändert sich dies mit dem Kommen des Siebten Strahles. Dies ist etwas, was sich ändern muß, denn ich habe bereits leidenschaftlich darauf aufmerksam gemacht, daß der Prozeß des Aufstiegs ein Prozeß ist, in dem das Ganze integriert wird, genauso wie es ein Prozeß ist, bei dem höchste Ebenen des spirituellen Seins erreicht werden.

Die Zersplitterung zwischen diesen beiden Aspekten, die in Wahrheit Aspekte des Ganzen sind, wird am dringlichsten gesehen, wenn man die Welt der Politik betrachtet. Viele Lichtarbeiter würden es bevorzugen dieses spezielle Feld "ihnen" zu überlassen und sich ausschließlich auf die Aspekte der Einweihung zu richten die eher meditativ und bezaubernd sind. Dieser Weg mag in der Vergangenheit funktioniert haben, aber da der Weckruf jetzt die Vereinigung von Aufstieg und Abstieg ist - um den Prozeß der Einweihung mit dem der Integrierung der Teile innerhalb des größeren Ganzen zu verschmelzen - funktioniert diese zersplitterte Ansicht von spirituellem Leben nicht länger.

Wir sind jetzt an einem Punkt in der Geschichte der Entwicklung der Menschheit angelangt, an dem diejenigen, die das Eine anzunehmen versuchen, bereit sein müssen, die vielen Aspekte die das Eine umfaßt auch anzunehmen. Die politische Welt und die Welt der Nationen und der Regierungen sind Teile unserer Welt, und sie müssen dementsprechend betrachtet werden. Offensichtlich ist es nicht jedermanns Berufung, aktiv an der Welt der Regierungen teilzunehmen. Ein entsprechendes Amt strebt nicht jeder an. Es ist jedoch für uns alle an der Zeit, in das politische Feld miteinbezogen zu werden. Egal in welcher Nation wir leben, wir sollten eine aktive Rolle spielen, um die höchstentwickelten Wesen ein Amt bekleiden zu lassen. Dies erfordert Aufmerksamkeit, zumindest genügend Aufmerksamkeit, um zu entscheiden, wer am stärksten auf die Absicht der Hierarchie ausgerichtet ist. Ich würde es nie wagen irgend jemandem zu sagen, wen er wählen soll, aber ich sage (egal wie die Politik Deines Landes sein mag) gib acht. Wenn Du wählst, oder welchen Teil Du auch immer spielst, der in Deiner speziellen Regierung angemessen ist, empfehle ich Dir, nach Qualitäten auszuschauen, die für Seelen kennzeichnend sind, die ausreichend weit auf dem Pfad der Einweihung und des Aufstiegs vorangekommen sind, um die Prinzipien des Höheren Selbstes beizubehalten. Einige Qualitäten, die diese Art der Führungskraft kennzeichnen, sind:

1. Wahres Mitgefühl

2. Integrität

3. Das ehrliche Verlangen zu dienen

4. Die Fähigkeit zu besitzen, eine Führungsposition zu bekleiden, während man zur selben Zeit eins mit den Menschen ist

5. Glaube an Gott

6. Innere Stärke

7. Eine gutes Herz

8. Die Fähigkeit zu lieben

9. Entschiedenheit

10. Klarheit

11. Vertrauenswürdigkeit

12. Einen offenen Geist zu haben

13. Humanitäre Haltung

14. Nichtangreifende Haltung politischen Gegnern gegenüber

15. Die Fähigkeit, Partisanenpolitik zu transzendieren

Begründe Deine Entscheidung auf diese göttlichen Qualitäten, anstatt der Ergebenheit an diese oder jene Partei. Höre mit der Intuition Deiner Seele/Monade denen zu, die sich um ein Amt bemühen, und Du wirst geführt werden dementsprechend zu handeln.

Zusammenfassung

Der Aufstiegsprozeß ist eines der praktischsten Dinge, auf die sich ein Individuum einlassen kann. Trotz seines scheinbaren Beschäftigtseins mit dem spirituellen Reich, ist der Aufstieg, wenn man es richtig betrachtet, nicht ein Beschäftigtsein mit dem Reich des Geistes, getrennt vom Reich der Form, sondern eine wahre und praxisgerechte Integration der Welt des Geistes in die Welt der Form. Der Pfad der Einweihung und des Aufstiegs ist auch ein Pfad des Abstiegs. Er bringt den Geist in die Form und die Form in den Geist. Er ist die Erhebung der vier niederen Körper und bringt die höchsten Schwingungen in diese vier Körper. Die Einweihung mag mit Recht Integration und Synthese genannt werden, denn wie ich sagte, sind die beiden nur die Hälften eines Ganzen. Wie jeder unserer Körper immer höher in das Licht steigt, so wird das Licht dann in unseren physischen Körpern und in der Erde selbst verankert und mit Licht erfüllt.

Das Glaubenssystem, welches an dem Gedanken festhält, daß das Spirituelle vom Physischen getrennt ist, sollte der klaren Erkenntnis weichen, daß das, was wir in der Vergangenheit als spirituell bezeichneten, im Grunde Geistessenz in Einheit mit und innerhalb aller Welten ist, und lediglich in immer höheren, leichteren und umfassenderen Schwingungen und Frequenzen funktioniert. Der Ausdruck "Gott ist alles und ICH BIN" ist auf jeder Ebene des Seins wahr. Je höher wir gehen, desto mehr umfassen wir die Fülle der Erde und des Ganzen. Im Prozeß werden wir ein praxisnaher Ausdruck des Geistes im Reich der Form. Auch wenn wir lernen emporzusteigen und unsere Lichtkörper anzunehmen, lernen wir jenes Licht und jene Liebe innerhalb der Welt in der wir leben, uns bewegen und sind, zu integrieren - und jene Welt ist die eine Welt Gottes. Dies ist der göttliche Plan - den Himmel auf Erden zu schaffen - eine neue Welt von integrierten, aufgestiegenen Wesen, die vollständig teilnehmen an allen Aspekten des Erdenlebens.

8. Der Gedanke
und die Kraft des gesprochenen Wortes

Durch alle religiösen Traditionen hindurch gibt es ein gemeinsames Thema: Achte auf Deine Worte. Es gibt viele Auslegungen der Eröffnungsaussage im Johannes-Evangelium in der Bibel: "Im Anfang war das Wort, und das Wort war bei Gott und Gott war das Wort." Wie es so oft der Fall ist, haben diese Aussagen viele Bedeutungen gleichzeitig. Laßt uns für unsere spezielle Erörterung dieses Zitat in einer möglichst direkten Perspektive untersuchen und "das Wort" ziemlich buchstäblich als das gesprochene Wort Gottes und die Menschheit als die Söhne und Töchter Gottes betrachten.

Die höchste Einheit zwischen der Menschheit und Gott ist eine Tatsache. Da dies so ist, ist die Menschheit tatsächlich der Mikrokosmos des größeren Makrokosmos oder von allem was ist oder Gott. Wenn wir dies berücksichtigen, dann laßt uns noch eine biblische Aussage von großem Einfluß aus der Genesis einschließen: "Und Gott sprach: Es werde Licht! Und es ward Licht." Also geschieht es durch die Macht des Wortes, die ein Aspekt Gottes ist, alles wird durch die Macht des Wortes in Manifestation gerufen. Mit solch einer ehrfürchtigen Kraft in uns, ist es erstaunlich auf welch banale und lässige Art und Weise wir unsere Worte um uns werfen. Wir benutzen die ganze Zeit über Worte, aber oft wird sogar der fortgeschrittenste Eingeweihte nicht innehalten, um die Auswirkungen jener Worte in Betracht zu ziehen. Wenn man dem negativen Ego die Kontrolle übergibt, oder aus dem Zustand des Auto-Piloten wirkt, dann gleiten die Worte oft ohne nachzudenken über die Zunge und senden Kräfte der Negativität aus, welche durch einen Moment der Überlegung sicherlich verhütet werden könnten.

Heilende Worte kontra schädlicher Worte

Eine meiner Lieblingsaussagen von Sai Baba ist, daß der Geist Sklaverei oder Befreiung erschafft. Dies gilt ebenso hinsichtlich des gesprochenen Wortes - Worte können schaden oder Worte können heilen. Sie tun dies einfach. Oft werden Worte einfach als leeres Gerede verschwendet und verursachen einen unnötigen Energieverbrauch, der besser dazu genutzt werden könnte, um ein bestimmtes Projekt oder einen Plan in Manifestation zu bringen oder in die Tat umzusetzen. Es ist jedoch nicht das flüchtige Wort, worauf ich hier eingehen möchte, sondern stattdessen das Wort, das unsägliche Vernichtung erschafft und nach sich zieht. Worte der Negativität sind keine vagen und nebelhaften Dinge wofür manche sie halten. Obwohl es im Grunde wahr ist, daß alle Aufgestiegenen Meister und fortgeschrittenen Eingeweihten (oder tatsächlich jeder, der achtsam ist) sich selbst vor der Kraft des negativen Wortes schützen können, bedarf es der Anstrengung und einer stetig wachsamen Achtsamkeit den Angriffen gegenüber. Obwohl ich dies bestimmt jedem empfehlen würde, ist es besonders wichtig für diejenigen, die auf dem bewußten Pfad des Aufstiegs und der Einweihung sind, ihre Zunge zu hüten und darauf zu achten, was sie sagen.

Klatsch

Klatsch ist eine der grausamsten Arten, in der Worte gegen eine andere Person verwendet werden können. Diese Worte tragen oft eine unwahre Gedankenform in sich, die nicht nur direkt zum betreffenden Individuum geschickt wird, sondern wie ein Schneeball, der hügelabwärts rollt, wächst, während sie von einer zur anderen Person weitergegeben wird. Es fängt mit einem Gedanken an, der auf einem Urteil beruht das eine Person über eine andere fällt und dann über die Lippen und die Zunge, wie viele giftige Pfeile, losgelassen wird. Die grundlegende Tatsache ist, daß Klatsch meistens nicht mit Wahrheit verbunden ist, sondern nur mit der fehlerhaften Wahrnehmung des negativen Egos eines Individuums. Diese fehlerhaften giftigen Pfeile werden dann von einer Person zur anderen weitergegeben und häufen dann, wenn diese Worte ihre Runde machen, mehr und mehr Gift an. Wenn sie das Ohr der anvisierten Person treffen, sind sie so giftig geworden und haben so viel unnötigen Schaden angerichtet, daß sie ihr Ziel mit der Kraft einer Kanone treffen.

Wenn die betroffene Person nicht im vollständigen Panzer der psychischen Selbstverteidigung steht, ohne menschliche Schwächen, wird dieser Klatsch sich in irgendeiner Weise auf ihn oder sie auswirken. Geliebte Leser, obwohl ich die Anwendung der psychischen Selbstverteidigung empfehle und die Gedanken stets im Licht zu halten, unterstütze ich ebenso die Wirklichkeit, daß wir alle frei sein sollten, in einem Zustand der empfänglichen Spiritualität zu leben. Keiner von uns sollte in einem Zustand stetiger Wachsamkeit gegenüber Klatsch leben müssen, da keiner von uns in solch negativen Praktiken schwelgen sollte.

Worte enthalten, wie ich zuvor erwähnte, eine große Macht. Bewußt Worte zu mißbrauchen, besonders wenn man auf dem Pfad der Einweihung ist, ist ein absolut falscher Gebrauch der Macht. Obwohl die Masse der Menschheit Klatsch als eine harmlose Praktik betrachtet, ist sie nicht harmlos und wirklich äußerst vernichtend. Egal ob die Person, über die geklatscht wird, davon bewußt erfährt oder nicht (und sie tut es fast immer), diese negativen Gedankenformen finden ihren Weg in die Aura der Person und verursachen ein gewisses Maß an Unbehagen, bis sie übersinnlich entfernt worden sind. Wenn sie ihren Weg in das Bewußtsein des Individuums finden, muß diese Person sich nicht nur mit der Auflösung auf einer übersinnlichen Ebene befassen, sondern auch auf einer psychologischen Ebene. Dies kann schmerzhaft und zeitaufwendig sein und ist sicherlich unnötig. Wenn Du eine Auseinandersetzung mit einer anderen Person hast, dann erkenne, daß es innerhalb Deines Ermessens liegt, den Fall bei der Person einfach zur Sprache zu bringen und ihn aus einem ruhigen, rationellen und spirituell ausgerichteten Geist heraus zu besprechen oder einfach nichts zu sagen.

Verweise die Angelegenheit nicht in die Welt des Klatsches, wo sie unvermeidlich in eine vernichtende Kraft verwandelt wird. Halte ein und stelle Dich in die Schuhe der anderen Person. Würdest Du lieber ein Gespräch von Herz zu Herz mit Deinem Freund haben oder würdest Du lieber die Zielscheibe von bösartigem Klatsch sein? Ich bin sicher, daß Du es bevorzugen würdest, wenn Dein Freund direkt zu Dir käme, anstatt hinter Deinem Rücken über Dich zu sprechen. Denke nach, bevor Du sprichst und achte besonders darauf, nicht mit Gerede in der schädlichen Form des Klatsches zu beginnen.

Anderes negatives Gerede

Jene von uns, die den Tag damit verbringen, entweder negativ über sich selbst oder über andere zu reden, schaffen sehr deutlich atmosphärische Störungen. Genau wie Worte in der ätherischen Materie Form annehmen, so gilt das auch für Gedanken; in einer Hinsicht gibt es jedoch einen kleinen Unterschied zwischen ihnen. Worte werden auch gehört, und wenn sie von negativer Art sind, dann erschaffen sie mehr von der bereits vorherrschenden Lärmverschmutzung. Lärmverschmutzung ist nicht nur der laute Lärm des städtischen Lebens, sondern auch die Wiederholung von negativen Worten, Ideen, Urteilen und Verurteilungen, die täglich unsere mentale Atmosphäre füllen. Glaub mir, dies ist schädigender als ein lauter Lastwagen oder ein lärmender tragbarer Stereo-Rekorder.

Eine Weise, in der sich diese Art der Negativität manifestiert, ist das ständige Murren und Beschweren über die Ereignisse eines bestimmten Tages. Es wird zu viel Zeit mit dem Formulieren, neu erleben, und wieder aktivieren von dem verbracht, was man als falsche Handlungen einer Person oder einer bestimmten Situation betrachtet. So gibt es oft Ehepaare, die schließlich nach einem langem Arbeitstag Zuhause ankommen und jeden negativen Aspekt und jede negative Erfahrung, der sie sich während jenes Tages ausgesetzt fühlten, wiederholen. Das

Interessante an dieser Situation ist, daß das Ehepaar entscheiden könnte, die Ereignisse des Tages als Lektionen, aus denen man lernen kann, anstatt als negative Erfahrungen, die andere ihnen angetan haben, zu betrachten. Mit dieser Sichtweise könnte das Gespräch darauf gelenkt werden, was man aus diesen Erfahrungen gewinnen kann, anstatt sich einfach zu beschweren. Ich sage nicht unbedingt, daß bestimmte Situationen nicht unangenehm wären, oder daß andere bei ihrer Arbeit oder ihrem sozialen Umfeld für das negative Verhalten Dir gegenüber ungestraft bleiben sollten, oder daß Paare oder Freunde nicht die Freiheit haben sollten, sich diese Erfahrungen von ihrer Seele zu reden. Was ich jedoch meine ist, daß ständiges Klagen und Murren die negative Erfahrung weiter nähren, so daß sie eher wächst als heilt.

Wenn man ständigem Klagen nachgibt, negative Erfahrungen wiederkäut, andere verurteilt oder die Welt verflucht, dann baut man im eigenen Heim und in der eigenen Aura eine verschmutzte mentale und seelische Atmosphäre auf. Dies kommt zum eigentlichen Problem hinzu, was immer es auch sein mag, und vergrößert die Sache, die Du in erster Linie zu beanstanden hattest. Wenn man erlaubt, daß dieser Zustand andauert, erfüllt er schließlich Deine eigene Aura mit so viel Negativität, daß sie ein eigenes übersinnliches Leben erschafft, und lange nachdem man sich mit dem ursprünglichen Problem befriedigend auseinandergesetzt und es ausgelöscht hat, besteht es fort. Deshalb, lieber Leser, warne ich Dich vor diesem Verhalten, damit Du für Dich selbst nicht das erschaffst, was Du an anderen nicht leiden kannst. Du wirst schließlich die Aufgabe haben, die Rückstände aus Deinem eigenen übersinnlichen Feld zu klären, die Du ursprünglich heilen und klären wolltest.

Wachsam sein

Das eigene Reden zu beobachten verlangt ein gewisses Maß an Wachsamkeit. Ein Bereich in dem größte Wachsamkeit erforderlich ist, ist das Zuhause mit Familie und Freunden, wenn wir uns entspannen. Paare und Familienmitglieder verfallen oft in das fast unbewußte Verhalten, andere herabzusetzen und halblaute negative Andeutungen zu machen. Wenn dies geschieht, beginnt das Unterbewußtsein leider dies zu glauben. Dies ist vor allem bei kleinen Kindern der Fall, die noch nicht die Mittel entwickelt haben, um psychische Selbstverteidigungssysteme zu errichten, aber es ist auch für alle anderen äußerst schädigend. Inmitten unserer Familie und unseren Freunden und vor allem wenn wir mit unserem Partner alleine sind, dann möchten wir nicht ständig auf der Hut sein. Es gibt genügend Selbstschutz, den wir draußen in der Welt anwenden müssen, ohne dieses Verhalten Zuhause fortsetzen zu müssen. Unsere Redemuster zu beobachten, damit sie keine starken oder vernichtenden Elemente enthalten, zahlt sich in positivem Reden aus, das letztendlich so automatisch wie das Atmen wird.

Negatives Denken

Negatives Denken geschieht auf nahezu die selbe Weise wie die oben erwähnten Beispiele des negativen Redens. Der Hauptunterschied ist der, daß das gesprochene Wort im physischen/hörbaren Reich Form annimt und der Gedanke im ätherischen/astralen/mentalen Reich bleibt. Sowohl Worte als auch Gedanken infiltrieren die Auren von sowohl dem Sprecher/Denker als auch von jenem, an den der Gedanke oder das Wort gerichtet ist. Sie beide bringen, das wobei verweilt wird, durch das Gesetz der Anziehung in Manifestation - ein äußerst wichtiger Punkt zur Erwägung. Der große Philosoph und Lehrer Hermes sagte, daß alles Geist ist; das Universum ist mental. Es folgt deshalb daraus, daß die Gedanken die wir erschaffen, ihrerseits das erschaffen, was für uns unser Universum ausmacht. Also, ehe wir irgendeiner Art von negativem Denken nachgeben, sollten wir uns daran erinnern, daß wir Mitschöpfer Gottes sind, und daß eines unserer kräftigsten Mittel zur Erschaffung der Geist ist. Wenn wir dies tun, werden wir es viel leichter finden, uns dafür zu entscheiden, nicht den andauernden manipulierenden negativen Gedanken- mustern nachzugeben, sondern eher unsere Aufmerksamkeit dem Positiven in unserem Leben zuzuwenden. Die Affirmationen in diesem Buch sind wunderbare Instrumente, um negative Gedanken umzuformen. Genauso wie wir unsere physischen Heime bauen, Möbel aussuchen und sie in angenehmer Anordnung aufstellen, erbauen wir auch unsere mentalen Heime durch die Gedanken, die wir von Moment zu Moment denken. Aus diesen Gedankenmustern bilden wir ebenso unsere Auren, unsere physischen Körper und sogar die Umstände, die wir in unser Leben hineinziehen. Die Tatsache ist, daß wir die Fähigkeit haben, Paläste wie auch Gefängnisse zu bauen, wenn wir einfach auf das, was wir sagen achten und so unsere mentalen Gedanken/Welten neu programmieren.

Heilende Gedanken, Worte und Klänge

Es gibt spirituelle Werkzeuge wie Gesänge oder Mantren, die uns helfen können, uns auf unser Höheres Selbst, unsere Monade und unseren reinen Zustand des spirituellen Seins auszurichten. Durch die Jahrhunderte hindurch wurden in einer großen Vielfalt von religiösen und spirituellen Praktiken, Mantren und Chants verwendet, um die erwünschte Wirkung zu erhalten. Das bekannteste Mantra des Ostens ist das Chanten des Klanges "OM" oder "AUM".

Während des inneren meditativen Zustands wird der Yogastudent dazu angeleitet, entweder verbal oder in der Stille das "OM" oder "AUM" zu chanten. Dies hat eine beruhigende Wirkung und führt schließlich zu einem Zustand mentaler und emotionaler Ruhe. Ebenso hilft es dem Meditierenden, sich auf den Klang des Lebens oder auf Gott auszurichten. Es steckt viel Kraft in diesem besonderen Mantra, das sowohl stärkt als auch beruhigt. Ich empfehle Dir sehr, es einmal zu probieren. Wenn Du den Geist beruhigen möchtest, dann empfehle ich Dir die folgende Meditation.

Nimm, entweder sitzend oder liegend, eine bequeme Haltung ein und halte das Rückgrat gerade. Beobachte einige Momente den natürlichen Fluß des Atems, während Du Dich in die Stille begibst. Nimm einen tiefen Atemzug, fülle zuerst den Bauchraum, dann den Rippenbereich und schließlich den Brustraum. Während Du ausatmest, lasse den Atem zuerst, während zweidrittel der Ausatmung, den Oooooooo-Klang tragen und anschließend den Mmmmm-Klang. Also während die Luft zuerst aus der Brust und dann aus dem Rippenbereich strömt chantest Du Ooooooooooooo. Während die Luft aus dem Bauchraum strömt chantest Du den Mmmmmmm-Klang.

Wenn es notwendig ist, unterbrich diese Folge und lasse Deinen Atem natürlich fließen. Nach einer Weile wird dies nicht mehr nötig sein, aber erzwinge niemals etwas. Sei Dir also zuerst gewiß, daß Du Dir die Zeit nimmst, die Du zwischen dem Chanten des OM brauchst. Beginne mit der dreiteiligen Einatmung und dem OM-Chanten bei der dreiteiligen Ausatmung.

Versuche möglichst im Rhythmus zu bleiben, damit weder das Chanten noch der Atem fragmentiert oder unterbrochen wird.

Beginne Deine Übung höchstens drei Mal laut, ehe Du dann den Klang für ein paar Minuten still bei natürlicher Atmung wiederholst. Du kannst die Dauer des OM-Chantens langsam steigern, aber denke daran, nichts zu erzwingen und auf keinen Fall über zehn Minuten hinaus zu gehen, es sei denn, Du wirst von einem Lehrer angeleitet oder Du hast Yoga- und Atemunterricht bekommen.

Du kannst bei natürlichem Atemfluß bis zu 45 Minuten verweilen und innerlich dem Klang des OM zuhören. Lasse den Atem ganz natürlich fließen und erinnere Dich daran, Dich selbst vollständig zu erden, ehe Du diese (oder jede) Meditation beendest. Strecke dann Deine Glieder, öffne Deine Augen und nimm Dir einen Moment Dich auszurichten. Gehe dann mit einem ruhigen, stillen, spirituell ausgerichteten Geist in den Tag.

Das Gebet des Heiligen Franziskus

Eines der allerschönsten Gebete ist das Gebet des Heiligen Franziskus. Es ist sowohl ein Gebet als auch eine Affirmation. Wenn es laut und/oder in der Stille wiederholt wird, ist es eines der besten Instrumente, das ich kenne, um die Heilung der inneren Einstellung mit dem Gebet zu kombinieren. Ich gebe hier den wichtigsten Teil des Gebetes wieder, so daß es leicht als Meditation/Affirmation verwendet werden kann.

Herr, mein Gott, mach mich zum Werkzeug Deines Friedens.
Daß ich Liebe übe, wo man mich haßt.
Daß ich verzeihe, wo man mich beleidigt.
Daß ich verbinde, wo Streit ist.
Daß ich die Wahrheit sage, wo Irrtum herrscht.
Daß ich Glaube bringe, wo der Zweifel drückt.
Daß ich Freude bringe, wo Kummer wohnt.
(Es ist interessant zu bemerken, das der Heilige Franziskus von Assisi eine frühere Inkarnation des Meisters Kuthumi war).

Elohim/Yod He Vau He

Die Elohim sind von Gott erschaffene Wesen, um Ihm zu helfen, das unendliche Universum zu erbauen. Die Kaballah weist auf die Elohim als die göttliche Mutter hin, und auch als einer der mächtigsten aller Namen. Die Kaballah weist auch auf Yod He Vau He als den göttlichen Vater hin. Wenn man das Chanten beider Namen oder Klänge der Kraft kombiniert, ergibt dies ein erstaunliches Mantra, das zugleich die weiblichen und männlichen Aspekte der Schöpfung umfaßt.

Nimm zum Chanten dieser Namen eine bequeme Haltung ein und sitze mit geradem Rücken. Die Haltung mit geradem Rücken ist wichtig, denn die Energie bewegt sich am Rückgrat entlang aufwärts; zusammengesackt und krumm dazusitzen erschwert den Energiefluß. Wenn Du bequem sitzt, beginne einfach damit, dem Atem zu folgen, chante dann langsam den Namen "Elohim" in einer langgezogenen Weise. Es würde etwa klingen wie "Elll-oooo-hiiim." Dann chante langsam "Yod-He-Vau-He." Wiederhole dies solange, wie es sich gut anfühlt. Wenn Du das Gefühl hast, daß Du still werden möchtest, dann nimm Dir ein oder zwei Minuten um diese Namen innerlich zu chanten. Gestatte Dir dann, einige Momente die stillen, ruhigen Tiefen zu erfahren, zu denen diese äußerst mächtigen Worte Dich geführt haben. Erde Dich selbst wie immer ehe Du aus der Meditation zurückkommst.

Heilige Gebete verschiedener Religionen

Die Kraft der heiligen Gebete jener Weltreligion, mit der Du Dich am meisten verbunden fühlst, kann Wunder bewirken, da es Dein mentales System und tatsächlich Dein gesamtes Vierkörpersystem transformiert. Wenn Du solche Gebete sprichst oder Mantren chantest, verwendest Du *das Wort* als ein Mitschöpfer Gottes, indem Du die höchstmöglichen Schwingungsfrequenzen anstimmst. Weitere wunderbare Beispiele heilender Worte sind das Wiederholen von Ave Maria, das Vater Unser,

OM, Shanti Shanti Shanti (Shanti heißt im Hinduismus "Friede"), dem Namen von Buddha, Christus oder irgendeinem der großen Meister, Ich Bin der Ich Bin oder das Chanten von Sai Baba / Sai Ram. Eines der kräfigsten und schönsten Gebete ist die Große Invokation von Meister Djwhal Khul durch Alice Bailey in "Ponder on This".

Die Große Invokation

> Aus dem Quell des Lichts im Denken Gottes
>
> ströme Licht herab ins Menschen-Denken.
>
> Es werde Licht auf Erden!
>
> Aus dem Quell der Liebe im Herzen Gottes
>
> ströme Liebe aus in alle Menschenherzen.
>
> Möge Christus wiederkommen auf Erden!
>
> Aus dem Zentrum, das den Willen Gottes kennt,
>
> lenke plan-beseelte Kraft die kleinen Menschenwillen
>
> zu dem Endziel, dem der Meister wissend dient!
>
> Durch das Zentrum, das wir Menschheit nennen,
>
> entfalte sich der Plan der Liebe und des Lichtes
>
> und siegle zu die Tür zum Übel.
>
> Mögen Licht und Liebe und Kraft
>
> den Plan auf Erden wieder herstellen!

All das obenstehende dient als heilender Balsam, nicht nur für Dich, sondern für die Welt, da diese Klänge, Worte, Mantren und Gebete durch Dich hindurch hinaus in die ätherische, astrale und mentale Atmosphäre gehen. Die Wahl liegt bei uns, meine geliebten Leser, ob wir Worte und Gedanken des Verletzens oder des Heilens wählen. Es ist mein inniges Gebet, daß jeder von uns wählen möge, die Macht des Gedankens, des Wortes und der Tat zu nutzen, um eine möglichst rasche Heilung in uns selbst und auf dem Planeten zu bewirken.

9. Die Deva-Linie der Evolution

Die Wirklichkeit der Engel

In diesem Buch wurde bisher vieles über die esoterische Art der Menschheit und wie wir uns zu den höheren Aspekten unseres Gottselbstes entfalten können erörtert. Was ich bis jetzt noch nicht besprochen habe, ist die Rolle, die die Engel- oder Deva- Evolutionslinie in bezug auf unsere eigene spielt. So wie vieles, was Dir auf diesen Seiten vermittelt wird, den Prozeß von Synthese und Integration mit einbezieht, so muß die Deva- oder Engel- Evolutionslinie als Teil des Gesamtbildes eingefügt werden, denn der Teil den sie spielt, ist wahrhaftig großartig! Die Devas, wie sie oft in der okkulten Literatur genannt werden, sind die Baumeister der Form innerhalb des Universums. Die Deva-Evolutionslinie läuft parallel zu jener der Menschheit; ebenso umfaßt sie die ganze Skala der verschiedenen Entwicklungsstadien entlang des Pfades. Es gibt eingestufte Ränge von Devas, von jenen die fast blindlings wirken, sozusagen innerhalb der Aura eines entwickelteren Devas, bis zu jenen großartigen und mächtigen Devas oder Erzengeln, deren kosmische Aufgabe auch darin besteht, den äußeren Ausdruck, oder die Form vom Kosmos an sich, bauen zu helfen.

So wie wir sagen können, daß eine Person auf dieser oder jener Einweihungsstufe steht, kann der sich entwickelnde Engel mit einem Eingeweihten des ersten, zweiten oder siebten Grades verglichen werden. Ebenso wie es weniger entwickelte Mitglieder der Menschheit gibt, so gibt es Wesen, die in der okkulten Literatur Waldgeister, Elfen und Gnome genannt werden. Und genauso wie es jene gibt, die sich durch die sieben Einweihungsstufen hindurch entwickelt haben, so gibt es auch die großartigen Baumeisterdevas oder -Engel, welche die göttlichen Architekten der Welten sind. Der Kernpunkt ist, daß sich die beiden Evolutionslinien auf allen Ebenen überschneiden und jede ihren spezifischen Teil zum Ganzen beiträgt. In der überlieferten Kultur sind Engel und Devas lange als Realität bekannt gewesen. Durch die Jahrhunderte hindurch gab es Berichte über kleine Elfenwesen, die im schottischen Hochland, auf dem englischen Lande und inmitten der üppigen Wälder gesehen wurden. Sie bevölkerten auch die Märchenbücher unserer Kinder und Bilder geflügelter Engel ließen viele Kinder sanft einschlafen. Bis vor kurzem jedoch wurden die Engel nicht sehr ernst genommen und die einzige Ausnahme dieser Regel bildeten einige der großen Erzengel der Bibel.

Jetzt, wo ich hier sitze und dies mit der Maschine schreibe, bemerke ich die Engelbilder, die mein Zimmer schmücken. Vor weniger als zwanzig Jahren wäre dies nicht der Fall gewesen. Jetzt sind Engellesezeichen, -karten, -uhren, -armbanduhren, -poster, -statuen und sogar -T-shirts in den Geschäften erhältlich. Die Menschen beginnen in Massen, die Realität des Engelreichs zu erahnen. Engel und Devas sind tatsächlich real. Sie sind dabei, eine anerkannte Realität zu werden, denn die Menschheit ist dazu bestimmt, in einer viel engeren Zusammenarbeit mit ihnen zu arbeiten als wir dies in der Vergangenheit getan haben. Die Schwingungsrate der Devas ist ätherischer als die der jetzigen Menschheit, was ein Grund dafür ist, daß wir sie nicht ohne weiteres sehen können. Dies ändert sich jedoch, da unsere Frequenzen sich ändern und wir alle lernen, klarer in die ätherischen Reiche zu schauen.

Es ist das dritte Mal, daß dies in der Geschichte stattfindet. Das erste Mal war es in der biblischen Ära, das zweite Mal in der mittelalterlichen Ära und das dritte Mal in der heutigen Ära. Es ist wichtig zu bedenken, daß wir auf der Schwelle zu einem neuen Jahrtausend stehen, das einen Schub neuer Energien mit sich bringt. Ebenso leitet es eine neue Offenbarung von neuen Energiemustern ein, zu denen es in anderen entscheidenden Zeiten während der Geschichte Zugang gab. Dies wird jedoch auf einer höheren Kurve der Spirale stattfinden, da sich alles voran und aufwärts bewegt.

Ein praktischer Grund dafür, daß wir nicht in der Lage sind das Reich der Devas in dem Maße zu sehen wie wir es in der Vergangenheit konnten, liegt darin, daß die Menschheit industrialisiert und zivilisiert wurde, bis zu dem Punkt, an dem sie viel der natürlichen Fülle vernichtete, und die Devas und Engelwesen sich daraufhin in die Abgeschiedenheit dichter Wälder zurückzogen. Die Atmosphäre, die die Menschheit erschaffen hat, ist giftig für die Devas und vernichtend für ihre Arbeit. Dies ist vor allem bei jenen, die mit dem Pflanzenreich arbeiten, der Fall. So sind sie verständlicherweise in sichere Gebiete umgezogen.

Langsam, und fast gegen unseren Willen, ist die Menschheit dabei, zu der Tatsache zu erwachen, daß die Welt die sie erschaffen hat, nicht nur für die Devas giftig ist, sondern auch für uns selbst. Je stärker wir unsere Beziehung zu Mutter Erde verändern und das demonstrieren was unser Einweihungsprozeß als höhere Wahrheit offenbart, umweltfreundlich handeln und uns aller Reiche und Evolutionen bewußt werden, werden wir langsam die Dinge verändern und unsere göttliche Bestimmung erfüllen. Und dies schließt bewußte Zusammenarbeit mit dem Deva- und Engelreich mit ein.

Überblick der Engelhierarchie

Die *Elementale*, wie sie in der okkulten Literatur genannt werden, sind die spirituellen Essenzen aus denen alle Formen gebaut sind. Sie sind aus dem Geiststoff eines höheren Engels zusammengesetzt. In Wirklichkeit entwickelt sich das elementale Reich in eingestuften Rängen und es gibt jene, die besser bekannt sind als Elfen, Gnome, Waldgeister, Salamander und Luftgeister, die viel weiter in ihrer Evolutionsstruktur sind und sich eines Tages invididualisieren werden. Dies trifft auch auf bestimmte Tiere zu, die zur entsprechenden Zeit die Menschheit eines zukünftigen Zeitalters sein werden. (Dieses Thema ist sehr speziell und wird später in diesem Buch behandelt). Im Moment genügt es zu sagen, daß die

Erfahrung vieler elementaler Entitäten insofern gleichartig ist, wie die vieler Wesen aus dem Tierreich, da ihre individuellen Erfahrungen einer Gruppenseele hinzugefügt werden und sie als Ganzes zu der Entwicklung jenes gesamten Seelenkörpers beitragen, ehe ihr eigener Individualisierungsprozeß beginnt. Ihr Prozeß der Individualisierung ist von unserem sehr verschieden, aber er ist trotzdem spezifisch. Erinnere Dich daran, daß sie zu einer Entwicklung gehören, die unserer parallel läuft.

So wie das elementale Leben entweder von einem Engel einer höheren Stufe oder von einem überschattenden Engel (zum Beispiel, ein Engel der für das Wachstum vieler Sorten von Kürbissen verantwortlich ist) kontrolliert wird, so reagiert auch das elementale Reich auf die Gedanken der Menschheit. Die Menschheit schafft Gedankenformen und emotionale Formen, je nachdem was sie kollektiv fühlt und denkt. Deshalb wird gesagt, daß Gedanken Dinge sind und starke negative Emotionen tatsächlich verletzen. Wenn starke Emotionen einen Gedanken oder ein Gefühl begleiten, zieht jener bestimmte Gedanke oder jenes bestimmte Gefühl elementale Essenzen zu sich hin, die ihrerseits dem Gedanken oder dem Gefühl im ätherischen Reich Form und Gestalt geben. Wenn diese Gedanken einmal Form annehmen, dann nehmen sie ein sogenanntes Eigenleben an. Gedanken von Ärger und Haß schießen wie Pfeile mit Lichtgeschwindigkeit und wenn die Person, auf die sie gerichtet sind, ungeschützt ist, dann nimmt die Person sie in ihrem Ätherkörper auf.

Werkzeuge zum Schutz vor negativen Gedankenformen

1. Rufe Erzengel Michael mit seinem blauflammigen Schwert des Schutzes und seine Engellegion an. Er wird Dich vor negativen Elementalen und Gedankenformen mit seinem göttlichen Schutzschild bewachen. Michael ist eines der großartigen

Schutzwesen und ein Spender von Stärke für die ganze Menschheit. Es ist eine gute Idee, jeden Tag seinen Beistand zu erbitten, insbesondere wenn man mit irgendeiner Form der Negativität konfrontiert wird. Dieser Schutz ist in schwierigen Weltlagen ebenso hilfreich. Wenn die Nation oder die Stadt, in der Du lebst, irgendwann durch eine Periode übermäßiger Unruhe und des Umbruchs geht, dann wende Dich an ihn und bitte um seine Hilfe.

2. Christus anzurufen ist ebenso eines der wunderbarsten Werkzeuge des Schutzes, das der Menschheit zur Verfügung steht. Die Schwingung von Christus/Jesus, Lord Maitreya/ Sananda ist von solch einem hohen Grad, daß sie Dich vor jeglichen negativen Angriffen beschützen wird. Du kannst Dich auch in gleicher Weise an Mutter Maria wenden. Das reine weiße Licht der Jungfrau Maria und des Christus ist ein undurchdringlicher Panzer des Schutzes.

3. Du kannst auch direkt Gott oder irgendeinen Meister, mit dem Du Dich verbunden fühlst, anrufen. Sie stehen Dir liebevoll zur Verfügung und erwarten Deinen Ruf.

4. Wende Dich direkt an das Herz der Liebe und trage dieses Herz so wie Du Kleidung tragen würdest, die Dich tagsüber umgibt und schützt. In Wahrheit gibt es keinen größeren Schutz als die Liebe. Die Liebe ist die größte Barriere zwischen Dir und den negativen Einflüssen, sowohl aus äußeren Quellen wie auch aus Deinem Unterbewußtsein. Die Liebe ist ebenso ein großer Reiniger; sie kann klären, heilen und beruhigen. "Perfekte Liebe verbannt alle

Angst" - und ebenso alle Negativität. Gib daher alle negativen Energien in die rosa-weiße Flamme der Liebe und eine göttliche Heilung und ein Zustand des Schutzes wird sich auf allen Ebenen Deines Wesens manifestieren.

5. Ich rate Dir, dieses letzte Werkzeug ungefähr drei Mal täglich anzuwenden oder zu "reaktivieren." Umgib Dich selbst mit der gold-weißen halbdurchlässigen Schutzblase von der ich bereits sprach. Da diese Blase halbdurchlässig ist, können durch sie liebevolle Gedanken und Energien, die zu Dir geschickt werden, leichter in Dein aurisches Feld eintreten und Dich emporheben.

Beseitigung negativer Gedankenformen

Trotz unserer besten Bemühungen haben wir alle, einfach durch den Lebensprozeß auf diesem Planeten, in einer gewissen Weise einige negative Gedankenformen und Elementalenergien aufgenommen, die wir lieber loswären. Es gibt verschiedene Möglichkeiten, die ich in anderen Büchern erörtert habe, um sie aus der Aura zu entfernen. Hier sind einige abgekürzte Verfahren um das aurische Feld zu reinigen:

1. Bitte darum zum Synthesis Ashram von Djwhal Khul gebracht zu werden, um von allen negativen elementalen Eindrücken und Gedankenformen gereinigt zu werden.

2. Bitte den Lord von Arcturus und Vywamus um den Goldenen Dom des Schutzes, um Dich sowohl von unerwünschten negativen Gedankenformen zu schützen als auch zu reinigen. Bitte dann

darum, daß alle verbliebene negative Energie gereinigt und aus dem Goldenen Dom des Schutzes entfernt wird, so daß Dein gesamtes aurisches Feld gereinigt wird.

3. Wende Dich an Saint Germain, um alle einschränkenden Energien aus Deinem aurischen Feld durch die Macht der Violetten transformierenden Flamme zu entfernen.

Dies sind lediglich einige der Werkzeuge mit denen man arbeiten kann, aber sie können Dich sicherlich auf den richtigen Weg bringen, um Dein aurisches Feld gründlich zu reinigen.

Devas, Naturgeister, Elementarwesen und das Wachsen einer Blume

Laßt uns mit unserer Vorstellungsgabe in das Reich der Devas blicken und das Wachstum einer Blume betrachten. Stellen wir uns vor, daß es eine rote Rose ist. Die Idee der roten Rose würde zuerst im Geist des Engels/Deva jener Rose ihren Ursprung finden. Dieser bestimmte Deva wäre einer der vielen schöpferisch tätigen Devas, die unter dem Einfluß des überschattenden Devas aller Rosen stehen. Dennoch werden wir uns weiterhin diesen einen bestimmten Deva vorstellen, der an der Idee seiner künftigen Schöpfung, der roten Rose, festhält. Der Deva der roten Rose, wie ich diesen herausleuchtenden nennen werde, bringt ein Stück von sich selbst, aus dem er die Form baut, in die Welt der ätherischen Materie hinein. Dieses Stück von sich selbst kann als ein Energiepaket umschrieben werden, das aus Elementalessenz besteht. Die kleinen erschaffenden Devas fahren dann damit fort, diese Rose herzustellen, denn auch sie enthalten diese Grundelementalenergie. Diese ätherisch tätigen Devas haben die Macht, die Schwingung der Blume zu verringern, bis sie physisch Wurzeln bildet und eine physische Form annimmt. (Eigentlich wird sie erst aus dem Samen hervorgebracht, wie Du weißt). Dies können sie mit Hilfe des Devas der roten Rose tun, dessen Arbeit unter dem Einfluß des überschattenden Devas aller Rosen vonstatten geht. Zu dieser speziellen Stelle der Manifestation der Rose wird die sogenannte Elfe hingezogen, damit sie sich um die Rose kümmert und sie bis zu ihrer Schönheit hin pflegt. Dann gibt es eine prächtige rote Rose.

Die Elohim

Ehe wir einen tieferen Blick auf die Art und Weise werfen, wie die Engel und unsere Evolutionslinie aufeinander einwirken und sie uns in jedem Bereich unseres Lebens helfen, sollte ich die Elohim mit einschließen. Elohim ist einer der Kraftnamen Gottes in der Bibel und in dem Buch des Wissens: "Die Schlüssel des Enoch". Auf sie wird als jene Wesen, welche die Welt durch den Willen Gottes (YHWH) erschufen, hingewiesen. Diese Wesen sind von einem sehr hohen Rang und bilden, zusammen mit den Engeln, die rechte und linke Hand Gottes. Nachfolgend eine Liste der Elohim (die Mitschöpfer Gottes):

1. Hercules und Amazonia

2. Apollo und Lumina

3. Heros und Amora

4. Purity und Astrea

5. Cyclopia und Virginia

6. Peace und Aloha

7. Arturus und Victoria

Es wird eine große Kraft erzeugt, wenn man sich an diese Wesen wendet und auch wenn man ihre Namen rezitiert. Da wir uns hier in erster Linie mit den Engeln beschäftigen und viele Eigenschaften der Elohim noch in ein Mysterium gehüllt sind, werde ich nicht tiefer darauf eingehen. Sie sollten jedoch erwähnt werden, da sie eine große Rolle bei der Manifestation des Weltalls spielen, und man viel Energie durch das Aussprechen ihrer heiligen Namen empfangen kann. Obwohl die Rolle, die sie spielen in Wahrheit weit über unseren kleinen Planeten und das ausgedehnte Universum hinausreicht, werden sie tatsächlich die Gegenwart ihres Seins zu Deiner hinzufügen, wenn Du um ihre Hilfe bittest. Zähle sie bitte zu den gesegneten Wesen die Dein Rufen erwarten. Da die Erzengel und die Elohim eine Rolle in der Erschaffung unseres Universums und des Kosmos (und sicherlich unserer Welt) spielten, haben sie natürlich eine wichtige Rolle im Leben der Menschheit. Obwohl das Engelreich, wie auch die Hierarchie der Meister in eingestuften Rängen wirkt, stehen uns die Engel in Wahrheit auf den vielen Ebenen ihrer Hierarchie des Seins zur Verfügung.

Die Erzengel

Die Erzengel sind auch als die überschattenden Engel bekannt, denn sie wachen über große Gruppen von Engeln, die Menschheit und bestimmte Tätigkeitsbereiche. Erzengel Michael, der zu dieser Zeit eng mit der Menschheit zusammenarbeitet, ist ein Engel von großer Stärke. Seine Funktion und Freude ist, uns mit seiner Stärke zu beschützen. Er ist vielen Menschen erschienen und trug dabei ein blauflammiges Schwert, das viele Künstler dazu anregte, ihn zu malen. Es gibt einige Menschen zu denen er eine direkte Kommunikationsverbindung errichtet hat und durch die er zur gesamten Menschheit spricht.

Lord Michael, wie er auch genannt wird, steht jedem von uns, der um seine göttliche Gegenwart und Hilfe bittet, zur Verfügung. Legionen von spirituellen Engelkriegern arbeiten sozusagen direkt unter ihm, um der Menschheit zu helfen, die Schlacht des Lichtes zu kämpfen. Wann immer Du Dich in einer Lage befindest, in der Du Stärke und Schutz vor

Negativität brauchst, wende Dich an den gesegneten Namen des Erzengel Michael und seine Legionen. Er ist auch einer der großen Engel, die allen, die sie suchen, leicht zugänglich sind, und man kann ohne weiteres in seinen Meditationszeiten mit ihm in Verbindung treten. Michael steht sowohl zur Führung als auch zum Schutz zur Verfügung, und ich schlage nachdrücklich vor, daß Du von seinen wunderbaren Gaben Gebrauch machst.

Erzengel Raphael ist der Erzengel der Heilung. Wie in der Liste der Erzengel angegeben, arbeitet er mit der geliebten Mutter Maria zusammen. Ihre Gegenwart überschattet alle Heilungsinstitutionen und -zentren, und es gibt viele Heilungsengel die unter ihrer direkten Führung und ihrer Abstammung arbeiten.Wenn Du selbst Heilung benötigst, dann erkenne bitte, daß Du weder alleine, noch der reinen Gnade der heiklen medizinischen Wissenschaft überlassen bist. Keiner ist wahrhaftig jemals alleine, aber die Kunst ist, sich an die göttlichen Wesen zu wenden, die so gerne dienen möchten. Wenn Du Dir bewußt bist, daß sie für Dich da sind, dann können sie mit Dir in umfassenderer und tiefgreifenderer Weise arbeiten, einfach durch die Bitte darum.

Wenn jemand, den Du liebst krank wird, dann wisse, daß Du Dich an diese göttlichen Wesen um Hilfe und Trost wenden kannst. Bespreche die Angelegenheit aus der Tiefe Deines Herzens vertraulich mit ihnen. Wende Dich an sie und ihre Kraft zu heilen wird sich zehntausendfach verstärken. Dies liegt daran, daß sie, als Meister, nur so viel und nicht mehr tun können, ohne direkt darum gebeten zu werden. Das göttliche Gesetz besagt, daß es keinen Eingriff in den menschlichen freien Willen geben darf, und alle göttlichen Wesen folgen diesem Gesetz.nIm allgemeinen frage ich meine Lieben oder Freunde persönlich, wenn es möglich ist, und auf der inneren Ebene, wenn es angebrachter ist, um herauszufinden ob sein/ihr Höheres Selbst von einem bestimmten Meister oder Engel Beistand haben möchte. Die Antwort ist gewöhnlich ein schallendes Ja, obwohl sie manchmal auch ein Nein ist. Ich tue dies, um das Gesetz der Nichteinmischung in den freien Willen eines anderen zu respektieren. Wenn die Antwort ja ist, dann setze ich mein Gebet fort und bitte im Namen jener Person um die göttliche Vermittlung dieser zwei geliebten Erzengel der Heilung. Ich versuche niemals, ihnen zu befehlen, eine Heilung zu bewirken, aber ich bitte sie darum, jegliche möglichen Mittel anzuwenden, um das Leiden zu lindern und den Heilungsprozeß zu unterstützen. Es freut den geliebten Erzengel Raphael und Mutter Maria dies zu tun und die Person spürt fast sofort, daß Erleichterung und Trost in ihr Wesen einziehen.

Denke daran, wenn Du Dich an diese wunderbaren Wesen wendest, dies möglichst aus ganzem Herzen zu tun. Die Energie, auf die das gesamte Engelreich am meisten wirkt, ist die des Gefühls. Rufe sie daher in dieser Weise und sie werden nicht nachlassen zu antworten. Ich habe Dir eine ziemlich ausführliche Beschreibung gegeben, die sich auf die Anrufung von den Erzengeln Raphael, Maria und Michael bezieht, dessen weibliches Gegenstück Faith ist. Hier folgt eine kurze Auflistung aller Erzengel, und jeder ist mit einem bestimmten Strahl verbunden und hat einen speziellen Bereich der Arbeit oder des Dienstes. Bitte rufe sie aus der selben Intensität des Herzens an.

STRAHL	ERZENGEL	DIENST
Erster	Michael/Faith	Schutz, Macht, Tatkraft
Zweiter	Jophiel/Christine	Erleuchtung, Wahrnehmung, Weisheit
Dritter	Chamuel/Charity	Liebe, Toleranz, Dankbarkeit
Vierter	Gabriel/Hope	Reinheit, Auferstehung, künstlerische Entwicklung
Fünfter	Raphael/Mutter Maria	Heilung, Konzentration, Marienenergie, wissenschaftl. Entwicklung
Sechster	Uriel/Aurora	Hingabe, Dienen, Frieden
Siebter	Zadkiel/Amethyst	Erbetene Hilfe, Kultur, Verfeinerung, Diplomatie, Anrufung

Wie Du sehr wahrscheinlich hieraus entnehmen kannst, gehören die Erzengel und die Chohans der Strahlen zur selben Grundenergiestruktur [siehe Kapitel 2 Strahlen-/Chohanliste]. Ein wichtiger Punkt den man beachten sollte ist jedoch, daß vor kurzem Paul der Venezianer und Serapis Bey in gewissem Sinne ihren Hauptstrahl, aufgrund ihrer überschneidenden Arbeit und weil die Zeit dafür reif war, miteinander getauscht haben. Daher ist Serapis Bey jetzt für die Hauptenergie als Chohan des Dritten Strahls verantwortlich und Paul der Venezianer für die Hauptenergie des Vierten Strahls. Diese Feinheiten mögen ein bißchen verwirrend erscheinen, aber ich versichere Dir, daß sie auf der inneren Ebene, auf der diese Art von Entscheidungen getroffen werden, einen perfekten Sinn ergeben. Bleibe nicht in bestimmten scheinbaren Widersprüchen stecken. Nichts bleibt beständig oder statisch. Sei Dir gewiß daß, wenn Du Serapis Bey in aufrichtiger Absicht und mit aufrichtigem Herzen um Hilfe gebeten hast, die passende Antwort zu Dir kommen wird.

Im Rahmen dieses Themas werde ich auch noch auf einen planetaren Amtswechsel hindeuten, der viele zu verwirren scheint. Wenn Dir diese Lehren neu sind, dann wirst Du nicht zu denjenigen gehören, aber wenn Du auf abweichende Literatur stößt, dann kannst Du verstehen, daß unter den Kräften, die die Menschheit regieren, Änderungen stattgefunden haben und wirst Dich daran erinnern, daß diese Dinge Dich nicht aufhalten sollen.

Diese größere Verschiebung fand während Wesak (Stier, Vollmond) 1995 statt. Während dieser Zeit ging Sanat Kumara, der das Amt des Planetaren Logos innehatte, in seiner eigenen Entwicklung weiter und wurde durch Lord Buddha abgelöst. Die Ämter im Kosmos sind so verschiedenartig wie die auf der Erde, wenn nicht unendlich mehr, also bitte ich Dich, nicht in Verwirrung zu geraten, wenn Du über diese Verschiebungen liest oder hörst. Bleibe innerhalb des richtigen Energieflusses und für alle Deine Bedürfnisse wird gesorgt werden. Jedesmal wenn ich von einem neuen Amtswechsel höre, bedarf es ein wenig der Anpassung, aber ich erkenne, daß etwas das aus irdischer

Sicht betrachtet wie eine Ewigkeit erscheint, innerhalb Gottes unendlicher Zeit einfach ein Moment ist. Ich erinnere mich auch daran, daß diese Wesen, wenn sie ihr Amt wechseln, sich nicht um Einkommen, Steuern oder Versicherungen zu sorgen brauchen. Also, wenn sie unbekümmert zu ihrem entsprechenden Platz weitergehen, gestatte ich mir einfach, dem Strom zu folgen und erkenne, daß alle Widersprüche in dieser Hinsicht einfach "scheinbare" Widersprüche sind und daß kein Gebet unbeantwortet bleibt, nur weil ich dachte, ich hätte es zu dem einen anstatt zu dem anderen Wesen schicken müssen.

Die Meister, Logoi, Engel, Erzengel und die gesamte planetare und kosmische Hierarchie antworten auf die Absicht. Dies erzähle ich Dir erneut, weil die Engel und die Erzengel besonders auf die reine Absicht des Herzens ausgerichtet sind. Alle hier dargestellten Wahrheiten sind Wahrheiten die aktuell sind. Die großartigste Wahrheit liegt jedoch im Herzen eines jeden von uns und dort erreichen wir die Höhen unseres eigenen spirituellen Seins.

Unter Berücksichtigung der Amtswechsel, werde ich Dir noch einmal die Chohane, die mit jedem Strahl verbunden sind, auflisten, so daß Du die entsprechenden Erzengel, die mit jenem Strahl arbeiten, verbinden kannst.

Erster Strahl	Chohan	Meister El Morya
Zweiter Strahl	Chohan	Meister Kuthumi
Dritter Strahl	Chohan	Meister Serapis Bey
Vierter Strahl	Chohan	Meister Paul der Venezianer
Fünfter Strahl	Chohan	Meister Hilarion
Sechster Strahl	Chohan	Meister Jesus/Sananda
Siebter Strahl	Chohan	Meister Saint Germain

Da die oben erwähnten Meister und Erzengel ständig zusammenarbeiten, ist es empfehlenswert, daß Du Dich sowohl an den Meister des Strahls als auch an den Erzengel, der mit jenem Strahl arbeitet, wendest, um einen bestimmten Zweck zu bewirken. Dies ist jedoch nicht in allen Fällen nötig, da jeder eine einzigartige Rolle im selben Bereich des Dienens einnimmt. Auf die Frage, wen man um Hilfe bitten sollte, würde ich Dir antworten, daß Du der beste Kenner in diesen Dingen bist, solange Du Deinem Herzen folgst. Laß Dein Herz, Deinen Geist und Deine Intuition zusammenarbeiten und wisse, daß die Erzengel und die Meister in gleichem Maße bereit sind, zu dienen.

Die Engel

Unter dem direkten Einfluß der Erzengel, deren Funktion es ist, große Bereiche des Dienens zu überschatten, stehen die eher persönlichen Engel. Zu dieser Kategorie gehören Engelgruppen, wie die Heilungsengel, die Engel der Schönheit und der Harmonie, die Engel des Friedens, die Engel zum Schutz des Heimes, die Engel der Barmherzigkeit, die Engel der Hilfe, die Engel des Gartens und so weiter.

Auf einer noch persönlicheren Ebene gibt es den Schutzengel, der ein Individuum durch verschiedene Inkarnationen hindurch begleitet. Es gibt auch einen Engel, der einer Person in einer gewissen Inkarnation bestmöglichst dient und mit dem Schutzengel zusammenarbeitet. In gewisser Weise haben wir alle einen Schutzengel, der während unserer verschiedenen Inkarnationen bei uns ist, der uns durch und durch kennt und dessen Funktion darin besteht, uns in jedem Bereich unseres Wesens zu helfen und zu schützen. Wir haben ebenso die Hilfe eines Engels, der besonders darauf ausgerichtet ist, wer wir während einer bestimmten Inkarnation sind. Dieser Engel schließt sich dem Schutzengel an und hilft uns in besonderer Weise. Wenn wir z.B. ein Leben führen, das harte Gesundheitslektionen mit sich bringt, dann werden wir einen Engel bei uns haben, der besonders geschickt in der Heilungskunst ist. Wenn wir ein besonders künstlerisches Leben führen, dann werden wir die zusätzliche Hilfe eines Engels haben, der sich in der Kunst spezialisiert hat. Was ich hiermit sagen möchte ist, daß die Hierarchie der Engel und Erzengel eine Realität ist und genauso praktisch ist, wie irgendeine Realität, die sofort durch die Sinnesorgane wahrgenommen wird. Oft fühlen wir uns völlig hilflos, zurückgelassen und alleine. In Wahrheit sind wir jedoch nie alleine. Wir haben nicht nur die Meister auf der inneren Ebene, unsere innere Linie bestimmter Meister, an die wir uns wenden können, sondern wir haben auch die Engelhierarchie, unseren eigenen persönlichen Schutzengel, der mit uns durch unsere Inkarnationen hindurch reist und wir haben einen bestimmten Engel, der uns während eines Lebens dient. Außerdem gibt es Engel- gruppen, an die wir uns wenden können, wenn wir ein spezielles Bedürfnis haben, wie zum Beispiel Raphael und das gesamte Amt der Heilungsengel oder Lord Michael und die Armee der spirituellen Lichtkrieger, wenn wir Schutz brauchen. In jedem Krankenhaus, in jeder Klinik und an jedem Bettrand gibt es bestimmte verkündende Engel, die schwebend und gespannt darauf warten, daß sie zur Hilfe gerufen werden. Innerhalb jedes Hauses gibt es Schutzengel des Hauses, die ebenso darauf warten, angerufen zu werden.

Du kannst ihnen dabei helfen, Dir zu Diensten zu sein, indem Du sie darum bittest. Warte nicht einfach bis zu einer Krisenzeit ehe Du sie rufst, sondern übe sie im täglichen Leben anzurufen und zu aktivieren. Die Engel entwickeln sich durch den Dienst an der Menschheit. Unsere zwei Entwicklungslinien schließen sich gegenseitig nicht aus, sondern sind miteinander verbunden und voneinander abhängig. Eine wunderbare Art, Deinen Schutzengel und alle Mitglieder dieser Evolutionssphäre zu ehren, ist ein speziell dafür errichteter Altar. Da alle Engel von der Schönheit und Liebe angezogen werden, kann der Altar einfach, aber dennoch wunderschön, harmonisch und liebevoll gestaltet sein. Es könnte ein Bild oder die Statue eines Engels darauf stehen. Stelle frische Blumen und süßriechenden Duft dazu. Die Gestaltung ist Dir völlig selbst überlassen. Ich schlage Dir vor, jeden Morgen und Abend kurze Zeit vor diesem kleinen Altar zu verbringen, einfach um den

Engeln zu danken, auch für die Rolle, die sie in Deinem Leben und in der Welt spielen. Dies schätzen sie besonders und es wird hilfreich sein, das Band zwischen Dir und Deinen besonderen Schutzengeln zu stärken. Es wird auch das Band zwischen Dir, als ein Vertreter der Menschheit, und dem Engelreich insgesamt stärken. Sie werden Dir danken, indem sie Dich mit einem Guß göttlicher Liebe überfluten, und ihre Energie auf subtile Weise, oder sogar in einer Vision, mit Dir teilen. Welche Weise sie auch immer wählen, sie werden Dir die Antwort geben, die für Dich am geeignetsten ist. Wenn Du also meinst nichts zu fühlen, heißt das nicht, daß sie Dir gar nichts geben. Es ist sehr wahrscheinlich, daß Du etwas sehr Wunderbares spüren wirst. Aber ungeachtet dessen, was Du sofort oder nicht gleich spürst, wenn Du sie ehrst, erweist Du sowohl Dir als auch ihrer gesamten Hierarchie einen großen Dienst.

Pan - Der überschattende Deva des Naturreichs

Wenn man über die Engel schreibt, kann man Pan, den überschattenden Deva des gesamten Naturreiches nicht übersehen. Alle Naturgeister stehen unter Pans direkter Führung und er könnte der Gott der Naturgeister genannt werden. Seine Erscheinung ist die eines Halbmenschen und einer Halbziege, was ihm leider einen schlechten Ruf gebracht hat. In Wahrheit existiert er lediglich um Gott zu dienen. Genauer gesagt, ist er einer der Devas, an die man sich zur Heilung menschlichen Leidens wenden kann, obwohl Devas hauptsächlich in Gärten, Wäldern, Wiesen, und jedem Gebiet, in dem es Naturgeister gibt, wirken. Der Grund dafür liegt darin, daß jene, deren Funktion es ist die menschliche Form zu erbauen, ebenso innerhalb seiner Sphäre liegen, da er der überschattende Deva aller Naturgeister ist.

Da die Devas den archetypischen Plan unterstützen und die Naturgeister und die Elementale die Erbauer jenes Planes sind, ist diese Evolutionslinie nicht nur für die Erschaffung der Form einer jeden Karotte, Erbse, Rose oder eines jeden Garten verantwortlich, sondern ebenfalls für die Form der Menschheit. Dies ist ein sehr umfangreiches Thema und wird nicht in diesem Buch erörtert. Es ist jedoch wichtig, davon Kenntnis zu nehmen, da Pan zur Heilung menschlicher Krankheiten, wie auch zur Heilung und zum einwandfreien Wachstum eines Gartens zu Hilfe gerufen wird.

Die Praxis der Devas und der Engelwesen

Die Absicht, die Engel von dem Reich der überlieferten Kultur, der Kinderfabeln und dem Tanzen auf einem Stecknadelkopf weg zu bringen, ist äußerst wichtig. Der ganze Antrieb der Aufstiegs- bewegung ist die Verschmelzung des Himmels mit der Erde und der Erde mit dem Himmel - ein Prozeß der Transformation und der praktischen Anwendbarkeit. Die positive Wirkung vom Reden oder Singen mit den eigenen Pflanzen ist mittlerweile bekannt. Die Hausfrau vor zwei Jahrzehnten ist die Heimgärtnerin von heute geworden, sie redet mit ihren Pflanzen, spielt Musik für sie und sie gedeihen wie nie zuvor. Dies wurde gut dokumentiert und in den Medien dargestellt. Wenn Dir dies jedoch immer noch wie Phantasie erscheint, dann rate ich Dir das Buch "The Secret Life of Plants" zu lesen, um zu sehen wovon ich rede. Oder, noch besser, versuche selbst einige Experimente.

In den frühen siebziger Jahren geschahen einige bemerkenswerte Ereignisse in einer kleinen schottischen Gemeinschaft namens Findhorn. In einer Handvoll Wohnwagen lebte eine sehr spezielle Gruppe von Menschen, die mit den Naturgeistern, den überschattenden Devas der verschiedenen Pflanzenreiche und mit Pan selbst in direktem Kontakt standen. Der Führung dieser Wesen folgend, pflegten sie den Sandboden der von solch spärlicher Qualität war, daß er für unfähig gehalten wurde auch nur das geringste Gemüse hervorzubringen. Dennoch züchteten sie Kohlpflanzen, Broccoli und anderes Gemüse von derselben Sorte wie Jacks mythischer Bohnenstengel - von noch nie dagewesener Größe - wahrhaftig geeignet für ein Reich von Riesen. Falls Du diese

Gemeinschaft und ihre Gemüsewunder selbst erforschen möchtest, empfehle ich Dir "Der Findhorn Garten" von der Findhorngemeinschaft zu lesen. In den siebziger Jahren wurde ein Dokumentarfilm über die Findhornbuchgemeinschaft und ihre unglaublichen Gärten gemacht. Ich weiß nicht, ob dieses Video noch erhältlich ist, aber es ist den Versuch wert es ausfindig zu machen. Ebenso empfehle ich den Versuch, ein Exemplar von "Behaving as if The God in All Life Mattered" von Machalle Small Wright zu besorgen. Von den Gesellschaften der Menschen in Findhorn und Perelandra zu lernen, sowie auch "The Secret Life of Plants" zu studieren, wird Dir erfolgreich die Vorteile der Zusammenarbeit mit diesen herrlichen verborgenen Welten nahe bringen.

In Deinem eigenen Garten

Die letztendliche Überprüfung der Praxis dieses gesegneten Reiches liegt natürlich bei Dir. Falls Du das Glück hast einen eigenen Garten zu besitzen, dann versuche mit den Devas des Gartens, sowie mit den Naturgeistern und Pan selbst zu arbeiten. Wenn Du Zimmerpflanzen hast, könntest Du auch damit anfangen. Versuche sanfte Musik für eine welkende Pflanze zu spielen, erzähle ihr, daß Du sie liebst, gib ihr einen Namen und bitte um innere Führung, um zu erfahren, wie sie am besten gedeihen kann.

Arbeite in derselben Art und Weise mit allen Engeln auf jeder Ebene, denn die Entwicklungslinie der Engel hat viel zu geben. Durch die Zusammenarbeit wird sich das Leben der Menschen und der Engel prächtig entwickeln. Bitte die Heilungsengel darum, mit dem Garten Deiner physischen/ätherischen, astralen/fühlenden und mentalen/ Gedankenkörper zu arbeiten. Wende Dich an die Erzengel, die verschiedenen Engelgruppen und vergiß nie, daß Du einen Schutzengel hast, der Dich aus einem vertrauteren Blickwinkel kennt, als Du Dich selbst. Sprich mit Deinen Schutzengeln und bitte sie um Hilfe. Sie werden helfen, denn so sind sie und das tun sie. Es ist an der Zeit, daß die zwei Entwicklungen in gegenseitiger Liebe, Vertrauen und Zusammenarbeit miteinander arbeiten. An diesem Punkt ist es die Menschheit, die die Arbeit der Engelhierarchie nachholen muß. Wir können dies tun, indem wir uns gestatten, wirklich mit ihnen zu arbeiten. Dies ist die Zeit der großen Beschleunigung der Erde. Die Engel bitten darum, aus dem Reich der Spekulation und Phantasie enthoben zu werden und in das Herz und das praktische Leben der ganzen Menschheit gebracht zu werden. Laßt uns dies versuchen, indem wir unser Herz und unseren Geist für den Aufstieg (ein anderer Begriff für Auferstehung) öffnen, und in das Licht, die Liebe, die Kraft Gottes und in das geliebte Engelreich eintreten, das uns auf Schritt und Tritt zu helfen versucht, und mit ihm zu verschmelzen. Die Freude liegt in der Realität dieser verborgenen Welten, die jetzt damit beginnen, in das menschliche Blickfeld zu rücken und das ist wirklich eine herrliche Sache. Ich bitte nicht darum, daß Du den Glauben hast, sondern, daß Du mit der Realität dieser unsichtbaren Mysterien experimentierst, damit Du sie selbst erfährst.

Die Engel-Mensch-Vereinigung

Bevor wir diese Erörterung abschließen, sollte der kosmischen Entfaltung noch ein Stück von diesem riesigen Puzzle hinzugefügt werden. Zu bestimmten Zeiten und für spezielle Zwecke wird gewissen Monaden erlaubt, sich auf dem Pfad zwischen den geflügelten Wesen und den Menschen unter der Führung der Erzengel und planetaren und kosmischen Meistern zu entwickeln und zu dienen. Eine Verschmelzung und Vereinigung findet statt, wenn eine Seele, oft aus der Engellinie, eine bestimmte Anzahl menschlicher Geburten annimmt (aufgrund einer gemeinsamen Entscheidung des karmischen Rates, jener Seele, der Hierarchie der Engel und der Menschheit), um den Zweck zu erfüllen, die Essenz von beiden Entwicklungslinien zu tragen. Bitte bedenke, daß dies nicht die Norm ist, obwohl es sicherlich ein Aspekt der Entwicklung ist, den man in Betracht ziehen sollte. Verbringe außerdem keine kostbare Zeit Deines Dienstes oder Deiner Aufstiegsarbeit mit der Überlegung, wo Du Dich in diesem Rahmen befindest. Die Arbeit ist wichtig, nicht der Glanz der Arbeit. Falls dieser ungewöhnliche Umstand für Dich gilt, dann wird es Dir, wenn diese Kenntnis dem größeren Zwecke dient, bekannt gegeben werden. Nachdem dies gesagt wurde, ist es gut, daß Du weißt, daß ein Pfad der Vereinigung zwischen den geflügelten Wesen und den Menschen existiert. Diese Wesen sind unter uns und sie haben meistens seit ihrer Kindheit eine Vergangenheit extremer Sensitivität für die Härte der Erde (obwohl es vielen Menschen, die auf dem Pfad der Einweihung fortgeschritten sind ebenso ergeht). Diese halbgeflügelten Wesen waren häufig Opfer des Kindergespötts und wurden oft als Feen oder Elfen bezeichnet oder als jemand, der auf einer Wolke treibt, der nicht hier ist, der Weltraumkadett ist und so weiter. Sie scheinen immer eine bestimmte magische Qualität um sich herum zu haben und könnten als anders oder besonders bezeichnet werden. Sie wurden im allgemeinen ziemlich mißverstanden.

Diese Kindheitsbemerkungen bringen tatsächlich die Wahrheit zum Ausdruck, daß sie in der Tat nicht vollständig hier sind, im üblichen Sinne des Ausdrucks. Sie sind jedoch eindeutig hier, um zu dienen und die Engelgegenwart in die Quelle der Menschheit zu bringen und zu verankern. Viele dieser Wesen sind durch ihren Ursprung eng mit dem Planeten Venus verbunden, da die Venus in prähistorischen Zeiten viel zu der Geburt der Menschheit auf Erden beigetragen hat, und ihr wurde größtenteils sowohl von den Engeln als auch von den fortgeschrittenen menschlichen Seelen geholfen. Sanat Kumara, der das Amt des Erdenlogos bis 1995 innehatte, war selbst mit der Venus verbunden. Diese Verbindung zwischen der Erde und ihrem Schwesterplaneten dehnt sich bis in die jetzige Periode aus und wird darüber hinaus gehen. Einige der halbgeflügelten Wesen haben viel mehr menschliche Essenz in ihre Aura gebaut als andere und verbringen einen großen Teil ihrer Zeit damit, bei den Aufgestiegenen Meistern, die sich entlang der menschlichen Linie entwickelten, zu studieren. Andere haben weniger Zeit damit verbracht, sich in Materie einzuhüllen. Nochmals, es kommt auf die spezifische Arbeit des Dienstes an, die am Anfang dieser

Vereinigung vereinbart wurde. Es mag interessant sein zu bemerken, daß Merlin der Magier sich selbst als ein solch vereinigtes Wesen offenbarte.

Dies funktioniert ebenso umgekehrt. Die menschliche Monade könnte vieles von sich selbst mit der Deva- oder Engellinie der Evolution vermengen, um jener Evolution in einem ähnlichen aber umgekehrten Muster zu dienen. Auf den höchsten Ebenen vereinigen und verschmelzen diese Hierarchien sich auf eine Art und Weise, die aus dreidimensionaler Sicht schwierig zu verstehen ist. Die Essenz aus diesem Verständnis sollte Dich, geliebter Leser, zum Kern all dieser Lehren zurückführen, der die Einheit in der Verschiedenheit und die höchste Empfindung der Einheit allen Lebens ist. Ich beende dieses Kapitel mit dem Gebet, daß die Hierarchie der Engel und die Hierarchie der Menschheit in Zusammenarbeit, gegenseitiger Abhängigkeit und friedlicher Liebe, was Gott beabsichtigte, leben mögen. Amen.

10. Unsere Brüder und Schwestern aus dem Tierreich

Die freilebenden Tiere

Laßt uns zunächst die weniger entwickelten Tiere betrachten. Diese Tiere leben im Freien, grundsätzlich ohne jeglichen Kontakt oder Wechselbeziehung mit Menschen, in welcher Art auch immer. Aus der Sicht der Evolution sind diese jüngeren Mitglieder des Tierreiches gerade dabei, zu den grundlegenden wesentlichen Ebenen ihrer Existenz zu erwachen. Sie wirken hauptsächlich durch ihren Instinkt und entwickeln sich durch den rauhen Umgang mit anderen Tieren einer ähnlichen Entwicklungsstufe und durch die Wechselwirkung mit ihrer unmittelbaren Umgebung.

Sie sind sich grundsätzlich ihrer Existenz durch starken Hunger, den Instinkt zu töten oder getötet zu werden, starke, aber gedankenlose Angst und gedankenlose Schmerzen bewußt. Diese Tiere gehören zu der Kategorie der niederen Säugetiere, vorgeschichtlichen Reptilien, Reptilien und bestimmter Tiefseefische. (Ich schließe Fische in diese Besprechung mit ein, obwohl sie an sich keine Tiere sind). Nochmals, diese Tiere haben absolut keinen Kontakt mit dem Menschenreich. Ein wenig weiter auf dieser Linie gibt es wilde Tiere, die jedoch eine bestimmte Form der Wechselwirkung mit der menschlichen Rasse haben, auch wenn es nur durch den Geruch ist oder durch die gelegentliche Möglichkeit, einen Menschen zu erbeuten. Scheinbar gibt es keinen Unterschied zu der Kategorie, die absolut keinen Kontakt mit dem menschlichen Leben hat, aber gerade durch den Kontakt mit der nächsten Ebene im Evolutionsprozeß entstehen einige sehr subtile Veränderungen. Diese Veränderungen sind minimal, aber sie ergeben eine leichte Erhebung der Aura des Tieres, einfach indem es mit der menschlichen Art in Berührung kommt. Dieser Unterschied ist sehr gering, aber ich erwähne ihn, um ein wenig über den Einfluß der menschlichen Wechselwirkung, sogar auf einer solchen Grundebene, zu enthüllen. Der nächste Schritt für das Tier schließt die menschliche Wechselwirkung mit ein. Ich spreche hier nicht von der häuslichen Wechselwirkung die wir mit unseren Haustieren haben, sondern von der Wechselwirkung die in bestimmten Urwaldgebieten stattfindet, wo Menschen und Tiere in nächster Nähe miteinander leben. Dort finden wir wilde Löwen, Tiger und so weiter, aber jetzt kreuzen sie täglich den Weg des Menschen. Die Menschheit beeinflußt diese wilden Tieren durch ihre Schwingung und sie fangen an, eine Art von Reaktionssystem für die Menschheit zu bilden. Dies geschieht auf einer sehr subtilen Ebene, aber die Energie der Menschen beginnt ansatzweise einen Einfluß auf das Tierreich zu haben, wodurch sie jener Tiergruppe eine bestimmte Färbung zufügt. Aus dieser Gruppe von Tieren entwickelt sich das wilde Tier, welches als Haustier adoptiert wird. Es ist bekannt, daß Menschen Löwen, Tiger oder Wölfe als Haustiere hielten und manche halten sie noch immer. Dies hat eine tiefgreifende Wirkung auf das Tier, wie wir sehen werden, wenn wir den esoterischen Evolutionsprozeß vom Tier zum Menschen erkunden.

Unsere Haustiere und domestizierten Tiere

Die nächste Gruppe der Tiere umfaßt jene, die wir unsere Haustiere nennen. Im allgemeinen sind dies all die Arten der Hunde und Katzen, der Vögel, Pferde, Elefanten, der wahrhaft domestizierten Wölfe, der Löwen und so weiter. Die letzteren sind die Ausnahmen der Regel, aber es gibt sie. Ich spreche hier von Wölfen, Löwen und anderen Tieren, die so gut trainiert sind, daß sie gutbezahlte Schauspieler in Filmen sind. Das Band zwischen ihnen und ihren Dresseuren ist sehr stark, obwohl es nicht dem Band des wahrhaftig domestizierten Tieres nahekommt, mit Ausnahme von Wölfen in seltenen Fällen.

Wenn wir die Entwicklung der Tierseele, die sich ins Menschenreich bewegt besprechen, ist es wichtig zu bedenken, daß die Beziehung zwischen dem Tiermitglied einer Familie und seinen Besitzern (Ersatzeltern oder Rudel) sehr eng ist. Zur Zeit ist die Tür ins Menschenreich, mit Ausnahme von äußerst seltenen Fällen, geschlossen und zwar seit der atlantischen Zeit. Diese Tür wird in einem entfernten Zyklus oder in einer entfernten Evolutionsrunde erneut geöffnet werden. Das Tier entwickelt sich letztendlich durch die Wechselwirkung mit dem Menschen und daher spielen Haustiere eine große Rolle im Evolutionsplan. Nicht nur wir halten sie für einen Teil der Familie, sie ihrerseits betrachten uns auch wahrhaftig als ihre Familie und für die Durchschnittskatze, den Durchschnittshund, das entwickelte Pferd und den Haustierelefanten sind wir dies auch. Ich möchte Dich daran erinnern, daß die amerikanischen Indianer auf die Tiere als ihre jüngeren Brüder und Schwestern hinweisen, so wie Gott möchte, daß wir sie betrachten.

Emotionen und Tiere

Ein interessantes Kennzeichen des Tierreiches, und eines das perfekt zu der Erklärung der Evolution dieses Reiches passt, ist die Rolle, die sie innerhalb der emotionalen Welt spielen. Alle Tiere sind empfänglich für Emotionen, sogar die Wilden, und das Karma von sowohl dem Menschenreich als auch dem Tierreich ist auf jener Ebene miteinander verbunden. Wilde Tiere übernehmen die Unausgeglichenheit der gewaltigen Gruppenhandlungen wie Krieg, Hungersnot, Armut und Massensterben, die ursprünglich durch das Menschenreich hervorgebracht wurde. Sogar das wildeste aller Tiere wird helfen, einige der negativen Reaktionen, die wir uns selbst angetan haben, zu lenken. In noch größerem Maße lenkt sogar das kleine Familienmitglied, das wir Haustier nennen, diese Energie.

Die Evolution des Tierreiches

Das Tierreich hat noch nicht den Punkt der Individualisierung erreicht. Eine individualisierte Seele zu werden, ist tatsächlich die nächste Entwicklungsstufe für dieses Reich. Dies ist auch genau das Ziel auf das es sich zubewegt. Dies bedeutet nicht, daß das Tierreich nicht wesentlich für den Fluß der Evolution wäre nur, so wie alle Reiche für das Ganze wichtig sind, so bewegen sich alle in ähnlicher Weise vorwärts auf dem Pfad der Evolution.

Stell Dir ein Glas Wasser vor. Stell Dir vor, daß jenes Glas alle Löwen, die es überall auf dem Globus gibt, darstellt. Jedesmal wenn ein Löwe inkarniert erfährt er die Dinge ein wenig individuell (es gibt immer einen Herdenaspekt), dennoch bleibt der Löwe mit dem einen Glas Wasser verbunden. Wenn der Löwe stirbt, fließt die Essenz von allem, was der Löwe erfahren hat, nach einem kurzen Aufenthalt in der astralen Welt in das eine Glas Wasser zurück. In dieser besonderen Phase von der Entwicklung eines Tieres ist es Teil einer Gruppenseele, ohne eine individualisierte Seele entwickelt zu haben. Jede einzelne Erfahrung die der Löwe macht, wird dem Glas Wasser hinzugefügt, wodurch es sich mit seiner einzigartigen Färbung, wenn auch noch so leicht, verändert. Wenn die Zeit vergeht und mehr Löwen inkarnieren, wird das Glas Wasser mehr von der Gruppenerfahrung all jener Löwen, die jemals existierten, widerspiegeln. Viel von dem Instinkt des Löwen ist geplant und vieles ist das Ergebnis der angehäuften Erfahrung jener spezifischen Gruppenseele zu der er gehört.

Dies ist jetzt das Grundmuster der meisten im Tierreich - sie sind damit beschäftigt, ihren individuellen Gruppenseelenkörper zu erbauen oder füllen ihr einzigartiges Wasserglas. Es ist interessant festzustellen, wie dies funktioniert, zum Beispiel bei einem Hirsch, der so grausam zum Sport gejagt wird. Obwohl der Hirsch fügsam und von Natur aus friedlich ist, hat die Gruppenseele eine, wie ich hinzufügen möchte, passende Angstreaktion der Menschheit gegenüber aufgebaut. Deshalb scheuen sie sich vor Menschen, da das eingewurzelte Hirschseelengedächtnis sie von jedem, der potentiell ein Jäger sein könnte, wegführt.

Im Falle des Hundes, der Katze, des Pferdes oder des Elefanten, wird noch ein Puzzleteil hinzugefügt. Was mit dem Glas Wasser anfängt und das "Hundsein" darstellt, wird nach Jahrhunderten der Wechselwirkung mit der Menschheit in verschiedene Hunderassen unterteilt. Der domestizierte Hund beginnt dann mit einer Serie von Inkarnationen als selbständige Persönlichkeit. Obwohl diese spezifische Entität nicht genau in demselben Sinne wie eine Person individualisiert ist, ist sie in der Tat dieselbe Persönlichkeit die sich, einzeln und nicht einfach als Teil einer Gruppenseele, Leben für Leben entwickelt. Sie fügt zu ihrem getrennten Reservoir an Erfahrungen ihre einzigartigen Erfahrungen der verschiedenen Inkarnationen hinzu und unterscheidet sich von einer Person nur im Prinzip des Geistes, denn die völlig individualisierten kausalen und mentalen Vehikel sind noch nicht hervorgebracht. Also ist ein göttlicher Sohn / eine göttlicher Tochter, so wie wir uns selbst kennen, noch nicht entstanden, aber sie könnte als Sohn oder als Tochter Gottes auf einer etwas niederen Evolutionsstufe betrachtet werden. Trotzdem handelt es sich auf dieser Stufe um eine recht ausgeprägte Persönlichkeit. Dieser Babymensch, wie ich liebkosend ein Haustier in diesem Stadium nenne, kann aus verschiedenen domestizierten Gruppenenergien den speziellen Körper und die Form wählen, in der er am besten seiner Evolution dienen und sie fördern kann. Daher kann Dein Haustierlöwe aus einer früheren Inkarnation in Ägypten Dein Kätzchen von heute sein. Beachte jedoch,

Faktoren, welche die Individualisierung bestimmen

Der Hauptfaktor im Individualisierungsprozeß eines domestizierten Tieres oder Haustieres ist die Wechselwirkung mit seiner menschlichen Ersatzfamilie. Die Energie, welche innerhalb jener Wechselwirkung den größten Teil zur Entwicklung des Tieres beiträgt, ist die Energie der Liebe. Der Liebesfluß zwischen Deinem Haustier und Dir selbst spielt eine unglaubliche Rolle bei der Entwicklung der astralen/emotionalen Natur Deines Haustieres. Umso mehr Liebe zwischen einem Haustier und seiner Familie fließt desto schneller wird sich das Tier auf seine Stunde der Individualisierung zubewegen. Tiere sind hauptsächlich mit dem Herzzentrum der Menschen, mit denen sie Kontakt haben, verbunden, so wie mit der göttlichen überschattenden Energie oder den Engelkräften, die das Wachstum des Tierreiches überwachen. Dies ist keine theoretische Tatsache, sondern etwas, das alle Tierliebhaber selbst erfahren.

Die psychologische/geistige Verbindung zwischen Menschen und Haustieren

Tiere reagieren im allgemeinen auch sehr auf die mentale Atmosphäre der Menschheit. Dies bekommt sogar für die Menschen, mit denen sie aufgrund ihrer innigen Wechselwirkung am engsten verbunden sind, eine größere Tiefe. Wenn ein Besitzer seine mentale Aufmerksamkeit auf sein Haustier richtet, es anspricht, ihm Dinge erklärt, dann regt dies den latenten Aspekt des Geistes an, der bis dahin im Tier schlummerte. Dann beginnt das Haustier damit, eine rudimentäre Psychologie zu entwickeln, die sehr einmalig und spezifisch für jenes bestimmte Tier ist. In den vergangenen zwanzig Jahren hat es eine enorme Zunahme der Phänomene der Tierpsychologen und sogar der Tierhellseher gegeben. Dies mag vielleicht ein bißchen fremdartig auf eine Person wirken, die weniger auf Tiere ausgerichtet ist, aber im richtigen Lichte dargestellt, kann es leicht als eine Realität betrachtet werden.

Uneingeweihte neigen dazu zu glauben, daß Tierhellseher, wenn sie behaupten die Gedanken ihrer Haustiere lesen zu können, ihre Tiere vermenschlichen, aber ich versichere Dir, daß sie das nicht tun. Sicherlich ist die Geiststruktur noch nicht vollständig geformt. Die Blaupause für jenes Wachstum ist jedoch anwesend und die Entwicklung ihrer Emotionalkörper, verbunden mit der Ähnlichkeit einer Gedankenwelt, führt dazu, daß wirkliche mediale und psychologische Eindrücke empfangen werden. Eine Person, die wenig Erfahrung mit Tieren hat, mag dies dem Tierinstinkt zuschreiben, aber in Wahrheit ist es die Evolution und die Weiterentwicklung des Tieres. Es handelt sich um sehr reale, erhöhte emotionale Reaktionen, so wie um den Beginn einer psychologischen und mentalen Schärfe. Dein Haustier ist nicht "nur" ein Hund oder eine Katze. Es sind, genauer gesagt, Tier-Kinder, die sich auf den Prozeß der Individualisierung und der letztendlich menschlichen Inkarnation zubewegen, und sie sollten daher mit mehr Respekt und mehr Ehrfurcht behandelt werden, als unsere moderne Gesellschaft dies tut.

Schlußbemerkung über unsere Geschwister aus dem Tierreich

Alles was ich über die Wechselwirkung zwischen der Menschheit und dem Tierreich und ihre enorme Wirkung mitgeteilt habe, wird hoffentlich jeden von Euch dazu bringen, die Wirklichkeit hiervon selbst zu erforschen. Es ist jedoch meine große Hoffnung, daß Du all dieses in gutem Glauben und innerer Ausrichtung annehmen kannst, um die Wichtigkeit der sanften Führung des Tierreiches zu erkennen. Tiere sind ein Teil der großen Evolutionskette und wenden sich an uns, um Führung zu erhalten, wenn sie ihren nächsten großen Sprung vorwärts machen. Die Menschheit ist für die Förderung der Entwicklung des Tierreiches verantwortlich, genau wie die Aufgestiegenen Meister der inneren Ebene und die spirituelle Hierarchie dafür verantwortlich sind, der Menschheit bei ihrer Entwicklung zu helfen. Das domestizierte Tier hat eine äußerst sensitive Natur, wobei manche auf der emotionalen Ebene sensitiver sind als andere, was von ihrer bestimmten Evolutionsstufe und dem Pfad auf dem sie voranschreiten abhängt. Trotzdem wirken wir Menschen für diese unglaublichen Wesen, die für ihre ganze Existenz auf uns angewiesen sind, sowohl als Lehrer wie auch als Eltern. Diese herrlichen Wesen sind nicht länger Geschöpfe der Wildnis. Sie sind nicht die wilden Tiere, die in einem sehr realen Sinne ihre jüngeren Brüder sind. Sie sind vielmehr wie kleine Kinder von Menschen abhängig, die sie füttern, streicheln, mit ihnen spielen, mit ihnen in Kontakt stehen und sie mit der Anregung der Liebe und der Kommunikation versehen, welche sie in ihre nächste Evolutionsphase hineinbringen wird. Bitte behandle sie freundlich, sanft und mit dem Respekt, den sie verdienen. Sie sind letztendlich die Vertreter unserer eigenen Vergangenheit, während wir die Hoffnung für ihre Zukunft sind. Sie sind ebenfalls die Freude für den Moment. Und, wenn wir eines dieser Babies in unsere Obhut genommen haben, dann laßt uns ihnen die Fürsorge geben, zu der wir uns verpflichtet haben, indem wir zustimmten, ihre Entwicklung zu betreuen.

11. Unsere Brüder und Schwestern von den Sternen

Die Idee der Weltraumbrüder

Manchen erscheint die Vorstellung, daß wir als Rasse und Spezies nicht alleine im Universum sind, als Science Fiction. Offen gesagt, finde ich es schwierig diese Haltung zu verstehen, auch wenn ich es sehr logisch betrachte. Die reine Vernunft enthüllt solch enorme Mengen an Sternensystemen, geschweige denn die Sonnen und Planeten, die sich um sie drehen, daß ich mir unmöglich vorstellen kann, daß die Menschheit im Universum alleine ist. Ich nehme jedoch an, daß Du, mein geliebter Leser, Dich zwischen denjenigen bewegst, die das Leben auf den Sternen mit Science Fiction gleichstellen und jenen, die feurig daran glauben. Dieses Kapitel ist Euch allen gewidmet.

Ich versuche nicht irgend jemanden von irgend etwas zu überzeugen, sondern teile Dir einfach die Wahrheit mit, wie ich sie sehe und überlasse es den Meditationen Deines eigenen Herzens, Deinen Gedanken und Deiner Intuition für Dich selbst zu entscheiden was Du glaubst. Ich bitte jedoch darum, daß Du dieses Kapitel so liest, wie ich Dich gebeten habe, alle anderen zu lesen, mit einem offenen Geist und einem Herzen der Bereitschaft, der ausgedehnten Betrachtungsweise. Die Hälfte meines Buches "Hidden Mysteries" habe ich einigen Informationen gewidmet, die ich hier nur kurz erwähnen werde. Es handelt sich um eine tiefgreifende Erforschung der außerirdischen Wesen, wobei ich mich der besten Literatur, die über dieses Thema erhältlich ist, sowie auch meiner eigenen persönlichen Erfahrung und Verständnisses bediente. Ich werde hier nur wenig wiederholen; es ist jedoch unumgänglich, daß es einige Überschneidungen geben wird, wenn man ein Thema dieser Art behandelt. Das Hauptanliegen, Dich in diesen Gedanken einzuführen, ist zweifach. Erstens, möchte ich diejenigen unter Euch, die nicht mit diesen Wesen der äußeren Bereiche des Weltalls vertraut sind, mit ihnen bekannt machen. So wie bei allen Themen dieses Buches, wirst Du sehen, wie unsere eigene Evolution als Rasse mit jener von anderen Welten eng zusammenhängt und verbunden ist. Zweitens, für diejenigen unter Euch, die mit bestimmten Aspekten der Wechselwirkung von der Erde mit Wesen von anderen Planeten, Sonnensystemen und Galaxien vertraut sind, ist es wichtig zu wissen, daß viele dieser Wesen gütige Absichten haben und in Übereinstimmung mit dem Willen Gottes hier wirken.

Es gibt so viel Verwirrung hierüber, so viele Mißverständnisse. Obwohl es wahr ist, daß einige dieser Wesen mit ausschließlich selbstsüchtigen Zwecken zu unserem Planeten gekommen sind, ist dies eher die Ausnahme als die Regel. Die Filmbranche, das Fernsehen und die Medien versuchen in dieser Sache unsere Ängste auszunutzen. Dies dient ebenso einem zweifachen Zweck. Erstens, es hält uns angsterfüllt und wenn wir angsterfüllt sind, werden wir den Versuch vermeiden, den Schleier zu durchdringen, den einige Regierungen aus der Unterwelt erschaffen haben. Indem sie uns angsterfüllt halten, können diese Regierungsmächte auch damit fortfahren, uns zu kontrollieren, denn Angst macht uns angreifbar.

Ich versuche Deinen Blickwinkel von einem des Zweifelns und der Angst zu einem der Ehrfurcht und des Erstaunens, der Freude und des Feierns zu verändern, und Du siehst, daß die Einheit allen Lebens tatsächlich die Einheit "allen" Lebens ist. Ferner hoffe ich, Deine Sicht zu erweitern, damit Du jenes Leben siehst und daß es nicht auf das Leben unseres spezifischen Planeten, unseres Sonnensystems, unserer Galaxie oder sogar unseres Universum beschränkt ist.

Die Evolution der Menschheit und unsere Weltraumbrüder

Seit Beginn der Evolution der Erde, insbesondere ab dem Moment, in dem die Kindermenschheit sie als ein Schulgebäude zur Entwicklung annahm, kamen höherentwickelte Wesen von anderen Welten und Sternensystemen, um uns in unserer Entwicklung zu helfen. Über diese Wesen wird oft als die "Söhne des Feuers" gesprochen, da eine ihrer Hauptfunktionen darin bestand, den neu aktivierten Aspekt des Geistes in der Kindermenschheit anzuregen. Eines der einflußreichsten Wesen in der Entwicklung des Menschen auf Erden ist Sanat Kumara, der als Planetarer Logos für die Erde bis 1995 tätig war. Dieses großartige Wesen kam mit vielen anderen vom Planeten Venus, der in der okkulten Literatur als Schwesterplanet der Erde bekannt ist. Als Planetarer Logos war Sanat Kumara in seinem höchsten Aspekt tätig, als "jener, der die Erde und alles was darin enthalten ist, innerhalb seiner Aura hielt." Neben ihm wirkten mehrere äußerst fortgeschrittene Wesen, die mit der Menschheit arbeiteten, um ihre mentale und moralische Entwicklung zu leiten.

Zu Beginn der Erdgeschichte gab es eine große Anzahl sogenannter Außerirdischer - genauso wie es sie heute gibt - deren Hauptfunktion es war, der Entwicklung der Menschheit zu helfen. In unseren frühen Stufen als Spezies dagegen, war die Hauptfunktion dieser Wesen, uns bei der Entwicklung des Geistprinzips und bei der Strukturierung der Zivilisation zu helfen. Die Absicht des positiven außerirdischen Einflusses ist, uns zu helfen, unseren Evolutionsschritt in die Fünfte Dimension, oder in das spirituelle Reich, zu gehen. Sie sind auch dazu da, um uns sozusagen vor uns selbst zu retten und uns bei der Entwicklung unserer höheren Fähigkeiten zu führen. Diese positiven Außerirdischen halten Wache vor den wenigen negativen Gruppen, wobei sie sie nach ihrem besten Können fernhalten, ohne sich in den menschlichen Willen einzumischen. Leider gibt es Mitglieder unserer Regierung, die sich dafür entschieden haben, sich mit einigen der weniger positiven Gruppen zusammenzutun. Die Grundmotivation hierfür ist Habsucht, das Verlangen nach Macht und Kontrolle. Alles was die positiven Gruppen tun können ist, mit denjenigen zu arbeiten, die für ihren positiven Einfluß offen sind. Sie können sich nicht in die negative Entscheidung, die manche der Menschen treffen, einmischen. Daher ist es den Menschen des guten Willens überlassen, jene Güte zu zeigen, wann und wie auch immer es möglich ist. Einige der Hilfreichsten dieser Art der Weltraumbruderschaft/ -schwesterschaft sind die Arcturianer, Kommandeur Ashtar und das Ashtar Kommando, die Plejadier und die Venusier, um nur einige zu nennen. Sie haben alle einen bestimmte Zweck hier zu sein und sind mit dem Dienst an der Menschheit, aus einem höheren spirituellen Bewußtsein heraus, verbunden. Die Venusier waren seit Beginn der Erde mit ihr verbunden. Ihre Arbeit ist jetzt vor allem darauf gerichtet, uns zu helfen, die Ebene der wahren Bruderschaft, die sie erreicht haben, zu erreichen und uns mehr von ihrer reinen Liebesessenz zu vermitteln.

Weshalb wir die Außerirdischen nicht oft sehen

Viele Wesen, die mit uns arbeiten, haben sich zu einem solch hohen Grad entwickelt, daß die physische Materie ihrer Körper von viel verfeinerter Struktur ist. Die beste Art und Weise dies zu verstehen ist, sich vorzustellen, daß sie auf einer Schwingungsfrequenz wirken, die der Wesen aus dem Naturreich, die im vorigen Kapitel behandelt wurden, ähnlich ist. Beide Evolutionslinien befinden sich in der physischen Manifestation. Der Unterschied zwischen uns und ihnen ist, daß sie mehr im ätherischen Reich tätig sind.

Das ätherische Reich ist eng mit dem Physischen verbunden, wie ich bereits erklärte. Da ihre physische Form in einer schnelleren und höheren Frequenz schwingt, sind sie im allgemeinen für das menschliche Auge unsichtbar. Aus diesem Grunde hegt die wissenschaftliche Gemeinschaft den Glauben, daß es auf dem Planeten Venus kein Leben gibt. Dies ist absolut nicht der Fall. Was jedoch wahr ist, ist das Mitglieder der venusianischen Rasse sich zu einem so verfeinerten Grad entwickelt haben, daß ihre physische Existenz ins ätherische Reich erhöht wurde. Der Planet nimmt jetzt eine wichtige Position in der physischen Kosmologie des Universums ein, obwohl er nicht länger für die physische venusianische Bevölkerung als "Zuhause" dient. Dies bedeutet nicht, daß ihre physische Struktur im ganzen Geschehen nicht länger brauchbar wäre, sondern einfach, daß der Planet für das dreidimensionale Auge keine Lebensformen zu beherbergen "scheint." Viele sind dabei, sich dem viert- und fünftdimensionalen Sehen zu öffnen, und die venusische Rasse, sowie die meisten der wohlwollenden Außerirdischen und das Elfenvolk, sind dabei in den Bereich unseres Gesichtsfeldes zu treten. Ich mache hierauf aufmerksam, damit Euer bewußter Verstand nicht versucht, dieses große Reich der Wesen, die Teil der Erdevolution waren und sind, fallen zu lassen, einfach weil sie sich nicht innerhalb des Bereiches des normalen Sehens befinden. Wenn Dir dieser Gedanke weit entfernt scheint dann bedenke, wie beschränkt die Welt dem äußerst kurzsichtigen Individuum erscheint. Ziehe das beschränkte Spektrum eines Individuums, das ohne Brille nicht lesen kann, in Erwägung. In andere Welten zu blicken ist dem Aufsetzen einer Brille des ätherischen Sehens sehr ähnlich, und es ist eine Brille, die einer zunehmenden Anzahl der Menschen rasch zur Verfügung gestellt wird.

Die Arcturianer

Was außerirdische Zivilisationen anbelangt, sind die Arcturianer, unter der Leitung von Lord Arcturus, die Wesen unserer Galaxie, die am meisten auf Gott ausgerichtet und Gottrealisiert sind. Ihre Grundphilosophie und Lehre ist die der Liebe, und alle Formen der Negativität, Angst, Schuld und des trennenden Denkens haben darin keinen Platz. Wie das Ashtar-Kommando umkreisen sie die Erde mit fortschrittlichen Raumfahrzeugen, welche die Einmischung von kriegerischen, negativen Außerirdischen ausgleichen und sie haben oft Gefahren für uns vermieden, indem sie eine Katastrophe verhinderten ehe sie die Gelegenheit hatte, in unsere Atmosphäre einzudringen. Daß sie uns auf solche Weise beschützen ist eigentlich nicht erstaunlich, denn sie glauben, daß alle Lebensformen ihre Brüder und Schwestern sind, und sie haben sowohl das Herz als auch die fortschrittliche Technologie um dies zu tun. Sie sind die Beschützer des gesamten sich entwickelnden Lebens innerhalb des Universums, und sie arbeiten direkt mit der Menschheit, um ihr dabei zu helfen, ihr kollektives Bewußtsein in die Fünfte Dimension, oder das spirituelle Reich, so schnell und sicher wie möglich emporzuheben.

Sie haben in jedem Land auf unserem Planeten Basen und verwenden den Traumzustand zur Heilung und Wiederbelebung. Gelegentlich erscheinen sie Menschen in physischem Zustand, aber häufiger kommunizieren sie mit der Menschheit durch Telepathie oder durch Channeling. Durch ihre verfeinerten und subtilen Heilungstechnologien wurde mir viele Male von ihnen geholfen, einfach indem ich Lord Arcturus und die Arcturianer um Beistand gebeten habe. In ähnlicher Weise wurde mein Lichtquotient erhöht und mein Körper energetisiert, und es wurde mir ermöglicht, mit erhöhtem Energieniveau zu arbeiten. So wie die Aufgestiegenen Meister der inneren Ebene arbeiten sie, um die Menschheit in jeder möglichen Weise emporzuheben und damit eine engere Ausrichtung auf Gott zu verwirklichen. Wie die Aufgestiegenen Meister mischen sie sich nicht in den freien Willen der Menschen ein und warten darauf, daß man sie anruft, um uns dienen zu können. Da ihre Absicht völlig mit der Absicht Gottes und dem Guten übereinstimmt, schlage ich vor, daß Du von ihren Diensten Gebrauch machst, indem Du sie einlädst, Dir in Deinem täglichen Leben und auf Deiner Reise zur Gott-Realisierung zu helfen.

Die Plejadier

Die plejadische Zivilisation ist eine weitere wunderbare fortgeschrittene Rasse von Außerirdischen. Ihre bestimmten Merkmale variieren ein wenig, je nachdem mit welcher Plejadengruppe man kommuniziert. Sie widmen sich ebenfalls dem Dienen und der Emporhebung der Menschheit. Sie betrachten die Menschen als ihre Brüder und Schwestern innerhalb der göttlichen spirituellen Familie, die das Universum mit einschließt. Sie kommen von einer Sternengruppe in der Konstellation des Stieres, die ungefähr fünfhundert Lichtjahre von der Erde entfernt ist. Die plejadische Rasse ist hinsichtlich Musik und Tanz eine der fortgeschrittensten Rassen in dieser Galaxie, was auf einen starken Einfluß des Vierten Strahles hindeuten würde. Auf subtile Weise bringen sie diese Musik durch inspirierte Musikchannels zur Erde. Die Schwingungsfrequenz all jener die zuhören steigt an, denn dies ist ein Aspekt der Sphärenmusik. Sie regen ebenfalls zu großen Fortschritten in der Anwendung des Lichtes, der Hologramme und der Lasertechnologie an. Durch ihr Kommen versuchen sie die Menschheit zu erleuchten, indem sie uns zeigen, daß wir nicht alleine sind und viele gütigen Kräfte gekommen sind, um uns in einer Art zu helfen, die ihrer spezifischen Zivilisation entspricht. Sie warnen uns vor den negativen Außerirdischen, damit wir sie als solche erkennen und aufmerksam gegenüber ihrer selbstsüchtigen Absicht werden. Ihr Hauptanliegen besteht darin, uns zu helfen, damit wir uns besser mit Gott und dem Willen des Schöpfers verbinden können.

Die Sirianer

Das System von Sirius hat eine sehr direkte Verbindung mit unserer Erde und mit unserem Sonnensystem. Die Sirianer sind seit der Zeit der Maya und der ägyptischen Zivilisationen unter uns und waren für den Bau der großen Pyramiden verantwortlich. Genauso wie sie in früheren Zeiten aktiv waren, so werden sie nun aktiv der Menschheit helfen, um das kommende Goldene Zeitalter einzuleiten. Gegenwärtig ist ihre Wechselwirkung mit der Menschheit geringer als sie in der Vergangenheit war oder in der Zukunft sein wird, obwohl sie auf subtile Art und Weise helfen. Die außerirdische Zivilisation von Sirius unterscheidet sich vom Sirius der inneren Ebene, auch als die Große

Weiße Loge bekannt. Shamballa, die Hauptstadt der Erde auf der inneren Ebene und das Zuhause von Lord Buddha, unserem Planetaren Logos, ist nur ein Außenposten unter der Führung von Lord Sirius.

Die hohle Erde

Es gibt tatsächlich viele fortgeschrittene außerirdische Kulturen, die in Städten innerhalb der hohlen Erde leben. In "Hidden Mysteries" und in Earlyne Chaney's Schriften werden ausführliche Beschreibungen fortgeschrittener, physischer, menschlicher Wesen gegeben, die in der Vergangenheit und gegenwärtig im Zentrum der Erde, sowie in unterirdischen Städten auf dem ganzen Planeten leben. Dies mag vielen als Science Fiction erscheinen, doch ich versichere Dir, daß es dies nicht ist. Sowohl in Chaney's als auch in meinen Schriften bestätigen wir die Tatsache, daß die Erde eine innere Sonne und eine Öffnung an beiden Enden der Pole hat. Dies wurde tatsächlich von der Regierung der Vereinigten Staaten entdeckt. Es wurde jedoch, wie alle außerirdischen Informationen, geheimgehalten. Die Regierung der Vereinigten Staaten hat mehr als einhundert physische Körper von Außerirdischen, die bei UFO-Unfällen gestorben sind, wie auch zwanzig bis dreißig UFO-Raumschiffe, mit denen sie experimentieren. Wenn wir den alten Schriften der amerikanischen Indianer, vor allem der Pueblo-Indianer, sowie der chinesischen und ägyptischen Bevölkerung und der Eskimovölker nachgehen, werden wir dort den allgemeinen Glauben finden, daß es eine Rasse von Menschen gibt die unter der Erde in verborgenen Städten lebt. Diese sind nicht alle von einem außerirdischen Ursprung, denn einige von ihnen sind Produkte der Erdevolution, aber sie entwickeln sich innerhalb des Schoßes der Erde statt an ihrer Oberfläche.

Die negativen Außerirdischen

Die Art der Außerirdischen, mit der wir leider am meisten vertraut sind, sind diejenigen, die ich die negativen Außerirdischen nenne. Wir sind uns ihrer deutlich bewußt, da die Medien, die immer auf der Suche nach dem Sensationellen sind, beschlossen haben, uns durch das Schwelgen in Angst vor dem Unbekannten zu unterhalten und uns nur die dunkle Seite einer Wahrheit, die vor allem aus Licht besteht, zeigen. Es ist trotzdem der Mühe wert, daß wir die Tatsache beachten, daß die Gruppe, genannt die Grauen, sowie (unter anderem) auch eine reptilienartige Rasse, nicht unser Bestes im Sinn hat. Diese Wesen wirken durch das negative Ego, sie handeln selbstsüchtig und mißbrauchen die Menschheit für ihre eigenen Zwecke. Es sind die Wesen, die für die mißbräuchlichen Entführungsszenarien veranwortlich sind. Es ist eigentlich positiv, daß wir uns ihrer Anwesenheit hier auf Erden bewußt sind, denn durch die Kenntnis entsteht die Macht und Fähigkeit, die Dinge zu verändern!

Diese Wesen sind für die Implantate derjenigen berüchtigt, die sie auswählen und verfolgen. Auf subtileren Ebenen können sie ätherische und astrale Mittel implantieren (und dies haben sie mit fast der ganzen menschlichen Bevölkerung getan). Glücklicherweise haben bestimmte fortgeschrittene Eingeweihte jetzt die Fähigkeit, diese Implantate mit spirituellen Mitteln zu entfernen, sowie auch die Kenntnisse, wie man sie außer Betrieb setzt. Ich empfehle jedem eine Beseitigung vornehmen zu lassen, denn jedermann hat sie in gewissem Maße. Größtenteils kamen wir bisher gut mit ihnen zurecht, also lasse diesbezüglich keine Angst in Dein Bewußtsein einschleichen. Wir würden aber ohne sie noch besser zurechtkommen. Wenn Du möchtest, daß ein Spezialist Dir bei der Beseitigung der negativen Implantate hilft, dann rufe mich unter der Telefonnummer hinten in diesem Buch an, und ich werde Dir jemanden empfehlen. Wenn Du Blockaden in bestimmten Bereichen Deines Lebens bemerkst, die Dich einschränken oder wenn Du eine Erinnerung an eine Entführung hast, dann wäre es gut, Dir von einem Spezialisten bei der Beseitigung helfen zu lassen. Du kannst dann selber das Programm ununterbrochen fortsetzen.

Schutzmaßnahmen gegen negative Außerirdische

Es ist nicht nötig hinsichtlich dieser Wesen ängstlich zu sein, denn wenn Du eine Haltung der spirituellen Zentriertheit, des Gebets und des Christusbewußtseins einnimmst und Dich auf das Errichten Deines Licht- und Liebesquotienten konzentrierst, dann können weder sie noch irgendeine andere negative Kraft durch Deinen göttlichen Panzer hindurchbrechen. Der beste Schutz vor allen Einflüssen die nicht vom höchsten Willen Gottes stammen, ist die Einheit mit dem Einen, die psychologische Integration, eine liebevolle und dienende Haltung und ein Geist, der fest im Lichte zentriert bleibt. Dies ist im Grunde das beste Instrument, das Du in allen Umständen und in allen Situationen Deines Lebens verwenden kannst. Du kannst Dich ebenso an die planetaren und kosmischen Meister wenden, von denen einige durch die Entwicklung in anderen Welten und anderen Sternensystemen Meister geworden sind. Einer der Grundsätze vom Pfad des Aufstiegs und des spirituellen Wachstums ist, daß wir Meister und nicht Opfer sind. Ich möchte hier einhundertprozentig klarstellen, daß dies auf die Aktivität der negativen Außerirdischen und auf außerirdische Entführungen zutrifft. Sei standhaft in Deinem Bewußtsein und in Deinen Gebeten, daß dies unannehmbar ist, und dies wird die Wahrheit Deiner Wirklichkeit sein. Vergiß niemals, daß Du ein Mitschöpfer Gottes bist.

Das Ashtar-Kommando

Eine starke Schutzgruppe der Erde, wie auch anderer Planeten, ist das Ashtar-Kommando. Dies ist eine Gruppe positiver Außerirdischer, die als eine militärische Gefechtsformation im Raum über unserem Planeten dienen. Sie haben viele potentielle Eingriffe negativer Rassen verhütet, diese ferngehalten und letztendlich von der Erde abgelenkt, während sie in den weiten Bereichen des Weltraums, so wie wir dies nennen würden, verblieben. Es ist schwierig, keine Parallele zwischen ihnen und den Star Trek - Schiffen zu ziehen, denn sie wirken in ähnlicher Weise als Teil der

Vereinigten Föderation der Planeten, was eine wissenschaftliche Tatsache und keine Dichtung ist. Wie die Föderation in Star Trek, können weder sie noch irgendwelche anderen positiven Außerirdischen in den freien Willen des Menschen eingreifen. Aus diesem Grunde wendet das Ashtar-Kommando erfolgreich die Schwierigkeiten, die auf unseren Planeten zukommen ab, statt die bereits vorhandenen Situationen zu korrigieren. Ich beziehe mich hierbei insbesondere auf die Grauen. Einer der Hauptgründe, warum ihnen erlaubt wird, mittels Implantaten, Entführungen, Gedankenkontrolle, Experimenten und Verfolgungen zu wirken, liegt darin, daß ein Aspekt unserer [amerikanischen] Regierung, die Geheime Regierung genannt, ein zerstörerisches Abkommen mit ihnen hat.

Als sie zum ersten Mal hier erschienen, haben sie die Regierungsführer aufgesucht und mit ihnen einen Handel abgeschlossen, wobei sie als Entgelt für die Lieferung bestimmter wissenschaftlicher Informationen an unsere [amerikanische] Regierung mit ihren Experimenten fortfahren durften. Die Grauen haben sich nicht an ihren Teil der Abmachung gehalten. Trotzdem dauert ihr Einfluß und ihre Einmischung an. Da es der freie Wille einer Gruppe der Menschheit war, daß diese Abmachung getroffen wurde, können weder das Ashtar-Kommando noch die anderen helfenden Rassen viel tun. Sie können uns jedoch dabei helfen, unser spirituelles Bewußtsein an einem Punkt zu bringen, an dem wir für die Grauen und irgendwelche anderen negativen Einflüsse in unserem Leben unverletzlich werden. Sie haben sich dieser Angelegenheit verschrieben und arbeiten in besagter Weise Seite an Seite mit den Aufgestiegenen Meistern unseres Planetaren- und Sonnen-Systems, sowie mit jenen anderen weiter fortgeschrittenen Zivilisationen. Was hierfür gilt, gilt in jeder Hinsicht. Zentriere Dich immer in Deinem Höheren Selbst und lade all jenes ein, das gut und von Gott ist, um Dir zu helfen, Deine eigene Selbstmeisterung zu erreichen. Je schneller jeder von uns die volle Verantwortung für den eigenen Aufstieg übernimmt, desto schneller wird der Planet als Ganzes in der wahren Einheit und im göttlichen Sein wirken, was seine höchste Bestimmung ist.

Schlußbemerkung

Der Punkt ist einfach, daß das Leben unermeßlicher als unsere Vorstellungskraft ist. Da wir dem Pfad der Einweihung / des Aufstiegs folgen, ist es gut für uns, ebenfalls unsere Sicht des Ganzen auszudehnen. Deshalb habe ich Dich mit unseren Brüdern und Schwestern aus anderen Welten und ebenso mit jenen die innerhalb der Erde wohnen, bekannt gemacht. Mein geliebter Leser, die Einheit, in die wir uns ausdehnen, ist wirklich riesig. Lies das Buch "Hidden Mysteries," denn es gibt einen vollständigen Überblick über die gesamte außerirdische Bewegung und enthält nicht nur Informationen über die inneren spirituellen Welten, sondern auch über die erstaunlichen Dinge, die in unserem physischen Universum geschehen.

Ich habe in diesem Kapitel versucht, Dich in ein Thema einzuführen, das so riesig ist, daß es zahlreiche Bücher rechtfertigt und nicht nur eines. Mein Hauptanliegen ist es, Dir bewußt zu machen, daß es dort draußen viel mehr Gutes als Negatives gibt. Die meisten von Euch sind mit den Geschichten über Entführungen vertraut, aber diejenigen die sich erstmals der spirituellen Seite des Lebens bewußt werden, kennen im allgemeinen jene wunderbaren Rassen der Sternenmenschen nicht, die mit uns arbeiten und wie eine Erweiterung der Bruderschaft des Lichtes, der Liebe und der Macht wirken - die Hierarchie der Meister, die ich Dir zu Beginn dieses Buches vorgestellt habe.

Sogar diejenigen unter Euch, die sehr gut über das Thema des außerirdischen Lebens Bescheid wissen, tun gut daran, sich auf immer tieferen Ebenen auf die Instrumente, die zur Verfügung gestellt werden, einzustimmen, um unsere Heilung und Gottesausrichtung zu ermöglichen. Bitte ziehe in Erwägung, Dich an die Außerirdischen zu wenden, so wie Du Dich auch an die Aufgestiegenen Meister der inneren Ebene wendest, denn in Wahrheit gibt es nur eine große Bruderschaft Gottes und sie schließt alle Rassen und Wesen mit ein, die in der Einheit mit dem Einen, von dem wir alle ein Teil sind, tätig sind.

12. Die vielen Aspekte des Aufstiegs

Aufstieg als Lebensweise

Der Prozeß des Aufstiegs und der Einweihung ist ein Prozeß Deines Alltags. Viele Menschen betrachten den Einweihungsprozeß als einen Aspekt ihres Lebens und alles andere als weitere Aspekte. Diese Denkart ist fragmentiert und läuft dem Ziel der integrierten Einweihung, dem Aufstieg, der Meditation und der spirituellen Entwicklung als Ganzes mit der Gesamtheit des eigenen Wesens zuwider.

Auf dem bewußten Pfad des Aufstiegs und der Einweihung zu sein bedeutet nicht, damit aufzuhören derjenige zu sein, der Du bist. Es bedeutet, daß Du voll und ganz den besten, oder spirituell am stärksten ausgerichteten Aspekt Deiner Selbst entwickelst, und dann diesen vollständigeren Aspekt in das Leben, das Du genau jetzt in Deinem mentalen, emotionalen und physischen Körper und Deiner Umgebung führst, manifestierst. Egal was Dein weltlicher Beruf, Deine Religion, Deine persönlichen Vorzüge, Dein Geschmack und so weiter sind, Du bringst sie geradewegs in Deinen Manifestationsprozeß mit hinein. Es wird eine Zeit kommen, in der bestimmte Freunde gehen werden, der Musikgeschmack und andere Formen der Unterhaltung sich verändern und die Essensgewohnheiten zugunsten gesünderer Nahrung weichen werden; das wesentliche "Du" wird jedoch die ganze Zeit übrig bleiben. Die wirkliche Transformation wird daraus bestehen, Dich selbst auf Dein bestmöglichstes Potential einzustimmen. Was wirklich notwendig ist, ist eine disziplinierte und ausgeglichene Haltung dem Leben gegenüber, auf jeder Ebene Deines Wesens.

Der Aspekt des Lichtes

Der gewöhnliche Aspekt, unter dem die Menschheit den Aufstieg betrachtet, ist der des Lichtes. Während wir uns entwickeln, liegt ein wichtiger Aspekt unserer Einweihungsarbeit darin, unseren Lichtquotienten zu erhöhen, das heißt, größere Frequenzen von lebendigem Licht zu absorbieren, um jede Zelle in unserem Körper zu erfüllen. Dies dient der Verankerung einer der wichtigsten Eigenschaften Gottes auf Erden, nämlich dem Licht. Wenn wir das Licht Gottes in die Vehikel unserer vier niederen Körpern bringen, beginnen wir wirklich damit, die Frequenz von jedem dieser Körper auf eine höhere Ebene zu steigern. Also bewegen wir uns durch die verschiedenen Unterebenen des physischen, ätherischen, astralen und mentalen Körpers, bis wir auf der höchstmöglichen Unterebene von jedem dieser Körper wirken. Erinnere Dich daran, daß diese Ebenen sich gegenseitig durchdringen und nicht übereinander liegen. Dies bedeutet in seiner Essenz, je höher wir gehen, desto umfassender werden wir, weil die Ebenen Aspekte sind die sich auf jeder Ebene durchdringen. Das Höhere oder Größere schließt das Niedere oder Eingeschränkte mit ein und es ist daher eher ein Prozeß der Ausdehnung statt einer Ausschließung.

Viele Lichtarbeiter versuchen oft bestimmte Ebenen zu umgehen, wenn sie meinen, sich bei den zu bewältigenden Lektionen jener bestimmten Ebene oder jenes bestimmten Körpers nicht wohl zu fühlen. Dies wird letztendlich nicht funktionieren. Es gibt keinen wahren Aufstieg ohne Integration und jeder einzelne Schritt muß gemeistert und angemessen bewältigt werden, um sich von den Diktaten jeder einzelnen Ebene zu befreien. Geliebter Leser, es gibt keine Abkürzungen auf dem Pfad des Aufstiegs und letztendlich wirst Du Dir viele Schwierigkeiten ersparen, wenn Du langsam, Schritt für Schritt, auf dem Dir bestimmten Pfad vorangehst.

Der Aspekt der Liebe

Der Aspekt der Liebe soll seinen rechtmäßigen Platz neben dem Aspekt des Lichtes einnehmen und von ihm erfüllt sein. Ein vollständiger Aufstieg kann nicht ohne die Vereinigung dieser beiden Aspekte existieren. Es wurde sehr ausdrücklich betont, und es ist angebracht, die eigene Aura und das Vierkörpersystem mit Licht zu erfüllen. Dieses Vierkörpersystem schließt die vier niederen Körper mit ein und übersteigt sie, da es auch die spirituellen Körper mit einschließt. Man kann jedoch die wirkliche Perfektion, die man sucht, nicht erreichen, ohne die göttliche Eigenschaft der Liebe zu integrieren. Diese Liebe ist keine sentimentale Liebe eines Dichters, Träumers, Liebhabers oder sogar eines anbetenden Verehrers - obwohl letzterer dicht an das, worauf ich deute, herankommt. Die Liebe, von der ich spreche, ist die Kernessenz der Liebe. Sie ist die Verkörperung des göttlichen Prinzips, das nicht einfach die Welt drehen läßt, sondern sie "ist" genau die Welt und das Energiefeld in dem wir leben, uns bewegen und unser Dasein fristen.

Wir sprachen vorhin von den sieben Strahlen, die in unserem Planetaren System und Sonnensystem wirken. Einer dieser sieben Strahlen ist der Strahl der Liebe und Weisheit, der unser eigenes Sonnensystem regiert und ist daher so wesentlich für unsere eigene Natur. Aus esoterischer Sicht betrachtet ist Liebe eine Tatsache - keine Phantasie - und ein Aspekt der völlig in jede Zelle unseres Vierkörpersystems aufgenommen werden muß, in genau derselben Art und Weise wie Licht aufgenommen werden muß. Dieselbe allgemeine Regel trifft auf das Bewegen durch die Unterebenen unserer Körper zu, wobei jede mit einer größeren Liebesfrequenz vervollständigt wird, in derselben Art und Weise in der wir mit Licht durch sie hindurchgegangen sind.

Psychologische Weisheit und Dienen

Genau wie Liebe und Licht, sollen Weisheit (ein anderer Aspekt des Lichtes) und Dienen (der unvermeidliche Erguß und die Herauskristallisierung der Liebe) als Einheit funktionieren. Wenn dies nicht so ist, dann werden sowohl die Liebe als auch das Licht im Reich des Abstrakten bleiben und uns nicht viel nützen. Psychologische Weisheit bringt Klarheit der Handlung und Reinheit der Absicht mit sich. Sie ermöglicht dem Licht dienstbar zu werden, indem sie die wahre Natur von uns selbst und unserer Welt enthüllt. Sie gibt uns die Klarheit des Geistes mit der wir die Aspekte unserer Selbst integrieren, reinigen und heilen können. Sie nimmt das Licht aus den vagen und nebelhaften Schichten und ermöglicht ihm dadurch auf unsere Erde zu scheinen und verborgene Zersplitterungen und Zwiespälte zu enthüllen. Dies ermöglicht die notwendigen Anpassungen, so daß das Leben und die Menschheit als Teil davon, als völlig integrierte, ausgeglichene und vollständige Wesen tätig sein können.

Viele von uns lassen sich gerne in hohem Maße vom Licht blenden, so daß vieles, um das sie sich kümmern sollten, umgangen wird. Dies ist für eine gewisse Zeit in Ordnung, denn es ist selbstverständlich, daß man sich an eine höhere Intensität des Lichtes gewöhnen muß. Auf die Dauer ist dies jedoch nicht in Ordnung und viel zu viele von uns glauben, daß sie vom Licht geblendet bleiben können und die Wirklichkeit um sich herum und in sich, die enthüllt werden will, ignorieren können. Letztendlich werden wir alle dazu aufgerufen, der Weisheit des Lichtes Aufmerksamkeit zu schenken und unser psychologisches Selbst in Ordnung zu bringen. Dies trifft auf jeden von uns individuell, sowie auf unseren gesamten Planeten zu. Dienen ist offenbarte Liebe. Wenn wir das Dienen nicht mit unserem Aufstiegspfad vereinen, erlauben wir der Liebe, die wir in uns selbst integriert haben, nicht, sich in der Welt zu integrieren. Solange wir davon absehen, der Liebe den Ausdruck zu verleihen, den sie sucht, halten wir uns selbst von einem der grundlegendsten Ziele der Einweihung und des Aufstiegs zurück.

Während wir aufsteigen, erheben wir uns in ein immer größeres Ganzes. Freudig vereinen wir unsere eigene Einheit mit allem was ist. Wenn wir wirklich Fortschritte auf diesem Pfad machen, können wir nur versuchen zu dienen. Denn wir wissen, daß wir uns selbst und Gott dienen, indem wir anderen dienen. Da wir um unser Einssein mit dem Einen wissen, erkennen wir, daß wir uns selbst helfen, indem wir anderen helfen. Denn wir alle bilden einen wesentlichen Bestandteil der einen Essenz des Lebens - dem ICH BIN der ICH BIN. Deshalb, mein geliebter Leser, würde ich den Aufstieg folgendermaßen erklären: Der Aufstieg ist die Integration und Synthese der göttlichen Schwingungen der Liebe und des Lichtes innerhalb des Vierkörpersystems, das sich in der psychologischen Heilung aller Bruchteile und Zwiespälte in uns selbst und unserer Welt offenbart, durch den Dienst für den EINEN, durch den Dienst der Vielen, die den EINEN ausmachen. Um jedoch ein genaueres Bild des Aufstiegs darzustellen, müssen ein paar weitere Aspekte integriert werden. Ehe ich dieses tue, teile ich folgende Aussage über das Dienen von Lord Sai Baba mit: "Hände die helfen sind heiliger als Lippen die beten."

Die Transzendenz vom negativen Ego zum Christusbewußtsein

Um die Verwirklichung des Aufstiegs völlig zu verstehen gibt es zwei Bereiche, die man letztendlich angehen muß. Diese zwei Bereiche sind das negative Ego, das durch das getrennte Selbst schaut, und das Christusbewußtsein, das alles als Ganzes sieht. Aus dem negativen Ego heraus zu wirken, umfaßt das Denken, Wahrnehmen und Handeln durch die Betrachtungsweise der Selbstsucht, Trennung, Habgier, Lust, Manipulation, Negativität, des Ärgers und der Angst. Während des Aufstiegsprozesses muß der Gedankenprozeß vom negativen Ego zum Christus-/Buddha- Bewußtsein hin verändert werden. Es gibt tatsächlich nur zwei Arten in denen wir wirken können: Einerseits aus dem negativen Ego heraus und andererseits aus dem höheren Christus-/Buddha- Bewußtsein heraus. Die erste Art erzeugt eine Haltung der

Trennung und Selbstsucht und erschafft eine Verhaltensstruktur, die auf einem schlechten Fundament errichtet wurde. Die zweite Art entspringt der Einheit und stellt den liebevollen Dienst an das Selbst und die Menschheit dar. Jene, die die Welt und sich selbst aus dem Blickwinkel des Christusgeistes oder des spirituellen Bewußtseins betrachten, sehen sie in Einheit, Ganzheit und Liebe. Diese zwei Bewußtseinsarten können nicht zusammen in jemandem existieren, der Gott verwirklichen möchte und der ein vollständig Aufgestiegener Meister und kein teilweiser oder "Kindergarten- Aufgestiegener-Meister" werden möchte.

Der aufrichtige Eingeweihte arbeitet daran, jedes Muster des fehlerhaften Denkens aus dem negativen Ego durch das Licht zu enthüllen, wobei er die Klarheit der Weisheit nutzt, um den Geist von dem vernichtenden Einfluß des negativen Egos zu reinigen. Der aufrichtige Eingeweihte arbeitet durch die wunderbare und heilende Qualität der Liebe und der heilenden Einstellung nur daran, das Christus-/Buddha-Bewußtsein hervorzubringen und aus diesem Zustand der Wahrnehmung dient er dem Selbst und der Menschheit. Dies, mein geliebter Leser, ist ein Prozeß der viel Aufmerksamkeit erfordert, und zu dem ich gewisse Werkzeuge und Richtlinien gab, die Du in Deiner Arbeit verwenden kannst. Die Zeit, die sowohl mit der Reinigung des negativen Egos als auch mit der Neuprogrammierung des Bewußtseins und des Unterbewußtseins durch das Christus-/Buddha-Bewußtsein verbracht wird, lohnt sich ausgesprochen, und diese Belohnung aus Frieden, Freude, Liebe, Einheit, Gesundheit, Ganzheit, Einklang und Befreiung, die Dich erwartet, wird Dich in das wahrhaftig spirituelle Wesen, das Du bist, und das wir wirklich alle sind, transformieren.

Synthese/Mahatma-Bewußtsein

Der Aufstieg ist wahrhaftig die vereinigte und ausbalancierte Integration von Licht, Liebe, psychologischer Weisheit (die zur Transzendenz des negativen Egos führt) und dem Dienen, das seinen natürlichen Ausdruck findet, indem man im Reich des Christus- bewußtseins lebt. Dieser Prozeß befreit vom Rad der Wiedergeburt und erlöst den zum Meister gewordenen Eingeweihten, der nun aus den höheren Ebenen abwärts wirkt, statt als hochstrebend Suchender aufwärts zu schauen. Ich spreche hier vom integrierten Aufstieg, der weder irgendeine Ebene Deines Seins übergeht noch leugnet, dafür aber gleichermaßen alle vier Körper in das spirituelle oder monadische Selbst vereinigt und erhöht. Durch den Prozeß des integrierten Aufstiegs wirst Du dann die vollendete, einzigartige Manifestation Gottes und bist in der Lage, Dein göttliches Puzzleteil, ohne die Einmischung Deines negativen Egos und mit vollständiger Integration all der göttlichen Eigenschaften in Dir, zu erfüllen. Wenn das negative Ego transzendiert ist, wird der Emotionalkörper spiritualisiert und positiv, der Mentalkörper von göttlicher Weisheit erfüllt und der physische Körper gereinigt, gesund und von Licht erfüllt.

In der Tat wird Dich eine vereinte und ausbalancierte, sowie integrierte Herangehensweise an den integrierten Aufstieg von der Notwendigkeit, in den vier niederen Welten (physisch, ätherisch, astral, mental) zu inkarnieren, befreien. Ebenso wirst Du als völlig integriertes aufgestiegenes Wesen, das riesige Potential haben, Dich sowohl in diesen niederen Welten auszudrücken als auch in ihnen zu dienen, und Du wirst mit Freude die Weisheit und Gnade leben, wovon der geliebte Meister Jesus sprach, als er seinen Schülern sagte: in der Welt, aber nicht von der Welt sein. Diese Welten werden für Dich zu Reichen des Experimentierens und des Dienens, statt zur aufgezwungenen Schule der endlosen Lektionen und der Erfahrung, die sie waren, ehe Du den Zustand des integrierten und völlig verwirklichten Aufgestiegenen Meister erreichtest.

Deshalb wirst Du Dein Leben nicht hinter Dir lassen, wenn Du als aufgestiegenes Wesen inkarniert bleibst, sondern Du dehnst es aus, um das Göttliche mit einzuschließen. Der Aufstieg geht Hand in Hand mit dem Abstieg. Wenn Du also Dein Erdenselbst in den Himmel bringst, dann bringst Du Dein himmlisches Selbst zur Erde, in der Du es verankerst. Der Aufstieg und die Einweihung, mein geliebter Leser, ist der zweckmäßigste Pfad den jedermann begehen kann. Welchen Namen Du diesem Prozeß auch immer geben magst, wisse, daß er unter das Banner der Synthese fällt und daher die vollständigste und ausgeglichenste Annäherung an das Leben darstellt, die man auch nur anstreben kann. Es ist ein Pfad der, im wahrsten und vollständigsten Sinne, das Leben als ein Ganzes umfaßt - von der dichtesten materiellen Erdenebene bis zu den verfeinertsten spirituellen Ebenen. Es ist kein Pfad der dem unpraktischen Träumer zugeschrieben wird. Der wahre Eingeweihte, der alles mit einschließt, versucht seinen erhabensten Träumen und Visionen Ausdruck zu verleihen und sie zur Verwirklichung zu bringen, und er versucht all das, was er aus den höheren Sphären assimiliert hat in einer praktischen Art und Weise umzusetzen.

Es ist wichtig, daß Du diesen Pfad im ausgeglichenen und integrierten Lichte siehst, mit der vollen Erkenntnis, daß der Aufstieg Dich nicht von der Welt trennen möchte, sondern Dir einfach ein reicheres Leben geben möchte.

13. Synthese und Integration

Der Synthesis-Ashram

Der Synthesis-Ashram (oder Unterrichtszentrum) ist ein Ort an dem die Synthese Form und Substanz annimmt und einen direkten Vereinigungspunkt zwischen den inneren und äußeren Welten findet. Die Manifestation der Synthese gehört zum Bereich des Synthesis-Ashrams, der unter der direkten Führung von Djwhal Khul steht, dem Meister des Synthesis-Ashrams der inneren Ebene. Diese Buchserie wurde auch unter seiner Führung geschrieben. Obwohl diese gesamte Serie aus Djwhal Khul's innerem Ashram des Zweiten Strahls stammt, bedeutet der Begriff "Synthese", daß alle planetaren und kosmischen Aufgestiegenen Meister der inneren Ebene des spirituellen Weges dazu beitragen, mit der "leicht zu lesenden Enzyklopädie des spirituellen Pfades" ein volles Spektrum der Möglichkeiten zu erschaffen. Das Ziel ist, eine leicht zu lesende, praktische, dennoch völlig umfassende Buchserie zur Verfügung zu stellen, die den Leser mit allen Informationen und Werkzeugen versieht, um in diesem Leben den Aufstieg und die sieben Ebenen der Einweihung leicht zu verwirklichen.

Jeder der Aufgestiegenen Meister oder Chohane, die die Führung der Sieben Strahlen oder Energieströme innehaben, besitzt einen Ashram auf der inneren Ebene. Jeder Ashram ist unterschiedlich, je nach Art und Weise wie der bestimmte Meister arbeitet, aber die Schulungen werden auf allen Strahlen angeboten. Viele von Euch sind sicherlich mit bestimmten Ashrams auf der Erde vertraut. Dies sind in der Regel Gemeinschaften, die unter der Führung eines bestimmten Meisters, mit der Absicht des Studiums und der Zurückgezogenheit gegründet wurden. Zwei Ashrams auf der äußeren Ebene, die viele kennen, sind die "Self Realization Fellowship," die von Paramahansa Yogananda, während seines irdischen Aufenthalts gegründet wurde, und der Ashram von

Sathya Sai Baba, der sich in einem abgelegenen Teil Indiens befindet. Es gibt allerlei Arten von Ashrams, die auf unterschiedlichen Ebenen wirken und zu denen die Menschen zum Meditieren und Studieren hingehen und sich dort mit einem bestimmten Guru oder Meister verbinden. Die höheren Aspekte dieser Ashrams findet man auf den inneren Ebenen. Einige werden von sehr fortgeschrittenen Meistern geleitet. Der Ashram, mit dem ich am stärksten verbunden bin, ebenso wie jene, die eng mit mir zusammenarbeiten, ist der von Meister Djwhal Khul. Was diesen Ashram einzigartig macht ist, daß er als Synthese für die vielen Ashrams dient und Studenten aller Ashrams zum Studium dorthin gehen.

Es gibt vier Stufen in diesem Ashram, vom höchsten bis zum niedrigsten Rang. Um es ein wenig esoterischer auszudrücken sind dies: Lord Melchizedek, Lord Maitreya, Meister Kuthumi und Meister Djwhal Khul. Diese Stufen könnte man als ein vierstöckiges Gebäude auf der inneren Ebene bezeichnen. Es gibt andere Ashrams, die mit dem jeweiligen Leiter der Sieben Strahlen verbunden sind. Der Ashram des Zweiten Strahles ist jedoch einzigartig, in dem Sinne, daß Djwahl Khul's Synthesis-Ashram der einzige ist, der alle Sieben Strahlen zusammenfügt. Daher integriert diese Buchserie also alle Aufgestiegenen Meister, alle Religionen, alle spirituellen Pfade, alle Mysterienschulen und alle spirituellen Lehren. Diese werden alle von einem kosmischen Wesen überschattet, das als der Avatar der Synthese bekannt ist und der Mahatma genannt wird. Er wird als Avatar der Synthese bezeichnet, weil er in seinem Wesen alle 352 Ebenen des Seins bis hinauf zur Gottheit selbst enthält. Der Mahatma bringt nicht nur das planetare Verständnis der Synthese, sondern das gesamte kosmische Verständnis der Synthese überall in Gottes unendlichem Universum hervor.

Ich erzähle Dir dies, mein geliebter Leser, weil die Idee der Synthese jetzt auf der irdischen Ebene eine Realität werden soll. Die Zeit an einem Ort der Trennung und Spaltung zu leben ist vorbei. Was auf jeder Ebene benötigt wird, ist Integration und Synthese, und dies schließt die Angelegenheiten der Erde sowie jene subtileren Aspekte des Selbstes und des Universums mit ein. Deshalb ist es egal, auf welchem Pfad eine Person geht oder wer ihr bestimmter Meister sein mag - "alle" müssen durch den Synthesis-Ashram auf der inneren Ebene hindurchgehen, um diese wichtige Verwirklichung in ihrem Leben zu integrieren. Es ist eigentlich ziemlich einfach sich mit dem Synthesis-Ashram während der Meditation oder des Schlafes zu verbinden. Bitte einfach darum in Deinem Lichtkörper oder Deinem spirituellen Körper dorthin gebracht zu werden. An diesem wundervollen Ort steht jedem, der darum bittet, ein großes Maß an Heilung zur Verfügung. Es gibt dort ein Programm zur Entfernung der Angst - eines der schwierigsten Bereiche der Menschheit. Ich habe über dieses Programm in "Beyond Ascension" geschrieben, also werde ich es hier nicht ausführlich behandeln, sondern Dir einfach die Grundlagen darüber geben.

Das Angst-Matrix-Entfernungsprogramm

Wende Dich an Djwhal Khul, oder irgendeinen Meister mit dem Du Dich eng verbunden fühlst, und bitte um Hilfe bei der Eliminierung Deiner Kernangst mit Hilfe des Angst-Matrix-Entfernungsprogramms. Visualisiere die Essenz Deiner Kernangst und die spezifische Form, die die Angst in Deinem Leben annimmt. Visualisiere dann, wie der Meister jene Angst aus Dir herauszieht, als ziehe er eine schwarze Wurzel heraus. Visualisiere, wie die Wurzel in das alles verzehrende Feuer Gottes geworfen wird, das alle Angstenergien in reine Energie transformiert, und sie zum Gebrauch für höhere Zwecke verfügbar macht. Visualisiere, wie das alles verzehrende Feuer Gottes diese Kernangst auflöst. Danke nun dem Meister, an den Du Dich gewandt hast. (Djwhal Khul ist besonders erfahren auf diese Art und Weise zu arbeiten, daher habe ich ihn zuerst erwähnt.) Bemühe Dich schließlich bewußt darum, Gedanken der Angst durch Gedanken der Liebe zu ersetzen. Führe dieses Angst-Matrix-Entfernungsprogramm so oft durch, wie Du es benötigst, während Du gleichzeitig Deinen Emotional- und Gedankenkörper auf das Prinzip "Perfekte Liebe vertreibt alle Angst" umgestaltest. Die

Ergebnisse dieses Programms sind wunderbar, wie viele Menschen bestätigen werden. Versuche dies als einen ständigen Prozeß zu betrachten und sieh was es Dir bringt.

Mehr über den Synthesis-Ashram

Wenn Du Dich auf den Synthesis-Ashram einstimmst, wirst Du Dich ebenso auf die Meister, mit denen zu arbeiten Deine Bestimmung ist, einstimmen, denn alle gehen während einer Phase ihres Einweihungsprozesses durch diesen Ashram hindurch, und daher haben alle Meister eine eindeutige Verbindung zu ihm. Ich vermute, daß Du, der Du dieses Buch liest, bereits mit dem Synthesis-Ashram auf den inneren Ebenen vertraut bist. Deshalb ist eines meiner Ziele, Deine bewußte Aufmerksamkeit für das zu öffnen, worauf Dein höheres Bewußtsein schon ausgerichtet ist. Ich schlage vor, daß Du diesen Ashram und seine Lehren während meditativer Zeiten erkundest, in denen Du Dir ausschließlich dieses Ziel vor Augen hältst. Du könntest einen Notizblock und einen Kugelschreiber bereit halten, um zu sehen, was in Form des Tagebuchschreibens zu Dir kommt. Du könntest eine freudige Überraschung erleben, wenn Du mit Deinem Höheren Selbst, aus dem kausal/buddhischen Reich heraus schreibst und viel Inspiration und Führung bekommst. Erinnere Dich daran, daß Synthese und Integration für die Erde das Ziel sind, also ist es daher auch das Ziel für jeden von uns. Und deshalb gibt es keinen besseren Ort, um sich auf diesen Aspekt auszurichten, als den Synthesis-Ashram selbst.

Einen letzten Einblick, den ich vom Synthesis-Ashram geben möchte ist, daß die vier Ränge von Djwhal Khul, Kuthumi, Lord Maitreya und Lord Melchizedek aus der Abstammungslinie des Zweiten Strahles stammen. Der Zweite Strahl im göttlichen Plan hat mit der spirituellen Erziehung des Planeten Erde und letztendlich des Kosmos selbst zu tun. Der Erste Strahl befaßt sich mit Politik, der Dritte Strahl mit Wirtschaft, der Vierte mit Kunst, der Fünfte mit Wissenschaft, der Sechste mit Religion und der

Siebte mit Geschäften. Also kommt die entfaltende Offenbarung für die spirituelle Erziehung der Menschheit aus dem Synthesis-Ashram von Djwhal Khul und den höheren Ashrams von Meister Kuthumi, Lord Maitreya und Lord Melchizedek. Und diese Buchserie, sowie verwandte Lehren und Seminare, sind ein Teil dieses gesamten göttlichen Planes des Zweiten Strahls.

Die Einheit der spirituellen Pfade und Religionen

Obwohl die Einheit der spirituellen Pfade und verschiedener Religionen bereits beiläufig erwähnt wurde, erfordert dies eine tiefgreifendere Erforschung. Die Menschheit als Ganzes hat die Trennung zwischen den vielen okkulten Pfaden und sicher zwischen den verschiedenen religiösen Pfaden als selbstverständlich betrachtet. Dies ist bezüglich des Aufstiegs und der Einweihung nicht angebracht. Der Prozeß der Einweihung gehört der Menschheit als Ganzes und wir sollten alle bereit sein, diese Tatsache völlig anzunehmen, damit wir zusammen für das Wohl der ganzen Menschheit - tatsächlich für alle Reiche die sich auf diesem Planeten und jenseits davon entwickeln - arbeiten. Der Ausdruck "Einheit in Verschiedenheit" wurde in letzter Zeit häufig verwendet, doch er besagt eine große kosmische Wahrheit. Dies wird am ehesten verständlich, wenn man die riesige Menge von Individuen, die die Menschheit ausmacht, betrachtet. Wir sind alle einzigartig - physisch, ätherisch, emotional und mental. Dies ist offensichtlich für alle. Was häufig nicht erkannt wird ist, daß wir in Essenz, was unsere menschlichen Bedürfnisse von den einfachsten bis zu den kompliziertesten anbelangt, dieselben sind. Wir alle sind "Adam Kadmon", ein okkulter Begriff für den Prototyp der Menschheit - nach dem Ebenbild Gottes erschaffen. Unsere Grundbedürfnisse nach Nahrung, Liebe, Sicherheit, Unterkunft/ Zuhause, Sinn des Lebens und so weiter, sind die Grundbedürfnisse von uns allen. Unsere Wege und Methoden, um diesen Bedürfnissen gerecht zu werden, könnten jedoch sehr unterschiedlich sein, je nach unserer Kultur, unserem Klima und unserer Einweihungsstufe.

Jenseits der großen Trennung der Weltreligionen

Viele von uns bleiben bei der religiösen Zugehörigkeit, in die wir hineingeboren wurden, besonders bevor wir die eher mystische Auffassung hinsichtlich unseres Engagements für unseren Einweihungsprozeß annehmen. Es ist in Ordnung, da jede Religion eine bestimmtes Objektiv darstellt, durch das man Gott betrachten und sich Gott annähern kann, und kann daher ein sehr sinnvolles Werkzeug sein. Genauer gesagt, wenn Du eine Tiefenstudie der Weltreligionen machen würdest, würdest Du herausfinden, daß die selben Grundwahrheiten fast alle Religionen durchdringen, und daß es einfach eine unterschiedliche Annäherung an dasselbe Ziel gibt. Eine weitere Ähnlichkeit besteht darin, daß die meisten Religionen Offenbarungen haben, die die Menschheit in einer abgestuften Reihenfolge einen Schritt weiter auf dem Pfad der Entwicklung bringen. Ich kann nicht anders, als die jüdisch-christlichen Religionen als zwei Teile desselben Ganzen zu betrachten. Ich sehe jedoch, daß eine große Kluft den einen Teil der Menschheit vom anderen trennt, obwohl es eine völlige Harmonie des Zieles für meine Kollegen und Miteingeweihten gibt.

Eines der Hauptziele der Hierarchie ist, die trennenden Zwiespälte zu heilen. In dieser Heilung jedoch liegt nicht das Ungültigerklären der einen Religion und das Gültigerklären der anderen, sondern stattdessen die Bereitschaft der Menschheit das Beste, das jede Religion zu bieten hat, zu empfangen, ohne das persönliche Erbgut irgendeiner Person zu leugnen. Es gibt beispielsweise viele esoterische Lehren auf dem jüdischen Pfad, die erst jetzt der breiten Öffentlichkeit zur Verfügung gestellt werden. Die wunderbaren Mysterien, die in den kabbalistischen Lehren enthüllt werden, sind ein Beispiel. Diese tief spirituellen Lehren waren bis vor ziemlich kurzer Zeit nur den wenigen Auserwählten des jüdischen Glaubens vorbehalten. Grundsätzlich hatten ausschließlich Männer eines bestimmten Alters, die besonders gebildet waren, Zugang zu ihnen. Bei der Erforschung dieser wunderbaren Lehren fand ich viele Parallelen zu den esoterischen Offenbarungen einer Reihe von Religionen und spirituellen Pfaden.

Meine persönliche Einstellung ist eklektisch und universell und umfaßt alle spirituellen Pfade und Religionen. Darin ist unter anderem meine Liebe und Hingabe für Jesus, Krishna, Lord Buddha, Rama, Mohammed, Konfuzius und die Jungfrau Maria mit eingeschlossen. Alle sind nur Speichen im großen Rad der religiösen Offenbarung und jeder liefert einen gültigen Beitrag an das Ganze. Ich glaube wirklich, daß die jüdisch-christlichen Religionen aus demselben Weinstock stammen. Die Offenbarungen, die durch Jesus Christus (oder Sananda durch Lord Maitreya) hervorgebracht wurden, sind die Weiterentwicklung der Lehren, die durch Moses und den Propheten vor Christus gegeben wurden. Seine Geburt war sicherlich im Alten Testament vorausgesagt und nur sehr allgemein betrachtet worden. Er selbst war sich dessen bewußt, denn er sagte "Ich bin nicht gekommen, um zu vernichten, sondern um das Gesetz der Propheten zu erfüllen." Ich denke jedoch, daß diese Wahrheit einige Zeit benötigt, um sowohl von den Juden als auch von den Christen richtig verstanden und angenommen zu werden.

Wenn wir unseren Geist und unser Herz den vielseitigen Aspekten aller Weltreligionen öffnen würden, dann würden wir, aus der riesigen Menge von Weisheit, Licht und Liebe, die darin enthalten sind, großen Nutzen ziehen. Wir würden dann die Wahrheit erfahren, die durch die Wesen manifestiert wurde, welche den Pfad der spirituellen Führung in der Welt gingen und verschiedene Facetten der Weltreligionen während ihrer aufeinanderfolgenden Inkarnationen gründeten. Diese machtvollen Wesen und Meister hatten Missionen in den vordersten Reihen der Religionen der Menschheit. In "The Ascended Masters Light the Way" erforsche ich dieses Thema bis in alle Einzelheiten.

Die verschiedenen spirituellen Pfade

Diejenigen unter Euch, die von Natur aus eklektischer sind und eine aktive Teilnahme an der spirituellen Entwicklung möchten, haben wahrscheinlich einige der östlichen oder New Age-Auffassungen des spirituellen Pfades erkundet. Diese haben viel zu bieten, weil sie aufgrund ihrer Gestaltung das Verlangen nähren, ein Teil des Prozesses zu werden, anstatt auf den Status des Folgenden verwiesen zu werden. Beim Befolgen einiger dieser Wege gibt es jedoch Fallen, indem man sich selbst von seinen Brüdern und Schwestern trennt, wenn man glaubt, den einzig richtigen Weg gefunden zu haben. Dies würde Dich nicht von den Orthodoxen irgendeiner formellen Religion unterscheiden und Du selbst würdest unbeabsichtigt eine große Trennlinie schaffen.

Die verschiedenen Wege dienen dazu, Dir auf Deinem eigenen Einweihungspfad zu helfen und Dich zu inspirieren. Der Weg, für den Du Dich entschieden hast, muß nicht unbedingt die Begriffe "Einweihung" oder "Aufstieg" enthalten, um anzudeuten, daß dieser bestimmte Pfad oder diese bestimmte Denkrichtung Dir in jener Hinsicht hilfreich ist. Ein wunderbares Beispiel hierzu ist die "Self Realization Fellowship". Ich war persönlich ein Schüler von diesem Pfad und habe dabei große Fortschritte in meinem Einweihungsprozeß gemacht. Dieser Pfad verwendet nicht viele Aufstiegsbegriffe, aber er bietet praktischen Rat, um täglich in Gottes Anwesenheit zu leben und enthält eine wunderbare Meditationsmethode. Ich bin jetzt so weit, daß ich ausschließlich mit den Meistern der inneren Ebene arbeite, und aus der Quelle meiner inneren Verbindung mit Gott heraus meditiere, aber wenn ich merken würde, daß sich jemand entweder zu der Form der Meditation die die "Self Realization" lehrt oder zu ihren bestimmten Lehrern hingezogen fühlen würde, dann würde ich diese Gesellschaft gerne empfehlen.

Dasselbe gilt für seine Heiligkeit Lord Sathya Sai Baba. Ich bin sowohl von ihm als auch von seinen Lehren ein begeisterter Anhänger, obwohl ich Indien nie besucht habe. Trotzdem war meine Verbindung mit ihm auf der inneren Ebene eine der größten Segnungen meines Lebens und sie dauert an. Indem ich mich mit ihm in der Meditation und im Gebet verbunden habe, erfuhr ich ohnegleichen Heilung, Hilfe und Anhebung. Ich könnte fortwährend darüber erzählen, was ich durch meine Gebete, Hingabe und Meditationen mit Sai Baba gelernt habe. Genauer gesagt, habe ich ein Buch geschrieben, das ihm gewidmet ist. Jedem, der sich zu ihm hingezogen fühlt, empfehle ich das Buch "Golden Keys to Ascension and Healing - Revelations of Sai Baba and the Ascended Masters" oder ein Sai Baba-Zentrum in seiner Gegend aufzusuchen. Oder meditiere einfach über ihn aus der Tiefe Deines Herzens und siehe was sich daraus für Dich ergibt. Ich habe ebenso die Lehren von Astara und der Theosophischen Bewegung studiert, sowie die Schriften von Godfre Ray King in den "ICH BIN-Reden", Djwhal Khul durch Alice Bailey und Vywamus und Djwhal Khul durch Janet McClure. Ich erwähne sie, weil sie als erste und zweite Verbreitung der Lehren der Aufgestiegenen Meister betrachtet werden können. In meinen Büchern habe ich versucht, das Beste aus all den Lehren zusammenzufügen, während ich auch die dritte oder neue Offenbarung für das nächste Jahrtausend in die leicht verständliche Buchserie integriere.

Die Gefahr, die die traditionelleren Religionen durchdringt, bleibt jedoch dieselbe. Wenn man diese Lehren getrennt statt zusammen- gefügt betrachtet, dann erschaffen sie Trennung und Zwiespalt - das Gegenteil der göttlichen Absicht. Jeder einzigartige Pfad sollte als eine der vielen Brücken betrachtet werden, um der Menschheit zu helfen, in die Reiche der Einheit mit Gott hinüberzugehen. Diese Brücken sind, obwohl sie verschiedenartig ausgeschmückt sind, mit derselben Quelle - Gott, dem Einen - verbunden. Auf dem Pfad der Einweihung und des Aufstiegs könnten wir diese göttliche Energie tatsächlich als Vater-Mutter-Gott, Gott-Vater oder die göttliche Mutter betrachten. Andere könnten die Begriffe Brahma, Allah, Nirvana, Samadhi, Einheit, Selbstverwirklichung und so weiter verwenden. Letztendlich schlagen alle Worte fehl. Wie schade ist es doch, daß wir jenem, das sich ohnehin der Sprache widersetzt, erlauben, uns durch Sprache voneinander zu trennen. Die höchste Wahrheit ist die gleiche: aus dem Einen sind wir hervorgegangen und zu dem Einen kehren wir zurück. Darum ist mein Gebet, daß diese wunderbaren und verschiedenen Pfade als Gaben des Einen wahrgenommen werden, der uns auf unserem Pfad der Rückkehr helfen möge.

Wenn Du meine Leidenschaftlichkeit teilst, magst Du Dich zuerst auf dem einen Pfad vorfinden und dann auf dem anderen. Jeder reine Pfad bietet viel und es war meine persönliche Neigung, das Beste von jedem zu bekommen, was er mir auf meiner eigenen individuellen Reise bieten konnte und dann weiterzugehen. Letztendlich habe ich das Beste aus all diesen Welten genommen und in mir selbst integriert, bis ich den Punkt erreichte an dem ich nun stehe, an dem ich einfach selbst der Pfad bin. Wie ich bereits erwähnte, gehe ich diesen Pfad nicht alleine, sondern arbeite täglich und in jedem Moment mit den planetaren und kosmischen Aufgestiegenen Meistern der inneren Ebene zusammen. Für mich ist dies die Raketenmethode zu Gott. All die verschiedenen Religionen, spirituellen Pfade, spirituellen Lehrer und spirituellen Texte erfahre ich jetzt als einen Pfad, wobei die Lehren der Aufgestiegenen Meister und die Verbindung mit ihnen meine Grundlage bilden. Nachdem ich all dies in mir selbst nach besten Kräften integriert hatte, war mein nächster Schritt, dies mit Dir zu teilen, mein geliebter Leser, indem ich diese Bücher mit den Aufgestiegenen Meistern und zeitweise mit Freunden schrieb.

Das Wesak-Festival, das ich für 1500 Schüler und Eingeweihte jedes Jahr zum Vollmond des Stieres organisiere, ist in dem Sinne einzigartig, da es eine Versammlung von Lichtarbeitern aller Religionen und spiritueller Pfade ist. Gurus, spirituelle Lehrer, Geistführer, Sternenwesen und Lehrer aus Mysterienschulen und Ashrams kommen hier in völliger Einheit zusammen. Für die Aufgestiegenen Meister ist dies der heiligste Tag des Jahres und er wurde seit Äonen auf der inneren Ebene gefeiert. Dies ist für die Menschheit eine Gelegenheit zusammenzukommen, die spirituelle Bruderschaft miteinander und mit den Aufgestiegenen Meistern der inneren Ebene wieder herzustellen und zu erneuern, ehe wieder ein Jahr des Dienens und des spirituellen Wachstums beginnt. Wesak bezieht sich auf das Fest des Buddha und enthält eine große Bedeutung, vor allem seit Lord Buddha 1995 das Amt des Planetaren Logos antrat, eine Position in der spirituellen Regierung, die der eines Präsidenten auf dem Planeten Erde ähnlich ist. Das Wesak-Festival übersteigt alle spirituellen Zugehörigkeiten und Formen der Hingabe und Anbetung. Falls Du daran interessiert bist, das jährliche Ereignis zu besuchen, dann schreibe oder rufe zwecks näherer Einzelheiten an, wie auch für andere Workshops, Bücher, Audiokassetten und Informationen (Adresse und Telefonnummer im Anhang des Buches).

Jenseits der großen Trennung der Rassen

Rassenvorurteile sind ein Thema, das die Menschheit durch die Geschichte hindurch begleitet hat. Es gab immer das Problem, daß eine Rasse eine andere unterworfen hat, mit dem Ergebnis von Krieg oder Rebellion. Die Geschichte dieses speziellen Problems werde ich hier nicht im einzelnen darlegen. Die Fülle an Literatur, die sich von der frühen biblischen Ära bis zum heutigen Tage erstreckt, ist riesig. Leider ist das einzige, das man tun muß, um die neuesten Äußerungen dieser speziellen Trennung in Erfahrung zu bringen, den Fernseher oder das Radio einzuschalten oder in manchen Fällen einfach vor die Türe zu gehen.

Aus dem Blickwinkel des Höheren Selbstes und/oder der Monade betrachtet, erscheint dies tatsächlich absurd. Als ich die Gabe nutzte, aus einer höheren Ebene zu sehen, habe ich Erkenntnisse gehabt, in denen ich Menschen, eigentlich alles, als reine Energie wahrnahm, die in verschiedenen Lichtschwingungen rotierten. Für mich machte diese herrliche Erfahrung klar, wie absolut unverständlich die Probleme der Rassenvorurteile sind. Diese Vision stellte den Kosmos selbst als ein riesiges Ganzes dar, in dem jedes von unseren individuellen Selbsten kleine Universen bildeten. Sogar die Idee, die gleichzeitig in der Verschiedenheit besteht, hatte eine andere Bedeutung; denn die Verschiedenheit liegt im Bereich und in der Art der Schwingungsfrequenz, statt in den scheinbaren Unterschieden zwischen den Menschen. Wie Du Dir vorstellen kannst, hat diese Vision die Art und Weise, wie ich das Leben betrachtete, buchstäblich ab dem Moment geändert. Ohne auf Einzelheiten einzugehen, möchte ich Dir sagen, daß jede der Rassen eine bestimmte Energie beiträgt, die für die Entwicklung der Menschheit wesentlich ist. So haben zum Beispiel die östlichen Rassen (vor allem Indien) den Ausdruck der inneren Verbindung mit dem Geist veranschaulicht. Deshalb gibt es auch einen entsprechenden Entwicklungsmangel der Integration und des Ausdrucks auf der äußeren Ebene, die jetzt dabei ist, eine ausgeglichenere Position zu suchen. Aber die innere Arbeit Indiens ist sehr ersichtlich.

Die westlichen Rassen (in Amerika zum Beispiel) dahingegen werden versinnbildlicht durch die Darstellung der Form. Was hier hervorgebracht und integriert werden soll, ist die spirituelle Art. Dies gehört auch zum Prozeß des Ausgleichs. Es wäre weise, den nordamerikanischen Indianern Aufmerksamkeit zu schenken, denn sie sind einzigartig in ihrer Darstellung der Einheit von Mutter Erde und der Menschheit. Ein wesentlicher Teil der nordamerikanischen Indianerkultur hat eine tiefe Verbindung zwischen dem Selbst, der Natur und dem Tierreich - die sogar so weit reicht, daß man sich an den Tiergeist wendet, um mit Führung und Hilfe versehen zu werden. Obwohl im Laufe der Zeit durch die Verwüstung dieser großartigen Kultur viel verloren ging, blieb auch vieles davon erhalten. Die Menschheit täte gut daran, die wesentlichen Lehren dieses Volkes zu lernen, um besser mit den Kräften der Natur, der verschiedenen Reiche und der Erde selbst zusammenzuarbeiten und sie zu integrieren.

In ähnlicher Weise hat jede Rasse etwas Einzigartiges und Wertvolles beizutragen, wodurch jede ihr kostbares Puzzleteil der göttlichen Entfaltung hinzufügt. Die eine Rasse ist nicht besser als die andere, denn jede hat ihren angemessenen Platz. Es ist nur der menschliche Geist, der Trennung sieht, wo es keine gibt. Unterschiede ja, aber die Trennung, die die Menschheit zwischen den Rassen konstruiert hat, stammt aus der fehlerhaften Interpretation des negativen Egos und nicht aus dem spirituellen- oder Christusbewußtsein. Die Individuen müssen sich jetzt in der göttlichen Wahrnehmung des Einheit-in-Verschiedenheit-Gesichtspunktes vereinen. Das Christus- bewußtsein betrachtet jede Person als das ewige Selbst und als Bruder und Schwester und nicht lediglich als einen physischen Körper mit einer bestimmten Hautfarbe. Für jene unter Euch, die sich in einer Mischehe befinden, seid Euch bitte bewußt, daß diese Verschmelzung der Rassen auch einem großartigen Zweck dient. Dies ist wirklich kein neuer Gedanke, da während der ganzen Geschichte der Mensch andere Länder besuchte, was natürlich zu Ehen und Kindern, die aus der Vermischung verschiedener Rassen geboren wurden, führte. So wie jede Rasse in ihrer Einzigartigkeit viel zu bieten hat, so gilt dies auch für diejenigen, die sich aus der Zusammenfügung der Rassen ergeben. Dies ermöglicht den Nachkommen einer solchen Vereinigung, die vermischten Eigenschaften von zwei oder mehreren Rassen in sich zu bewahren. Die bestimmten Energien, die sie dann ausdrücken können, sind jene, die fast als eine Rasse an sich hervortreten, und befreien einen völlig neuen ausgedehnten Aspekt des Ganzen, um sich auszudrücken. Dies ist ebenso Teil des göttlichen Planes.

Laßt uns alle vor dem negativen Ego auf der Hut sein, das seine falschen Ideen von Trennung, Vorurteil und Absonderung flüstert. Laßt uns alle aus unserem Höheren Selbst, unserem Christus- bewußtsein sehen, hören und handeln, damit das, was einst als ein Problem betrachtet wurde, ein Grund zur Feier der Einheit in Verschiedenheit sein wird.

Wurzelrassen

In der okkulten Weisheit gibt es noch einen anderen Aspekt, der die Rassen anbelangt: Es sind die Wurzelrassen. Es betrifft die folgenden Rassen, in der Reihenfolge ihrer Entwicklung.

Die Lemurische Rasse:

Sie stellt den Individualisierungsprozeß auf der Erde und die Entwicklung des physischen Menschen dar, was vor ungefähr 10,5 Millionen Jahren stattfand. Sie richtete sich auf die Entwicklung des ersten Chakras und auf den Beginn des zweiten Chakras. Hatha Yoga ist das Yoga dieser Wurzelrasse.

Die Atlantische Rasse:

Die Wurzelrasse in der Entfaltung der Menschheit richtete sich auf die Entwicklung der astralen, emotionalen und psychischen Natur der Menschheit und auf die Entwicklung des zweiten und dritten Chakras der Menschheit. Das Yoga dieser Wurzelrasse ist Bhakti Yoga.

Die Arische Rasse:

Eine immer noch bestehende Wurzelrasse in der Entwicklung der Menschheit, die sich auf die geistige Entwicklung und auf das dritte und vierte Chakra richtet. Das Yoga für die Entwicklung dieser Wurzelrasse ist Raja Yoga.

Die Meruvianische Rasse:

Sie richtet sich auf die Integration und die Zusammenfügung der ersten drei Wurzelrassen und auf die Öffnung der intuitiven Funktion der Menschheit. Das Yoga dieser Rasse ist Ashtanga und Agni Yoga, das auch Feueryoga genannt wird. Die Meruvianische Rasse richtet sich auf die Entwicklung des fünften und sechsten Chakras.

Die Paradiesische Rasse:

Sie richtet sich auf die Erfüllung des göttlichen Planes für diesen bestimmten planetaren Zyklus. Diese Rasse bringt die Menschheit zur vollen Entwicklung des Kronenchakras.

Es sollte verstanden werden, daß es eine große Überlappung zwischen diesen fünf Zyklen oder Rassen gibt, denn sie umspannen mehr als elf Millionen Jahre der Erdgeschichte. Fortgeschrittene Eingeweihte werden durch diese Wurzelrassen nicht eingeschränkt. Sie konnten in der Vergangenheit und können in der Zukunft der Entwicklung der Durchschnittsmenschheit weit vorausgehen. Ich füge hinzu, daß der Ausdruck "Arische Rasse", wie er von Adolf Hitler gebraucht wurde, ein vollständig falscher Gebrauch dieses göttlich inspirierten Begriffes war, und nicht das ist, wovon ich hier spreche. Dies ist offensichtlich ein umfangreiches Thema und dieses Buch ist keine angemessene Stelle für eine Tiefenstudie. Das Studium über die Rassen der Menschheit ist jedoch faszinierend und das umfassende Verständnis eines jeden wird weiteres Licht in sein geistiges Zentrum werfen. Es wird erkennbar werden, welche Chakren in ihm am aktivsten sind und wie man am besten mit seinen Bedürfnissen und dem eigenen Evolutionsprozeß umgehen soll.

Meine Absicht mit dieser kurzen eingefügten Übersicht ist, Dir zu zeigen, wie weitreichend das wahre Verständnis über die Rassen ist und Dich mit bestimmten Begriffen vertraut zu machen, falls Du ihnen in Deinen Studien begegnest. Ich hoffe, mehr noch, daß sie Dir die umfassendere Verstehensweise des Christusbewußtseins nahebringt. Auf diese Art und Weise wird das "Problem" der Rassen angehoben und im spirituellen Aspekt des Selbst integriert. Wenn dies erst einmal geschehen ist, wird die Lösung für diese Schwierigkeiten sehr offensichtlich sein.

Die Heilung und Integration innerhalb der Familie

Manchmal sind die Themen, die uns am nächsten sind und die uns am einfachsten erscheinen wirklich die schwierigsten. Die biologische Familie ist eines der besten und stärksten Beispiele hierfür. Die sensible Natur der Kernfamilie, wie auch der Großfamilie, berührt jeden von uns tief. Erinnere Dich daran, als wir auf der Erde ankamen, erschien uns unsere unmittelbare Familie wie Götter. Wir waren für absolut alles von der Sorge der Mutter / des Vaters abhängig. Als wir hungrig oder durstig waren, waren sie mit der Lebensquelle der Nahrung da, um uns zu ernähren. Als wir uns unbehaglich fühlten und schrien, waren sie es, die es uns behaglich machten. Sie hatten die Macht, Liebe zu geben und sie zu entziehen. Sie besänftigten und beruhigten unsere Ängste. Und in manchen Fällen vernachlässigten sie uns.

Auf diese Art und Weise prägten sie uns ihr Glaubenssystem ein. Jene, die von Menschen erzogen wurden, denen eine fortgeschrittenere psychologische/spirituelle Art der Kommunikation fehlte, stellen fest, daß sie ein Großteil ihres Erwachsenenlebens damit verbringen, ihre Glaubenssysteme neu zu programmieren, um die Welt im Lichte des spirituellen Geistes, statt durch die Glaubenssysteme des negativen Egos zu betrachten. Viele von uns haben hart und fleißig daran gearbeitet, unsere unangebrachten Verhaltensreaktionen neu zu programmieren, deren Wurzelmuster aus dem Kindheitsverhalten stammt, das als ein Überlebensmittel erlernt wurde. Ein Beispiel dieses Überlebensverhaltens ist ein Junge, der um den Respekt des Vaters zu erlangen, lernt, nicht zu weinen, denn in der Familienstruktur deutet weinen auf Schwäche. Eine andere Familienstruktur mag auf der Schwäche und Abhängigkeit ihrer Kinder und Familienmitglieder gedeihen. Das Kind, das zum Beispiel in solch einer Familie ständig erkältet ist, ruft diese Erkältungen unbewußt hervor, damit die Eltern sich sicher fühlen, und es seinerseits mit der Liebe, die es sucht belohnt wird.

Die Schwierigkeit bei diesen unausgeglichenen Familiensystemen liegt darin, daß das Kind, während es aufwächst, lernt, daß das was in der Kernfamilie funktionierte, nicht notwendigerweise in der größeren Welt funktioniert. Eigentlich geben die fehlerhaften Glaubensmuster, die dem Kind die Sicherheit gaben, die es Zuhause suchte, ihm in der Welt große Unsicherheit. An diesem Punkt beginnt normalerweise der Prozeß der Trennung von der Familie.

Die Phase der Loslösung

Das Erkennen der Funktionsstörung bestimmter Glaubenssysteme (die dem Zweck des Kindes dienten, aber jetzt die Entwicklung des heranwachsenden Erwachsenen hemmen), führt oft zu einer Phase der Loslösung, in der das erwachsene Kind eine neue und gesündere Identität aufzubauen versucht. Dies kann durch psychologische und/oder spirituelle Beratung oder durch Rebellion und gänzlichem Rückzug aus der Familieneinheit geschehen. Hoffentlich vollzieht der junge Erwachsene dies in einer möglichst gesunden und spirituellen Weise, indem er lernt, wie er das negative Ego in sich selbst klärt und wie man vergibt. Es ist nicht ungewöhnlich eine Phase des Rückzugs von seiner direkten Familie vorzunehmen. Als Phase kann dies sehr sinnvoll sein, denn es erlaubt dem jungen Erwachsenen ein Gefühl für sich selbst als unabhängige Wesenheit zu entwickeln, statt nur eine Ausdehnung der Familieneinheit zu sein. Sie erlaubt ihm auch, sich mit seiner eigenen spirituellen Familie oder Familie der inneren Ebene zu verbinden, mit der die Bande im allgemeinen stärker sind. Der berühmte Schweizer Psychologe Carl Gustav Jung nannte dies den Prozeß der Individualisierung.

Die Phase soll nicht ewig dauern; obwohl dies in manchen extremen Fällen wirklich die gesündeste Wahl sein könnte. Man sollte die erneute Integration in die Familie als Ganzes anstreben. Dies darf jedoch nicht auf Kosten der eigenen individuellen Gesundheit und Klarheit gehen; deshalb müssen bestimmte Grenzen festgelegt werden - Grenzen, die nicht auf irgendeiner Form von Ärger oder negativem Egodenken aufgebaut werden sollten. Letztendlich sollten diese Grenzen in einer liebevollen Weise festgelegt werden, wobei die Einzigartigkeit von sich selbst und der Familie akzeptiert wird.

Vergebung auf der inneren und äußeren Ebene

Das höchste Ziel ist, für sein vorherrschendes Verhalten in der Vergangenheit und dem der Familie wahre Vergebung zu finden. Dies würde sich als Vergebung auf der äußeren Ebene manifestieren und als eine Bereitwilligkeit sich erneut in die Familieneinheit zu integrieren, ohne die eigenen Grenzen zu überschreiten oder anderen zu erlauben sie zu überschreiten. Ich gebe zu, daß dies das Ideal ist, und so stelle ich es Dir dar. Es gibt bestimmte bedauerliche Situationen, die ein ständiges Muster von Mißhandlungen durch einen Elternteil oder beide Eltern, Geschwister oder andere Verwandte betreffen. Falls dies der Fall ist, sollte sich die Heilung und Integration in Dir selbst vollziehen, denn Dich selbst weiterhin physischer oder psychischer Mißhandlung auszusetzen, wäre absolut nicht empfehlenswert. Es gibt keinen Grund, daß irgend jemand von uns der Mißhandlung ausgesetzt sein sollte, auch wenn diese Mißhandlung in der Kernfamilie stattfindet.

Um Deine Wut zu meistern und Deine Geisteshaltung neu auf Vergebung auszurichten, kann es etlicher psychologischer und/oder spiritueller Beratung bedürfen. Ich sage nicht, daß Du keine rein psychologische Arbeit vorzunehmen brauchst (denn Du benötigst sie dann wirklich), aber wenn die Arbeit im Lichte Deines Höheren Selbstes getan wird, dann ist sie wirklich erfolgreich und nicht nur eine ständige Verstärkung der Reaktionen des niederen Selbstes. Der Schlüssel liegt darin, einen Berater zu finden, der sowohl die psychologische als auch die spirituelle Auffassung in seiner Arbeit vertritt. Eine rein psychologische Auffassung kann in den frühen Stadien der Entwicklung hilfreich sein, aber mit zunehmender Entwicklung des Schülers/Eingeweihten läßt dies nach. Die traditionelle Psychologie erkennt noch nicht die dringende Notwendigkeit, das Denken des negativen Egos zu übersteigen oder daß es unsere Gedanken sind, die unsere Realität verursachen. Sie könnte auch dazu dienen, das Denken und das Verhalten des negativen Egos zu verstärken, aufgrund ihres fehlerhaften oder beschränkten philosophischen Verständnisses. Wenn man mit solchen Werkzeugen, wie sie im Buch "Seelenpsychologie" besprochen werden, arbeitet, können diese eine starke göttlich-zentrierte Grundlage bilden, auf der man jegliche andere Art der Arbeit aufbauen kann. Ein Buch, das ich hilfreich fand, ist "Ein Kurs in Wundern." Der Hauptpunkt liegt darin, Dich sowohl auf der äußeren als auch auf den inneren Ebenen damit auseinanderzusetzen, wer Du als individuelle Seele im Reich des Geistes bist, und wirklich zu lernen, wie Du vergibst.

Tagebuchführung zur Vergebung

Ein praktisches Werkzeug der Vergebung ist leicht zur Hand: Kugelschreiber und Papier. Du kannst damit beginnen, eine Liste der Personen anzufertigen, denen Du am schwersten vergeben kannst. Ziehe danach eine Spalte, in der Du die Bereiche nennst, in denen Du am schwersten vergeben kannst. Erlaube Deinem inneren Kind die Schmerzen und den Verrat in jedem dieser verschiedenen Bereiche auszudrücken. Versuche nicht, dies mit Deinem bewußten Verstand anzugehen, sondern überlasse diese Zeit vollständig dem ungehemmten Ausdruck des verletzten inneren Kindes in Dir. Wenn Du das Gefühl hast, daß jeder Teil von Dir gesagt hat, was er zu sagen hat, rufe Dein Höheres Selbst, Deine Überseele, um sich selbst auszudrücken.

Das Höhere Selbst, die Überseele, ist der wahre Erwachsene und höchster spiritueller Elternteil der Vergebung in Dir, daher laß ihn sagen, was er zu sagen hat. Erlaube den ungehinderten Ausdruck dieses tiefspirituellen Teils Deiner Selbst, Dich vorbei an Schuld, Wut, Verletzung und Angst direkt in das Herz der Liebe und der Vergebung vorwärtszutreiben. Dieser Teil von Dir ist nie verletzt worden, denn wie Krishna im Heiligen Buch Indiens, der "Bhagavad Gita" sagt, "nicht durch Feuer in Brand geraten, nicht durch Wasser naß geworden, nie geboren, nie gestorben bin Ich." In dieser spirituellen Essenz bist Du. Für diesen Aspekt ist es leicht, zu vergeben, denn "er" wurde niemals geschädigt. Erlaube dann Deinem bewußten Verstand, diese beiden Aspekte zusammenzubringen, damit Du - das "Du", das durch den bewußten Verstand wirkt - die Kraft des überbewußten Höheren Selbstes der Überseele zur Integration seiner Weisheit nutzen kannst, und sie Dich führt, bis Du letztendlich in der Lage bist, das Wort "vergeben" zu sagen, zu fühlen und zu demonstrieren.

Die Heilung

Das Maß der Heilung ist von der Tiefe Deiner Verletzung und Deiner eigenen Fähigkeit, dem Höheren Selbst in Dir zu vertrauen, abhängig. In einem ernsthaften Fall, in dem vielleicht sowohl physischer als auch emotionaler Mißbrauch stattfand, mag es absolut angebracht sein, daß Du jene Person nie wieder siehst. Dies sollte jedoch die Heilung auf der inneren Ebene und die Vergebung nicht aufhalten. In Wahrheit müssen wir alle die negativen Emotionen, die uns binden, letztendlich heilen und loslassen, um weiterzugehen. Daher befürworte ich auch die Vergebung der schlechtesten Erziehung. Zu vergeben heißt, die negativen Emotionen und Gedankenformen, die einen an die Vergangenheit binden, zu beseitigen. Wenn Du die höchste Form der Vergebung erlangst, hast Du ein großes Stück Göttlichkeit angenommen und kannst von dort aus voranschreiten.

Wenn das Unrecht, das Du zu vergeben hast, von einem viel geringeren Maß ist, könntest Du Dich bereit fühlen, Deiner Kernfamilie oder anderen Betroffenen zu begegnen und/oder Dich ihnen wieder anzuschließen. Vieles wird davon abhängen, wer sowohl Du als auch sie jetzt sind, was Eure Wertsysteme jetzt sind und wie die Bedingungen Eurer Wechselwirkung sind. Dies ist ein Bereich, der für jedes Individuum und für die individuelle Familie völlig einzigartig ist. Ich erinnere Dich jedoch daran, daß, egal wie eng Eure Beziehung sein mag, Du die Grenzen, die Du gesetzt hast, entschlossen aufrechterhältst. Erinnere Dich daran, Du hast viel Arbeit geleistet, um zu Dir selbst zu gelangen und keinem sollte erlaubt werden, in jenen Ort Deiner eigenen persönlichen Macht einzudringen. Vor allem Familienmitglieder versuchen schnell, die Macht, die sie einst über Dich hatten, zurückzufordern, sei also wachsam, um das psychologisch ausgeglichene, integrierte Kind Gottes zu bleiben, das Du wissentlich bist.

Affirmationen

* Ich bin integriert und ganz in mir selbst.

* Ich begegne meiner Familie (oder einem bestimmten Individuum) und der Welt aus der Ganzheit heraus.

* Ich habe der Vergangenheit vergeben und bin deshalb frei.

* Ich nehme mich selbst und meine Familie (oder ein bestimmtes Individuum) in der Gnade der Vergebung an.

* Ich erschaffe meine eigenen Grenzen und kann deshalb sicher lieben.

* Ich bin verbunden und vollkommen in der Familie Gottes.

* Ich bin der Schöpfer meiner göttlichen Bestimmung der Liebe.

* Ich sehe alle Menschen und Situationen mit den Augen des Christus, des spirituellen Geistes.

* Ich entlasse alle Ängste und Blockaden aus der Vergangenheit und bewege mich vorwärts, um mein göttliches Erbe zu beanspruchen.

* Ich und mein Vater-Mutter-Gott sind eins.

Integration unserer individuellen Strahlen und Tierkreiszeichen

Es gibt viele Kräfte, die in uns wirken. Einige dieser offensichtlichen Kräfte sind die psychologischen, die uns als Kinder geformt haben und die wir jetzt mit Hilfe des Höheren Selbstes und des Christusbewußtseins versuchen umzuformen. Wir tragen ebenso den Stempel unserer bestimmten Rasse, unseres Glaubens, unserer Nation und sogar unserer Stadt und unseres Staates in dem wir ansässig sind. Wir haben auch den Typ des physischen/ätherischen, astralen, emotionalen und mentalen/psychlogischen Körpers, den wir in vergangenen Inkarnationen erschaffen haben, hervorgebracht. Jeder von uns wurde unter verschiedenen Himmelskonfigurationen geboren und hat eine astrologische Konstellation und Muster, die einzigartig sind.

Die Strahlen

Hinsichtlich der abstrakteren Wissenschaften hat jeder von uns ebenso einen bestimmten Strahl und Energiestrom, der in uns wirkt. Die Wissenschaft der Strahlen ist eine relativ neue Wissenschaft, obwohl sie auf einer alten und ewigen Wahrheit beruht. Es gab daher niemals eine Zeit, in der wir nicht von den Strahlen beeinflußt wurden. Das Studium der Rolle, die sie in unserem Leben spielen, ist jedoch neu. Eine kurze Beschreibung der Strahlen, ihrer Eigenschaften und der verschiedenen Meistern oder Chohane der Strahlen, wurde schon gegeben und braucht deshalb hier nicht wiederholt zu werden. Es lohnt sich jedoch anzumerken, daß unsere Körper unter dem Einfluß der verschiedenen Strahlen und ihren spezifischen Energien stehen, und dies wird dann wieder unserer komplizierten Natur hinzugefügt.

Wenn beispielsweise Dein Persönlichkeitsaspekt unter dem Einfluß des Ersten oder Willensstrahles steht, dann würde Dir dies eine sehr kräftige Persönlichkeit geben. Wenn Du unter einem der Feuerzeichen geboren wärest, dann würde sozusagen Feuer dem Feuer hinzugefügt werden.

Wenn Du jedoch an dem Punkt Deines Einweihungspfades wärest, an dem Du in hohem Maße vom Höheren Selbst oder der Überseele beeinflußt wärest, und sich das Ganze auf dem Sechsten Strahl der Hingabe befinden würde, dann würdest Du eine ziemlich interessante Mischung von Energien haben - Hingabe, Wille und Kraft/Feuer. Füge den Einfluß der Planeten und die Tatsache, daß die Strahlen jeden der verschiedenen Körper durch ihr eigenes einzigartiges Energiemuster beeinflussen, hinzu und das komplizierte Bild des Menschen wird sichtbar. Es ist wichtig zu erkennen, daß der stärkste Einfluß die persönliche Macht ist, verbunden mit dem freien Willen, obwohl die Strahlen, die astrologischen Einflüsse, die vererbten Eigenschaften, die Programmierungen aus vergangenen Leben, die Erziehung, die Umwelt und die planetarischen Kräfte eine Person beeinflussen. Und dies sollte nie vergessen werden.

Es ist nicht die Absicht dieses Buches, das Einfache kompliziert zu machen, sondern stattdessen das Komplizierte zu vereinfachen. Deshalb lenke ich Deine Aufmerksamkeit darauf, daß Du Dir zweier Dinge bewußt wirst: Erstens, die Menschheit ist ein Mikrokosmos im Makrokosmos von Gott selbst, und nicht ein zufälliges Naturereignis, was mancher Wissenschaftler Dich glauben lassen möchte; und zweitens, die Synthese und Integration der Teile, die zum vollständigen Ausdruck Deiner Selbst beitragen, werden Dir das Verständnis bringen. Wenn Du Deinen Grundstrahl der Seele/ Monade herausfindest, wird er Dir großartig im Verständnis Deiner Selbst helfen. Obwohl dies offensichtlich nicht das vollständige Bild vermittelt, kann solch eine Kenntnis Dir sehr helfen zu verstehen, wie Du die Welt und Deinen Platz in ihr wahrnimmst. Es ist sehr ähnlich wie mit dem Wissen um Dein Sonnenzeichen und Dein astrologisches Horoskop und dem großen Einfluß den sie ausüben (natürlich zusammen mit Deinem eigenen freien Willen). Ein qualifizierter Channel könnte behilflich sein, diese Information für Dich zu integrieren und vielleicht sogar die Wirkungen der Strahlen auf die verschiedenen Körper aufzuschlüsseln. Dies wäre nichts anderes, als einen qualifizierten Astrologen zu konsultieren.

Ein andere Sache, die ich erörtern möchte, ist das Verhältnis zwischen Deiner bestimmten Einweihungsstufe und dem Strahl Deines Höheren Selbstes. Genau wie die Sternzeichen einen höheren und niederen Ausdruck haben, so ist es auch mit den Strahlen. Vieles darüber habe ich im einzelnen im "Kompletten Aufstiegshandbuch" erklärt. Worauf ich hinaus will ist, daß wenn Du bereits ein gutes Stück auf dem Pfad der Einweihung und des Aufstiegs vorangegangen bist, dann wird der Strahl Deines Höheren Selbstes vorherrschen, und dann, ein wenig später, der Deiner Monade. Wenn Du einmal herausfindest auf welcher Stufe Du Dich befindest und auf welchem Strahl entweder Dein Höheres Selbst oder Deine Monade ist, dann kannst Du Die Information nutzen, um Dich an das Höhere Selbst und/oder die Monade und den damit verbundenen Strahl zu wenden, um das Ganze zu harmonisieren und zusammenzufügen, wodurch Du Dein gesamtes Vierkörpersystem ins Gleichgewicht bringst. Du wirst es nicht nur ins Gleichgewicht bringen, sondern den höchsten Aspekt Deiner Selbst anrufen, um dies zu erreichen.

Dies ist nur ein winziges Stück eines riesigen Themas - das Du, wie ich glaube, interessant finden wirst. Falls Du Dich dazu hingezogen fühlst, habe ich im "Kompletten Aufstiegshandbuch" eine Vielfalt an Möglichkeiten empfohlen, um mit den Strahlen und ihren Merkmalen zu arbeiten. Diesbezüglich ermutige ich Dich herauszufinden, welches Dein Strahl auf der Stufe des Höheren Selbstes und/oder der Monade ist, damit Du dann mit diesen Energien arbeiten kannst. Du kannst dann mit einer Klarheit arbeiten, die Dir ansonsten nicht zur Verfügung stünde. Du kannst mich unter der Telefonnummer im Anhang dieses Buches anrufen, wenn Du möchtest, daß ich Dir einen qualifizierten Channel empfehle, um Dir zu helfen. Je mehr Werkzeuge Du hast, mit denen Du arbeitest, desto schneller und leichter wird Deine Arbeit sein.

Die Integration der eigenen Person

Die Integration der eigenen Person zu erlangen, erfordert äußerste Ehrlichkeit und das Ansammeln möglichst vieler Informationen über sich selbst. Es erfordert ebenso ein völliges Annehmen seiner selbst und bedingungslose Liebe für sich selbst. Wenn wir einmal fähig sind, uns selbst anzunehmen und bedingungslos zu lieben, kann die Arbeit der Integration und Synthese wahrhaftig beginnen. Wenn du jedoch unfähig bist Selbstliebe auszuüben, dann arbeite bitte in diesem Bereich. Die Eigenschaft der bedingungslosen Selbstliebe muß in jedem von uns manifestiert werden. "Wißt Ihr nicht, daß Ihr Söhne und Töchter des Höchsten seid?" Diese Eigenschaft ist essentiell wichtig und unser göttliches Geburtsrecht und Erbe.

Habe keine Angst, in die entferntesten Bereiche Deiner Selbst zu blicken. Habe ebenso keine Angst, Dir richtig nahe zu treten. Jeder Deiner vier niederen Körpern, vom physischen bis zum höheren mentalen, offenbart das, was wir in diesem Leben sind. Dies gilt ebenso für unsere höheren Körper und je höher wir durch das innere spirituelle Auge sehen können, umso besser. Schließe *alles* mit ein, das Du in Erfahrung bringen konntest. Versuche nicht, Deine Rasse, Dein Geschlecht, Deinen religiösen Hintergrund oder sogar die Farbe Deiner Haare zu leugnen. Betrachte alles durch die Augen, die es ohne Verhaftung sehen. Erlerne alles, was Du kannst, hinsichtlich der Strahlen und der astrologischen Einflüsse in Deinem Leben, so wie alles, das in irgendeinem anderen Bereich der weltlichen oder okkulten Studie enthalten ist und zu Dir paßt. Setze Dich dann hin und richte Dich auf den höchstmöglichen Aspekt Deiner Selbst und fasse den Vorsatz zur Integration.

**Werkzeuge zur Selbst-Integration
und Erschaffung unseres physischen Körpers**

*Integrationstagebuch und Affirmationsliste
für das physische Selbst*

Beginne damit, die physischen Eigenschaften von Dir selbst, die Dich am meisten stören, aufzuzählen. Schreibe die Liste auf die eine Seite des Bogens. Nachfolgend eine Liste mit Beispielen:

1. Nicht hübsch/gutaussehend genug

2. Unbeholfene Gangart

3. Nase zu groß / zu klein

4. Zu groß / zu klein

5. Schreckliche Haare

6. Viel zu dick / zu dünn

7. Krumme Zähne

Wirf einen strengen Blick auf die Liste, die Du angefertigt hast und überzeuge Dich davon, daß sie vollständig ist. Wenn dem so ist, dann schreibe die Liste erneut in der Reihenfolge der Wichtigkeit und beginne mit dem Aspekt Deiner physischen Erscheinung, der Dich am meisten stört, bis zu dem, der Dich am wenigsten stört, bis die Liste vollständig ist.

Ziehe in der Mitte des Blattes eine Linie und schreibe auf die rechte Seite das genaue Gegenteil Deiner Reaktionen des negativen Egos auf Deinen physischen Körper. Schreibe dies in einer annehmenden Haltung der bedingungslosen Selbstliebe Deines Höheren Selbstes und des Christusbewußtseins. Die Beispielliste könnte dann folgendermaßen aussehen:

1. Nicht hübsch /
gutaussehend genug

                    I. Ich bin schön aus der Sicht Gottes

2. Unbeholfene Gangart

                  II. Meine Gangart fließt in perfektem
Rhythmus mit dem Universum genau so wie sie ist

3. Nase zu groß / zu klein

                  III. Meine Nase hat die perfekte Größe,
genau so wie sie ist

4. Zu groß / zu klein

                  IV. Ich habe die perfekte Größe, um meiner
Individualität Ausdruck zu verleihen

5. Schreckliche Haare

                  V. Ich habe das perfekte Haar für mich

6. Viel zu dick /
zu dünn

                  VI. Ich habe das perfekte Gewicht
in diesem Moment der göttlichen Zeit

7. Krumme Zähne

                  VII. Meine Zähne sind perfekt,
genau so wie sie sind

Lies die Aussagen über die Aspekte Deines Selbstes, die Du nicht magst still und lese dann die positiven Affirmationen, die Du aus Deinem Höheren Selbst und dem Christusbewußtsein geschrieben hast, laut. Schreibe dann einfach die positiven Affirmationen auf ein separates Blatt und wiederhole sie einige Male. Dies ist die Kunst der Heilung der inneren Einstellung und der positiven Affirmationen.

Das Verstehen und die Anwendung des Tagebuchs und der Liste

Der springende Punkt dieser Übung ist nicht, daß Du weiterhin mit jenen physischen Eigenschaften leben sollst, die Du gegen diejenigen austauschen kannst, die eher mit Dir selbst im Einklang stehen. Der Punkt ist, daß wir uns selbst erlauben sollten, die Dinge so zu akzeptieren und anzunehmen, wie sie in Gottes Augen sind ehe sie sich ändern - und nicht einfach so, wie sie in unserem negativen Ego, und dem was es uns gelehrt hat, erscheinen. Wenn dies erst einmal erreicht wurde, hast Du Dich selbst von allen negativen Bindungen befreit und Du hast die wahre Freiheit, um in den angemessenen Bereichen eine Änderung zu bewirken.

Viele von uns haben beispielsweise die Macht, ihr Körpergewicht zu verändern, durch regelmäßige Übungen und Veränderung der Essensgewohnheiten. Aber zu Beginn ist es wesentlich zu erkennen, daß das Übergewicht in gewisser Weise als Lehrer dient und dies auch zu ehren. Wenn wir den größten Teil unseres Lebens Übergewicht hatten, liegt es vielleicht an dem Wunsch, uns von der Welt abzusondern. Es gab unbedingt einen Zweck für diesen Seinszustand. Es liegt eigentlich in allem eine Lektion; der Trick dabei ist, die Lektion herauszufinden und weiterzugehen. Es ist ebenso sinn- und zwecklos unser Gewicht mit den Idealen des negativen Egos zu vergleichen, welche die Zeitschriften, das Fernsehen und das Kino verbreiten. Glück ist ein Geisteszustand, nicht ein Gewichtszustand.

Falls Du sehr groß oder sehr klein bist und diese Tatsache Dir unangenehm ist, weshalb richtest Du Dich dann nicht auf Deine innere Lektion, die zu der Art und Weise wie Du bist gehört, denn die Größe ist nicht einfach durch irgendwelche physischen Mittel zu ändern, außer durch das Tragen hoher Absätze - oder das Tragen flacher statt erhöhter Schuhe. Wann immer Du feststellst, daß Du Dich in einer Lage, die höchstwahrscheinlich Deine ganze Inkarnation andauern wird, festgefahren hast, dann ist es eine gute Übung, darüber Tagebuch zu führen und zu sehen, was für Dich dabei herauskommt. In Bereichen, wie im oben genannten Beispiel, kannst Du eine Vielfalt von Affirmationen erschaffen, und die Art und Weise, wie Du Deine bestimmte Lage betrachtest, ändern. Ich nenne dies die "Mache-Limonade-aus-Zitronen-Lektion-Einweihung". Es gibt immer etwas Gutes in einer Situation, das darauf wartet, durch die Macht Deines spirituellen Geistes befreit zu werden; in ähnlicher Weise wie die Statuen von Michelangelo darauf warteten, durch seinen Meißel aus dem Marmorklotz, der sie umschlossen hatte, befreit zu werden. Der spirituelle Geist richtet sich auf das was er tun kann, nicht auf das war er nicht tun kann. Dies bezieht sich darauf, das Puzzleteil, das Gott Dir gegeben hat, zu leben, und nicht zu versuchen, das Puzzleteil eines anderen zu leben.

Es gibt andere Bereiche in Deiner physischen Erscheinung, die einer genauen Prüfung bedürfen, bevor Du Dich entscheidest, was zu tun ist. Eines der besten Beispiele wäre "eine Nasenkorrektur oder keine Nasenkorrektur vorzunehmen". New Age - Lichtarbeiter sind Naturalisten und würden dies nie im Leben in Erwägung ziehen. Dies gilt jedoch sicherlich nicht für jeden und könnte in Deinem Fall nicht zutreffen. Während ich dazu neige, wie ein Naturalist zu leben, habe ich grundsätzlich eine offene Einstellung zu Dingen wie diesen. Ich glaube, daß die Entscheidung auf einem klaren Verständnis darüber was Du tust begründet sein sollte, und dies - warum Du es tust - ist sehr wichtig. Versuchst Du, mit jemand anderem Schritt zu halten und hast Du das Gefühl, Dein Aussehen ändern zu müssen, um in ein Bild hineinzupassen, an das Du sowieso nicht glaubst? Oder, andererseits, meinst Du wahrhaftig, daß solch eine Änderung Dein Gemüt erheben und Dich in bessere Harmonie mit Dir selbst bringen wird? Wenn dies der Fall ist, sage ich, tue es. Wie Buddha sagte: "Gehe den mittleren Weg", und es ist jedem von uns überlassen zu bestimmen, woraus dieser Gleichgewichtspunkt in uns besteht. Wenn wir dies so ehrlich und spirituell ausgerichtet wie möglich machen, dann tun wir, was für uns richtig ist. Kosmetische Chirurgie an sich ist neutral. Die Schlüsselfrage ist, ob die Motivation entweder aus dem negativen Ego (falsche Eitelkeit) oder aus dem Höheren Selbst und der Überseele, die einen göttlichen Zweck in diesem Schritt sieht, stammt. Der Schlüssel in all solchen Dingen ist die Absicht und die Motivation.

Die Integration des Emotionalkörpers

Die Werkzeuge, die für den physischen Körper dargeboten werden, können auch für die Integration des Emotionalkörpers und Mentalkörpers verwendet werden. Du kannst eine ähnliche Liste, die sich auf Deinen Astral-/Emotionalkörper und eine, die sich auf Deinen Mentalkörper bezieht, erschaffen.

Tagebuch-Affirmationsliste für das emotionale Selbst

1. Überempfindlich
2. Leicht verärgert
3. Leicht verschlossen

Nimmt dann die Vorlage, wie sie für den physischen Körper gegeben wurde, und ziehe in der Mitte des Blattes eine Linie von oben nach unten, und mache dann eine Aufzählung der Affirmationen, die denjenigen, die Du gerade aufgeschrieben hast, entgegenwirken. Zum Beispiel:

1. Überempfindlich

> I. Ich bin ausgeglichen in mir selbst
> und ich handle statt zu reagieren

2. Leicht verärgert

> II. Ich bin ruhig und mild wie ein
> stiller, friedvoller Teich

3. Leicht verschlossen

> III. Während ich meine Grenzen bewahre,
> öffne ich mich wie eine Blume im Frühling

Lies nochmals die Anleitung, die für den physischen Körper gegeben wurde, nur wende sie dieses Mal auf Dein emotionales Selbst an. Du kannst hier bestimmt eine Änderung bewirken, solange Du Dich daran erinnerst, daß es Deine Wahl ist, ob Du in einer bestimmten Gewohnheit des Gefühls festgefahren bleiben möchtest oder Dein Herz dem Höheren Selbst öffnen und lernen möchtest, was es heißt, einfach nur in einem Zustand der bedingungslosen Liebe zu sein. Wenn Du extreme Blockaden oder Schwierigkeiten erfährst, hast Du auch die Wahl, einen qualifizierten Psychologen oder spirituellen Berater zu finden, der Dir dabei hilft, Dich durch die größten Schwierigkeiten hindurch zu begleiten.

Eine Möglichkeit, die wir oft vergessen, ist die, um Hilfe zu bitten. Es gibt sicherlich Situationen, die dies erfordern. Deshalb wisse bitte, daß so wie die Meister zur Verfügung stehen, um Dir auf der inneren Ebene zu helfen, es auch ausgebildete Eingeweihte in der Heilkunst gibt, um Dir hier auf der Erde zu helfen. Bitte, geliebter Leser, denke nicht, daß es ein

Zeichen der Schwäche ist, um Hilfe zu bitten. Dem ist nicht so. Um Hilfe zu bitten, wenn Hilfe notwendig ist, ist eines der kraftvollsten und schlausten Dinge, die eine Person für sich selbst tun kann.

Vergiß niemals, daß Dein Höheres Selbst, oder Deine Monade, genau wie die Meister da sind, und einfach einer Einladung entgegensehen, um Dir mit absoluter Liebe und göttlicher Zielstrebigkeit zu helfen. Denn in Wahrheit seid ihr eins. Die fleißige und zielstrebige Arbeit in diesem Heilungs- und Affirmationsprozeß der Geisteshaltung wird im Laufe der Zeit das Unterbewußtsein und den bewußten Verstand vollständig neu programmieren, bis zu dem Punkt, an dem er die Programmierung des Überbewußtseins und des Höheren Selbstes perfekt widerspiegelt. Wenn dies erreicht ist, kann ein ständiger Zustand des inneren Friedens, der Ausgeglichenheit, bedingungs- losen Liebe, Vergebung, Freude, Glück und auch Segen aufrechterhalten werden. Denn wie wir uns fühlen, liegt nicht an der äußeren Welt, sondern daran, wie wir die äußere Welt *interpretieren*. Wir können nicht immer kontrollieren, was in unserem äußeren Leben geschieht, aber wir können kontrollieren, wie wir über diese Ereignisse denken. Mit dem Geist des negativen Egos zu denken, erzeugt Ärger, Ungeduld, Frustration, Besorgnis, Depression, Traurigkeit und Enttäuschung. Aus dem Christusbewußtsein zu denken, erzeugt genau das Gegenteil - es betrachtet eine gegebene Situation als eine Lehre/Lektion/Herausforderung. Alles hängt von der Betrachtungsweise ab. Das Ideal ist, die Sonne hinter jeder dunklen Wolke zu erkennen.

Die Integration des Mentalkörpers

Der Einfachheit halber werde ich jetzt, da Du mit der Art der Auflistung, über die wir sprechen, vertraut bist, sowohl die Eigenschaft, die Du vielleicht überwinden möchtest, wie auch diejenige, durch die Du sie ersetzen möchtest, in der selben Liste kombinieren. Nachfolgend ist ein Beispiel des zweiten Stadiums der Gestaltung Deiner Affirmationsliste zur geistigen Heilung.

1. Immer pessimistisch sein

             I. Ich bin immer optimistisch

2. Andere immer beurteilen

             II. Ich akzeptiere und liebe
                die anderen

3. Ich hasse diese Arbeit

             III. Ich segne diese Arbeit

Gehe wiederum mit dem Mentalkörper einer ähnlichen Verfahrensweise nach, wie Du es bereits mit dem physischen Körper und dem Emotionalkörper getan hast. Gedanken sind grundsätzlich eine Gewohnheit und Gewohnheiten können in einer Periode von einundzwanzig Tagen erschaffen und gebrochen werden. Wir sind nicht durch unsere Gedanken gefangen. Was wir jedoch im allgemeinen tun, ist Gedanken zu erschaffen, die uns gefangen nehmen. Dies ist wirklich eine schlechte Gewohnheit, die geändert werden kann, indem man das fehlerhafte Denken durch das Denken mit dem Christus- / Spirituellen Bewußtsein ersetzt.

Gedanken sind von feinerer Beschaffenheit als die dichte Materie. Deshalb sind die ätherischen und sogar die emotionalen/astralen Ebenen viel leichter zu beeinflussen. Dazu sind zwei Dinge erforderlich: Erstens, lerne aus dem Christusbewußtsein zu denken ("Laß diesen Geist in Dir sein, wie er in Jesus Christus war"); und zweitens, die Verwendung des Willens. Die Willenskraft kann durch das tägliche Wiederholen von Affirmationen nutzbar gemacht werden. Dies kann entweder leise oder laut geschehen; die Übung sollte jedoch beständig sein. Der Wille kann auch bewußt eingesetzt werden, um negativen Gedanken den Zugang zu unserem bewußten Verstand zu verweigern. Dies kann mit einer Pflanze verglichen werden, die nicht ausreichend bewässert wird und daher verwelkt und stirbt. Die positive Affirmation ist der neue Samengedanke, der in die empfängliche Erde des Unterbewußtseins gepflanzt wird und durch Bewässerung zu keimen und zu wachsen beginnt. Metaphorisch ist dies die beständige Wiederholung der neuen positiven Affirmation während einundzwanzig Tagen. Wir können den Willen ebenso dafür einsetzen zu beschließen, uns selbst mit Menschen des Christusbewußtseins zu umgeben, indem wir dem Auftreten von negativen Gedankenmustern nicht nachgeben und bereit sind, die notwendigen Änderungen in unserer Gedankenwelt vorzunehmen.

So wie bei allen vier niederen Körpern hat der Mentalkörper auch die Fähigkeit, von göttlichem Licht erfüllt zu werden, so daß das Einfließen höherer Energien, die den Gedankenprozeß in eine höhere Schwingung verlagern, ermöglicht wird. Im Wesentlichen ist es die Absicht, die Körper in sich selbst und dann miteinander zu vervollständigen und zu verbinden, so daß wir als ein erleuchtetes und vollständiges Ganzes als Götter und Göttinnen auf der Erde wirken mögen.

Ganzheitliche Körperausrichtung und Integrationsmeditation

Setze Dich auf einen bequemen Stuhl oder nimm eine bequeme Haltung im Liegen ein. Halte den Rücken gerade und kreuze Deine Arme und Beine nicht - es sei denn, bei einer speziellen Yogahaltung.

Nimm einen tiefen Atemzug in den physischen Körper.
Atme aus und entlasse alle physischen Gifte und disharmonischen Energien.
Entspanne Dich und fühle etwa eine Minute den natürlichen Fluß der Atmung.

Nimm einen tiefen Atemzug in den Ätherkörper.

Atme aus und entlasse alle ätherischen Gifte und disharmonischen Energien.

Entspanne Dich einen Moment und fühle den natürlichen Fluß der Atmung.

Nimm einen tiefen Atemzug in Deinen Astral- oder Gefühls-/Emotionalkörper.

Atme aus und entlasse alle emotionalen Gifte und disharmonischen Energien.

Entspanne Dich einen Moment und fühle den natürlichen Fluß der Atmung.

Nimm einen tiefen Atemzug in Deinen Mentalkörper.

Atme aus und entlasse alle negativen Gedankenmuster, Gifte und disharmonischen Energien.

Entspanne Dich einen Moment und fühle den natürlichen Fluß der Atmung.

Nimm einen tiefen Atemzug und richte alle vier niederen Körper aus.

Atme aus und fühle wie alle Körper sich ausrichten und miteinander verbinden.

Richte Dich auf den natürlichen Fluß der Atmung, während Du die Ausrichtung und Verbindung eines jeden Körpers mit sich selbst und alle miteinander visualisierst.

Nimm nach ein paar Minuten noch einen tiefen Atemzug und wende Dich an Dein Höheres Selbst.

Bitte Dein Höheres Selbst darum, sich vollständig auf Deine vier niederen Körper auszurichten, und seine göttliche Liebe und sein göttliches Licht auf sie auszustrahlen.

Atme aus und fühle die Anwesenheit Deines Höheren Selbstes, während es die Körper ausrichtet, segnet und mit dem Vierkörpersystem verbindet.

Entspanne Dich einen Moment und fühle den natürlichen Fluß der Atmung.

Nimm einen weiteren Atemzug und wende Dich an Deine Monade.

Bitte Deine Monade, sich vollständig auf Dein Höheres Selbst und die vier niederen Körper auszurichten und ihr göttliches Licht, ihre göttliche Liebe und Kraft auf sie auszustrahlen.

Atme aus und fühle die Anwesenheit Deiner Monade, Deiner mächtigen ICH BIN - Gegenwart, während sie sich ausrichtet, segnet und mit allen anderen Aspekten des Selbstes verbindet.

Entspanne Dich und richte Dich auf das Ein- und Ausströmen der Atmung, und erfreue Dich einfach an diesem göttlichen Zustand der Integration und Ausrichtung.

Bleibe so lange in der Meditation wie Du möchtest und verwende das Mantra: "Gott und ich sind eins und auf allen möglichen Ebenen verbunden."

Wenn Dir diese Art der Meditation neu ist, würde ich Dir empfehlen für einen Monat höchstens zehn bis fünfzehn Minuten täglich zu üben, und nach und nach die Meditationszeit bis zu einer Dauer von vierzig Minuten auszudehnen.

Ich glaube an das Maßhalten aller Dinge und folge dem Mittleren Weg. Deine Körper werden Zeit benötigen, sich an den Fluß der Energien, die durch diese Art der Meditation ausgelöst werden, anzupassen, also gehe langsam und friedlich an die Sache heran. Ich bin nicht jemand der Wetten abschließt, aber wenn ich so jemand wäre, würde ich jederzeit auf die Schildkröte statt auf den Hasen setzen.

Wenn Du aus der Meditation zurückgekehrt bist, visualisiere ein Erdungsseil, das sich von Deiner mächtigen ICH BIN - Gegenwart hinunter bis etwa dreißig Zentimeter in die Erde hinein ausdehnt. Fühle Dich stark geerdet, ausgerichtet, integriert und verbunden mit der Erde.

Danke anschließend Gott, den Meistern, Deiner Monade, Deinem Höheren Selbst und all den verschiedenartigen Körpern, mit denen Du meditiert hast.

Richte Dich langsam auf und gehe völlig ausgerichtet, integriert und ganz in den Tag.

Schlußgedanken über die Integration des Selbst

Je mehr wir im Selbst integriert werden, desto schneller und sicherer werden unsere spirituellen Reisen sein. Der Pfad des Aufstiegs umfaßt alle Körper und erfordert eine Reinigung und Läuterung, die sie zu einem völlig erwachten, funktionierenden Ganzen beschleunigen und ausrichten. Wenn wir erst einmal vollkommen in uns selbst sind, wenn wir mit unserem Selbst vereint und verbunden sind, dann wird es bedeutend einfacher und schöner, unser individuelles Puzzleteil in der Welt zu entdecken, zu integrieren und zu leben. Manche von uns sind eher mental ausgerichtet, während andere emotionaler und wieder andere künstlerischer sind und so weiter.

Die Hauptsache ist, daß jeder von uns zum vollkommenen Gleichgewicht in sich selbst gelangt. Es ist in Ordnung, mehr eines Typs statt eines anderen zu sein. Eigentlich sind unsere Unterschiede ein wesentlicher Teil des göttlichen Planes. Was jedoch nicht zum göttlichen Plan gehört ist, daß wir in *Teilen* aufsteigen. Viele fortgeschrittene Eingeweihte glauben, daß sie über Maulwurfshaufen stolpern, die in Wahrheit Teile ihrer Selbst sind, von denen sie meinen, sie könnten sie aufgrund des Aufstiegsprozesses umgehen. So funktionieren die Dinge nicht. Die letzte Anforderung zur Weiterentwicklung in die höheren Stadien des Aufstiegs sind die Integration, die Reinigung, die Läuterung und die Verbindung der einzelnen Teile von uns selbst. Daher bitte ich Dich, mein Suchender, die Gnade dieser Lehren willkommen zu heißen, da Du über den leichteren statt den härteren Weg lernst. Manchmal ist es sehr verführerisch zu sagen: "Nun, der physische Körper kann eine wirklich mühsame Sache sein und da ich weiß, daß ich nicht wirklich der Körper bin, tue ich einfach als ob ich keinen habe und ignoriere ihn." Klingt Dir das vertraut? Auf dem Papier sieht es gewiß in Ordnung aus. Aber so funktioniert es nicht. Es funktioniert nicht für den physischen Körper, den Gefühlskörper oder den Mentalkörper.

Es ist die Absicht, daß wir diese Körper auf der höchstmöglichen Frequenz schwingen lassen, den Licht- und Liebesquotienten in jedem der Körper steigern, uns mit dem Höheren Selbst und/oder der Monade verbinden und dann die göttlichen Energien, die in diesen höheren Aspekten unseres Selbstes enthalten sind, herunterleiten und sie so zusammengefügt auf der Erde verankern. Der Ausdruck "Alles ist Gott und ICH BIN", den so viele Lichtarbeiter verwenden, ist tatsächlich Wahrheit. Da es die Wahrheit ist, folgt daraus, daß der Pfad des Ganzen das Ganze miteinschließt. Aus tiefer Liebe sage ich Dir, entspanne Dich und genieße den Prozeß. Denn tatsächlich ist der Weg das Ziel. Unser Pfad führt zu immer tieferer Weisheit, Liebe und Verschmelzung mit dem Ganzen, und daher sind wir auf dem Pfad.

Synthese und Integration sind beides die Schlüssel zur Tür, die wir aufschließen. Mit diesem Verständnis bitte ich Dich, diesem Prozeß so viel Aufmerksamkeit wie möglich zu widmen. Arbeite sowohl mit den Werkzeugen, die in diesem Kapitel gegeben wurden, wie auch mit den anderen, die ich erwähnt habe und allen, die Dir begegnen. Die Pfade der Einweihung, des Aufstiegs und der Integration/ Synthese sind wahrhaftig ein und dasselbe. Gehe den Pfad in diesem Lichte und ich versichere Dir, Dein Gang wird sicher sein.

Über den Autor

Joshua David Stone war Doktor für Transpersonale Psychologie und ein anerkannter Ehe-, Familien- und Kinderberater in Los Angeles / Kalifornien. Auf der spirituellen Ebene verankerte er die "I AM University," - ein integrierter Ashram auf der inneren und äußeren Ebene, der alle Wege zu Gott repräsentiert. Als Sprecher für die planetare Aufstiegsbewegung war Dr. Stone's spirituelle Abstammungslinie direkt mit Djwhal Khul, Sananda, Kuthumi, Lord Maitreya, Lord Melchizedek, dem Mahatma und Metatron verbunden. Er fühlte auch eine enge Verbindung mit der Göttlichen Mutter und Lord Buddha, sowie auch eine tiefe Hingabe an Sathya Sai Baba.

Kontaktadresse der IAM University:
http://www.iamuniversity.org
e-mail: drstone@iamuniversity.org

Über die Autorin

Rev. Janna Shelley Parker ist seit langer Zeit eine Eingeweihte des Aufgestiegenen Meisters Djwhal Khul und eine ehemalige Schülerin von Hilda Charlton. Rev. Parker arbeitet als persönliche Assistentin von Dr. Stone im "Melchizedek Synthesis Light Ashram" in Los Angeles, der Lord Melchizedek, dem Mahatma, Metatron, Sai Baba, Lord Buddha, Lord Maitreya und Djwhal Khul dient. Sie lehrt Yoga und Tagebuch-Channeling und schreibt Poesie und Liedertexte.

Der Blaue Stern

Meditationshilfe Meditations-Stern, Tiffany-Handarbeit
EUR 62,90/ /Sfr.120.- Ø 21 cm, beim Verlag erhältlich.

Das Symbol der Grossen Weissen Bruderschaft. Er ist ein starkes Schutz-Symbol, das wir jederzeit anwenden können. Durch Meditation mit diesem Stern erhöhen wir unsere eigene Vibration und negative Schwingung kann uns nicht erreichen. Durch Einstimmung auf den Blauen Fünfzackigen Stern stellen wir die Verbindung zu unseren helfenden Geistigen Wesen und auch die Verbindung zu den Meistern her.

Weitere Bücher
aus dem R. Lippert Verlag

zu beziehen im Buchhandel oder direkt beim Verlag. Sie können zudem unsere kostenlose MEISTERBILDER – LISTE mit Bildern der Aufgestiegenen Meister und unser **kostenloses VERLAGSPROGRAMM** anfordern! (siehe Seite 2)

Auf den folgenden Seiten

Licht - Meditationen Band 1 & 2 *geführte Meditationen*

Jeweils 128S., Buch, broschur EUR 15,90/Sfr. 29,80
ISBN Buch 1: 3-933470-09-9, ISBN Buch 2: 3-933470-11-0

Eine Sammlung von wunderschönen und kraftvollen Licht - Meditationen, die sowohl in der Gruppe, als auch für sich alleine angewandt werden können. Die Anwendung dieser Meditationen bewirkt eine Erhöhung der persönlichen Schwingung und unterstützt die eigene geistige Entwicklung.

Licht-Meditationen CD 1 & 2

CD1: Meditation mit Christus und Buddha 22:35, Maria-Meditation 16:30, Heilteich 18:55, Goldenes Licht 18:20, EUR 19,90/Sfr. 32,90, ISBN CD1: 3-933470-40-4

CD2: Chakra Flammen Meditation 28:50, Geistiger Schutz 25:10, Der Blaue Stern 25:50, EUR 19,90/Sfr. 32,90, ISBN CD2: 3-933470-41-2

Verbindung mit den Arcturianern David K. Miller

256S., Buch, 4 Farbseiten broschur, EUR 19,90/ Sfr. 37,80
ISBN 3-933470-21-8

Die Lehren vom Heiligen Dreieck Band 1 David K. Miller
BUCH incl. Original CD David K. Miller

256S., Buch, 4 Farbseiten broschur, incl. CD EUR 26,90/Sfr. 49,80
ISBN 3-933470-22-6

Die Lehren vom Heiligen Dreieck Band 2 David K. Miller

272S., Buch, 4 Farbseiten broschur, EUR 21,90/Sfr. 37,80
ISBN 3-933470-24-2

Zu den Büchern von David K. Miller:
Nur selten erscheint ein Buch, welches das Potential zur Bewusstseins-veränderung unserer gesamten planetaren Kultur birgt. Viele haben über

den Aufstiegsprozess gesprochen, doch nur sehr wenige haben verstanden, was dies bedeutet. Wer steigt wirklich auf? Wohin gehen wir? Welche Entscheidungs-möglichkeiten haben wir? Wie müssen wir uns auf dieses Ereignis vorbereiten? Steigen alle zum selben Ort auf? Was geschieht mit der vierten Dimension? Wie können wir die fünfte Dimension verstehen? Wie fühlt sie sich an? Was geht dort vor sich? Wie sind fünfdimensionale Wesen? Wie leben sie?

Das Portal zur Ewigkeit Kiara Windrider
388S., Buch, brosch., 13 Farbbilder, reich illustriert EUR24,90/Sfr. 49,90
ISBN 3-933470-20-X

Anleitung zum Planetaren Aufstieg
Die Erforschung der Mysterien der fünften Dimension

In Indien überlebt ein Junge den Sturz in einen Wasserfall und findet sich auf der Reise zu einer anderen Dimension wieder. Schließlich führt ihn eine Serie von Ereignissen zu einer völligen spirituellen Neugeburt in Kalifornien. In diesem Buch vermittelt Kiara die Erkenntnisse während seiner Reise des Erwachens. Seine Geschichte ist gleichzeitig die Geschichte des Erwachens der Erde in diesen Zeiten der Rückkehr des Lichtes - und sie führt uns zum Verständnis, wie das Leben in den höheren Dimensionen erfahren werden kann, sofern wir auf die Anstöße unserer Seele reagieren.

Sananda Crea
Buch, 160S., broschur EUR 16,90/Sfr. 29,80
ISBN 3-933470-02-1

Eine Zusammenfassung wertvoller Durchgaben und Meditationsübungen von SANANDA. Sie beschreibt das Wirken dieses großen Meisters.
* Der Pfad der Einweihung * Das neue Einfließen des Christusbewußtseins * Die Auferstehungs-Flamme der Reinheit * Der

Liebesaspekt der Dreifaltigen Flamme * Das Christus-Bewußtsein entfalten * Die Auferstehung und das Leben * Der manifestierte Ausdruck der Liebe * Die Kunst des Empfangens * Eine Botschaft der Hoffnung * ICH BIN BEI EUCH * Über SANANDA * Eine Schutzhülle aus Liebe * In Einfachheit * Meditation mit SANANDA.

El Morya, Crea

Buch, broschur 96 S., EUR 8,90/Sfr 16,80
ISBN 3-933470-01-3

Eine Zusammenfassung wertvoller Durchgaben und Meditationsübungen von EL MORYA. Sie beschreibt das Wirken dieses großen Meisters.

* Das richtige Verständnis von Wille und Macht * Meditations-Übung mit der Flamme des Glaubens * Die Sieben größten Gesetze des Universums * Der Aspekt der Macht in der Dreifaltigen Flamme * Meditations-Übung "Die Blaue Feder der Macht der Dreifachen Flamme" * "GOTT - eingetragene Gesellschaft" * Meditations-Übung"Heiliges Mandala" * Anrufung - Lichtstätten * Über EL MORYA

Ashtar Crea

Buch, broschur 128S., EUR 15,90/Sfr 29,80
ISBN 3-933470-03-X

* Erklärungen zum Thema Aufstieg * Neue Strukturen für den Aufstieg * Photonengürtel & Zeitverschiebung * Die Drei Stufen der Integration * Göttlicher Zeitplan * Definiere neu wer du bist * Die Veränderungen annehmen * Aus Leid wird Freude * Über die Durchgaben * Gespräche mit Ashtar.

Die 9 Stufen zum Aufstieg Crea

Buch, broschur 64 S. EUR 8,90/Sfr 16,80
ISBN 3-933470-04-8

9 verschiendene Meister der Grossen Weissen Bruderschaft /Raumbruderschaft erteilen wichtige Lektionen zum Thema Aufstieg. Lady Nada * Serapis Bey * Ashtar * Saint Germain * Lady Kwan Yin * El Morya * Hilarion * Babaji * Sananda.

Maria - Die Ankunft des Lichtkindes Sananta

Empfängnis, Schwangerschaft,
Geburt und Kindheit aus geistiger Sicht
Buch, broschur 64 S. EUR8,90/Sfr 16,80
ISBN 3-933470-00-5

Diese Mitteilungen wurden von **Mutter Maria** gegeben, um den Menschen ein besseres Verständnis für das Inkarnieren der Lichtkinder zu geben, und ihnen somit zur Erfüllung ihrer Mission zu verhelfen. Die Vorbereitung auf die Inkarnation, die Empfängnis, die Schwangerschaft und Geburt, sowie das Aufwachsen des Lichtkindes aus geistiger Sicht sind die zentralen Themen dieses Büchleins.

Gott, Schöpfung & Universum Dr. Ron Hanner

Buch, broschur 288 S. EUR 19,90/Sfr. 37,80
ISBN 3-933470-07-2

Mit diesem umfassenden Werk gelingt es Dr. Ron Hanner auf geniale Weise die Themen Gott, Schöpfung & Universum sowohl aus spiritueller, als auch aus wissenschaftlicher Seite ausführlich zu erklären und die Verbindung zwischen Spiritualität und Wissenschaft hervorzuheben.
Themen dieses Buches: * Die Entwicklung des Planeten Erde und der Menschheit * Lichtarbeiter und ihre Aufgaben, sowie ihre eigene Entwicklung *   Botschaften der Aufgestiegenen Meister zu vielen

wichtigen Themenbereichen * Ausführliche Angaben über Leben, Aufgaben und Hintergründe der Außerirdischen des Omniversums * Durchgaben der außerirdischen Freunde zu den Themen: Evolution der Erde, Hochtechnologie, neue Energieformen, neues Wissen uvm. * Die Interplanetaren Gesetze des Schöpfergottes des Omniversums * Meditationen, Gebete * und viele weitere interessante Themen...

Die Macht der Sehnsucht nach dem Wunderbaren

von Sylvia Angelika Bohlender
Buch, broschur 152 S. EUR10,90/Sfr 19,80
ISBN 3-933470-05-6

Diese, in sehr schöne, ansprechende Worte gekleidete Geschichte, entführt den Leser in eine ferne Welt einer alten Zeit, in das Leben eines Druiden, einem stummen Mädchen und einer großen Liebe. Und obwohl der Zauber dieser Geschichte den Leser umhüllt, so ist doch auf dem ganzen Weg der Sehnsucht, der Hoffnung, des jahrelangen Bemühens und Suchens unser gegenwärtiges menschliches Fühlen auf unserem geistigen Entwicklungsweg enthalten. Ein sehr schönes, tiefgründiges Büchlein, in dessen ferne - und doch so nahe - Welt sich jeder entführen lassen sollte.

Die Botschaften Heftserie, 3-monatlich

Die Botschaften übermitteln Durchgaben verschiedener Meister & geistiger Lehrer zur spirituellen Entwicklung des Menschen. Sie enthalten fundiertes Grundlagenwissen, Meditationen und Übungen, die eine wertvolle Hilfe für den eigenen geistigen Entwicklungsweg darstellen.
Das aktuelle Heft kann als Probeheft (68 Seiten) zu EUR 8,90/Sfr 17.- zzgl. Porto beim Verlag bestellt werden.

Bücher von Dr. Joshua David Stone

1. Band: Das komplette Aufstiegs-Handbuch
- Wie man den Aufstieg in diesem Leben erreicht
416S., gebunden, EUR 29,90 / CHF 54,80 ISBN 3-933470-60-9

2. Band: Seelenpsychologie - Psychologie der Seele
- Die spirituellen Schlüssel zum Aufstieg
448S., gebunden, EUR 32,90 / CHF 59,80 ISBN 3-933470-61-7

3. Band: Der Pfad des Aufstiegs - Ein Wegbegleiter
288S., broschur, EUR 22,90 / CHF 39,80 ISBN 3-933470-63-3

4. Band: Aufgestiegene Meister weisen den Weg
- Leuchtfeuer des Aufstiegs
320S., gebunden, EUR 26,90 / CHF 49,80 ISBN 3-933470-64-1

5. Band: Integrierter Aufstieg
- Offenbarungen für das neue Jahrtausend
448S., gebunden, EUR 31,90 / CHF 56,80 ISBN 3-933470-65-X

6. Band: Aufstiegskurse
224S., broschur, EUR 21,90 / CHF 37,80 ISBN 3-933470-66-8

7. Band: Spirituelle Achtsamkeit im Angesicht des Terrorismus
- Enthüllte Wahrheit und Weisheit Gottes!
176S., broschur, EUR 16,90 / CHF 29,80 ISBN 3-933470-67-6

8. Band: Verborgene Mysterien
448S., gebunden, EUR 31,90 / CHF 56,80   ISBN 3-933470-68-4

9. Band: Wie man sich vom negativen Ego befreit
320S., gebunden, EUR 25,90 / CHF 49,80 ISBN 3-933470-69-2

10. Band: Der Integrierte Lichtkörper
288S., broschur, EUR 23,90 / CHF 39,80 ISBN 3-933470-70-6

11. Band: Goldenen Schlüssel für Aufstieg und Heilung
248 S., broschur, EUR 23,90 / CHF 39,90 ISBN 3-933470-71-4

Das Wesak-Fest Dr. Joshua David Stone
48S., Buch, broschur EUR 10,90/Sfr. 19,80 ISBN 3-933470-59-5

Diese wertvolle Broschüre enthält den genauen Ablauf, alle Meditationen, Übungen und Anrufungen, um dieses Fest zu zelebrierenund sich energetisch mit allen Menschen, die das Wesak-Fest feiern, sowie mit der geistigen Hierarchie zu verbinden.